PATIENS

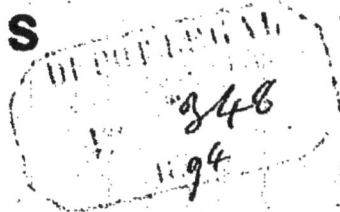

La Défense nationale

et la

Défense des côtes

BERGER-LEVRAULT ET Cⁱᵉ, ÉDITEURS

PARIS	NANCY
5, RUE DES BEAUX-ARTS	18, RUE DES GLACIS

1894

La Défense nationale

et la

Défense des côtes

PATIENS

La Défense nationale

et la

Défense des côtes

BERGER-LEVRAULT ET Cie, ÉDITEURS

PARIS | NANCY
5, RUE DES BEAUX-ARTS | 18, RUE DES GLACIS

1894
Tous droits réservés

LA DÉFENSE NATIONALE

ET

LA DÉFENSE DES COTES

INTRODUCTION

L'INTERPELLATION LOCKROY

Le pays a été fort surpris d'apprendre récemment qu'il existait une question de la défense des côtes.

Quatre-vingts ans de paix avec l'Angleterre, pour ne pas parler d'une assez longue période d'entente cordiale et d'alliance, avaient affaibli, sinon complètement effacé le souvenir de nos luttes séculaires contre cette nation, et l'on n'imaginait pas qu'il y eût à s'inquiéter d'une autre puissance maritime quelconque. Par contre, l'Année terrible était venue nous obliger à porter nos regards d'un tout autre côté, et à consacrer, sous peine d'anéantissement, toutes nos forces vives à la préservation de nos frontières continentales.

On commençait précisément à se rendre compte que tant d'efforts n'avaient pas été vains et que nous n'étions plus,

comme naguère, à la merci de l'invasion, quand divers écri-
vains entreprirent de signaler l'état d'abandon de notre
littoral, et, par une exagération que le public n'était pas à
même d'apprécier, nous prédirent de ce fait les pires catas-
trophes. On conçoit donc quel retentissement souleva l'interpellation de M. Lockroy « sur l'état actuel de la marine
française », que la Chambre a discutée dans les séances du
30 janvier et du 1ᵉʳ février 1894, et dans laquelle on s'at-
tendait à voir élucider ces dangers inattendus.

Malgré l'ampleur d'un débat auquel ont pris part trois
ministres et une dizaine de députés, on ne saurait nier que,
pour le lecteur impartial des comptes rendus parlementaires, attaque et réponses aient abouti à une véritable
déception. Il a été prononcé d'éloquents discours, également
pleins de patriotisme, mais empreints, les uns d'un
pessimisme extrême, les autres d'une satisfaction immodé-
rée ; le Gouvernement, vigoureusement attaqué, a fini par
rallier une imposante majorité de près de deux cents voix ;
mais le public continue à se demander si, oui ou non, notre
marine est à la hauteur de sa mission ; si, oui ou non, nos
côtes jouissent d'une protection efficace ; si enfin la situation
n'appelle que des améliorations de détail, ou si, reposant
sur des principes absurdes, elle exige une réforme d'ensemble.

Comment concilier, en effet, les affirmations formellement opposées qui ont été portées à la tribune, touchant
notre matériel naval et l'organisation de notre défense ? Il
n'est pas un chiffre, pas un fait avancé par un orateur, qui
n'ait été démenti avec une égale assurance. Pour n'en citer
qu'un exemple, il n'y a pas moins d'un milliard et demi
de francs d'écart entre les deux évaluations présentées par
M. Lockroy et M. Thomson, dans la comparaison qu'ils ont

faite de nos dépenses maritimes avec celles de la triple alliance[1].

Ici, au moins, l'erreur était facile à vérifier, pour qui ne se contente pas de suivre les débats sur un compte rendu tronqué pour les besoins d'une cause quelconque. Mais il n'en est pas de même dans tous les cas. Et d'ailleurs, le public est en droit d'estimer que ce n'est pas à lui de départager les législateurs sur des points de fait ; déconcerté par de telles divergences et manquant d'éléments de vérification, il ne sait à qui croire, et se laisse aller, en fin de compte, à juger chaque assertion sur l'opinion politique de son auteur : un bien détestable criterium en matière technique !

Bien des causes, qu'il est utile d'indiquer ici, ont concouru à cet avortement de la discussion.

---

1. Sur la foi d'un ancien rapport de M. Gerville-Réache, qui confondait en un même total les sommes dépensées pour les constructions, le personnel et les expéditions coloniales, M. Lockroy avait déclaré qu'en vingt ans nous avons consacré à notre matériel naval 1 100 millions de plus que n'a fait la triple alliance. L'amiral Lefèvre, ministre de la marine, rappela qu'à la même époque M. Chautemps avait réduit cet excès de dépense à 7 millions ; il ajouta que, pour être juste, il faudrait encore déduire de nos budgets une somme de 350 millions, représentant la différence entre les frais nécessités par notre action extérieure et les dépenses similaires des trois nations alliées. Enfin, M. Thomson, le député qui a certainement donné la note la plus juste sur les questions de matériel, fit observer que nous faisons naviguer des équipages beaucoup plus nombreux que les alliés (8 850 hommes de plus en 1894 ; 5 200, en moyenne, dans ces quatre dernières années, soit 18 p. 100 en plus) ; cette différence, si avantageuse pour l'instruction du personnel, réduit encore notablement les crédits affectés aux constructions. — En résumé, nous aurions dépensé 1 100 millions en plus suivant MM. Gerville-Réache et Lockroy, 7 d'après M. Chautemps, 343 millions en moins d'après le ministre, moins encore suivant M. Thomson !

En premier lieu, les choses de la marine sont pleines de mystère, je ne dis pas seulement pour le commun des profanes, mais même pour bien des gens auxquels l'ignorance générale a valu un certain renom de compétence. Il n'en va d'ailleurs pas autrement à l'étranger, même dans le pays maritime par excellence : ce qui n'a pas peu contribué à brouiller les idées du public français, c'est que le même cri d'alarme ait pu être poussé simultanément à Londres et à Paris, et qu'au moment où l'on nous montrait l'Angleterre s'emparant du Cotentin, la presse d'outre-Manche dénonçait unanimement l' « infériorité navale » de la Grande-Bretagne et le danger imminent d'une invasion française.

Dans une discussion sur la marine, les arguments fournis par la plupart des orateurs sont donc nécessairement de seconde main. On peut objecter qu'il en est de même pour la plupart des sujets techniques auxquels touche le Parlement ; mais le malheur est que celui-ci est peut-être celui sur lequel il est le plus difficile de recueillir des renseignements positifs.

Il n'existe pas en France de monde aussi jalousement fermé que celui de la marine. L'esprit de corps, le sentiment du devoir et du secret professionnel y sont, comme dans l'armée, de puissantes barrières opposées aux investigations indiscrètes. Mais ces mobiles essentiellement recommandables se compliquent ici d'un exclusivisme invétéré, d'une tendance traditionnelle à former un État dans l'État, qui sont un danger réel, et rendent singulièrement ardue l'entreprise de quiconque veut, dans les meilleures intentions du monde, soulever un coin de ce voile épais. Il y a, pour un marin, deux sortes d'hommes : les marins, et les autres ! Et ces dispositions sont exaspérées par l'inquiétude que cause le pressentiment de grandes réformes menaçant les situations acquises et les vieilles habitudes.

Malgré cela, il n'est pas impossible à un simple terrien de recueillir quelques confidences sur la marine, pour peu qu'il y compte des amis personnels. Mais, là encore, le danger est grand. Les divers services de la marine sont loin de former un tout homogène. Ils se sont juxtaposés et leur importance relative s'est modifiée, au gré des circonstances, sans qu'une vue d'ensemble ait coordonné ces éléments divers ; de là, bien des froissements et des rivalités. Officiers de marine du « clan » de tel ou tel amiral, officiers des troupes, ingénieurs, mécaniciens, commissaires et médecins voient, par situation, les choses sous des angles différents, et fournissent sur un même objet les versions les plus opposées. Le profane qui cherche sincèrement à éclairer sa religion sur un point controversé, ne peut s'en tirer que s'il a des intelligences dans chacune des petites chapelles de la grande Église. Et alors son sens critique est soumis à une rude épreuve, dont il a peu de chances de sortir à son avantage.

Mais, le plus souvent, on n'a pas la bonne fortune de posséder tant d'éléments de comparaison, et l'on se trouve finalement le prisonnier du clan auquel on a pu s'adresser. Il arrive alors qu'avec la plus grande bonne foi, avec le plus incontestable désir de bien faire dans l'intérêt du pays, on élabore un projet comme celui que M. Lockroy a présenté sur la défense des côtes, projet qui peut se résumer comme il suit : « Considérant que, dans son organisation actuelle, la marine française ne suffit pas à sa tâche ; considérant qu'elle est déjà chargée d'une foule de services qui n'ont aucun trait avec sa fonction naturelle, qui est de naviguer et de combattre sur mer, je propose de lui contier une mission nouvelle, considérable, et à laquelle rien ne l'a préparée jusqu'ici [1] ! »

Enfin, malgré les affirmations d'impartialité qui ont été prodiguées à la tribune, il n'est pas certain que l'esprit de parti n'ait point tenté de se faire arme de deux sentiments également louables. Le souci de notre puissance navale a paru dissimuler insuffisamment, chez certains orateurs, le désir de faire échec au gouvernement en provoquant un vote d'entraînement patriotique ; et tel de leurs contradicteurs, en s'efforçant de soutenir la confiance de la nation dans sa marine, a semblé plutôt désireux de donner au ministère un témoignage de sa propre confiance [2].

De tout cela, il est permis de tirer cette conclusion, que la tribune d'un Parlement n'est peut-être pas un terrain très favorable aux discussions techniques. « On a souvent essayé, a dit M. Lockroy, de vous   rayer avec la technicité des questions que soulève la marine et des problèmes

---

1. La proposition Lockroy figure au *Journal officiel* (documents parlementaires, Chambre des députés, année 1892, p. 557). On la trouvera également reproduite intégralement, avec son exposé des motifs, dans l'*Essai de stratégie navale* qui sera plusieurs fois cité plus loin.

2. M. Paul Deschanel n'avait que trop raison de faire à la Chambre le rapprochement suivant. Il y a quelques années, il signalait l'état lamentable de notre flotte ; M. Floquet était président du conseil, et l'extrême gauche acclama l'amiral Krantz, alors ministre, quand il répondit en substance « qu'en effet nous n'avions ni assez de croiseurs, ni assez de torpilleurs ; que le plus grand nombre de nos croiseurs étaient en bois ; mais qu'ils étaient montés par de braves gens, qui sauraient faire leur devoir ». — Il y a quelques semaines, les rôles étaient intervertis. M. Casimir-Périer étant président du conseil, M. Lockroy dénonçait à son tour les défectuosités de la marine, aux applaudissements de l'extrême gauche, et le général Mercier, ministre de la guerre, récoltait, grâce à un « air de bravoure » analogue à celui de l'amiral Krantz, les applaudissements du centre.

qu'elle pose. Mais quoi ! Messieurs, ne résolvez-vous pas tous les jours des problèmes aussi techniques et aussi ardus touchant l'économie politique, le commerce, les finances, l'hygiène, la médecine ? Les problèmes de la marine sont-ils donc plus inabordables ? Assurément non ! » — Il ne m'appartient pas d'apprécier si ces problèmes si spéciaux sont toujours traités et résolus à la Chambre avec un égal bonheur ; mais les gens qui estiment que tout n'est pas pour le mieux dans la meilleure des marines — c'est-à-dire tous ceux qui ont pu approcher de ce monde si difficilement pénétrable — penseront probablement que la dernière discussion n'a pas apporté beaucoup d'éléments précis, ni même un point de départ bien déterminé, aux enquêtes projetées. Bien plus, elle leur a plutôt nui d'avance, en introduisant dans le débat des arguments trop faciles à réfuter, et capables de masquer des points essentiels contre lesquels l'interpellateur n'aurait pas eu trop de toute sa verve, ni une commission d'enquête de toute sa volonté d'aboutir.

Ici, je ne fais pas seulement allusion aux détails manifestement erronés qu'une étude insuffisante de la question a permis de produire à la tribune. Il était inévitable, en outre, que l'étendue excessive du sujet traité affaiblirait la vigueur et la portée de l'attaque. Personnel et matériel de la marine, approvisionnements, mobilisation, défense des côtes, tout y a passé. Aussi, qu'est-il arrivé ? Le ministre de la guerre, imprudemment mis en cause sur ce dernier point, n'a pas eu de peine à montrer que, de ce côté, la situation, sans être parfaite, avait été singulièrement poussée au noir ; battue également en brèche par M. Thomson sous le rapport du matériel, l'interpellation perdit bientôt l'oreille de la Chambre pour se réduire à une simple lutte politique. Cette faute de tactique parlementaire fut d'ailleurs aussitôt remarquée, mais bien étrangement transposée par un député, qui se plaignit de ce que la « digression fort habile » du ministre de la guerre eût « fait perdre de vue à la Chambre le but principal de l'interpellation, qui portait sur le matériel et les approvisionnements de la marine ». N'aurait-il pas été plus juste de qualifier de digression malhabile les paroles auxquelles le général Mercier n'avait fait que répondre ?

Néanmoins, l'interpellation Lockroy n'a pas été sans fruits. Elle a soulevé dans le public une légitime curiosité au sujet du discernement avec lequel sont employés les hommes et les millions que nous donnons à la marine. Elle a contribué à imposer l'idée du contrôle et de la discussion à des milieux qui lui sont essentiellement réfractaires. Elle a propagé enfin cette notion, qu'une véritable révolution dans notre marine est devenue indispensable, et qu'il est temps de renoncer au procédé classique, consistant à détourner, par un hommage mérité à la science et à la vaillance de nos marins, les critiques qui viennent à être portées contre des institutions vermoulues.

La présente étude a pour unique objet de chercher à élucider, dans ses grandes lignes, la question de la défense des côtes. Il m'arrivera néanmoins de toucher incidemment à des points relatifs à l'organisation générale de la marine ; mais je ne voudrais pas, pour cela, me voir reprocher à mon tour de cultiver l'art des digressions. Tout se tient en pareille matière ; à chaque pas que l'on fait dans le domaine de la marine, on se heurte à quelque institution qui exige une réforme radicale ; et le raisonnement, de la sorte, impuissant à suivre la ligne droite qui devrait mener logiquement d'un principe à sa conséquence, est contraint de vagabonder en route [1].

C'est grand dommage, d'ailleurs, car il importerait de pouvoir traiter un tel sujet de la manière la plus serrée. Il est peu probable, en effet, que le discours du général Mercier ait décidé M. Lockroy à retirer la proposition qu'il a soumise à la Chambre ; et cette proposition, par son extrême simplicité, est faite pour séduire une grande partie du public, qui n'est que trop souvent porté à croire que les questions les plus complexes sont susceptibles de solutions *a priori*. Dernièrement encore, M. Deschanel en donnait la quintessence dans la *Revue de Paris* [2] ; il réduisait le vaste problème de la défense des côtes à un seul petit détail, le commandement des batteries, et croyait pouvoir trancher d'un mot toutes les difficultés : Il faut, disait-il, « organiser la défense des côtes en attribuant à la marine le service des forts et des batteries ».

Rien n'est plus dangereux, et rien ne mérite une réfutation plus attentive qu'une erreur présentée avec cette assurance concise, grâce à laquelle elle prend l'aspect d'un axiome incontestable. Aussi convient-il de prémunir le public contre des raisonnements qui, sous une rigueur apparente, masquent une étude purement superficielle des questions les plus délicates.

---

1. Quelques grosses erreurs, émises au courant de l'interpellation et reproduites depuis par la presse, mais qui se rattachent moins étroitement à la question de la défense des côtes, seront en outre signalées à la fin de cette étude (Note A).

2. N° 5, du 1er avril 1891.

CHAPITRE PREMIER

LA DÉFENSE NATIONALE

Le point de soudure. — Le ministère de la défense nationale. — Le péril national est à l'Est. — Illusions dangereuses. — Les besoins actuels.

Les questions de mur mitoyen sont, comme on sait, une inépuisable mine à procès ; c'est ce qui explique les discussions passionnées auxquelles donne lieu la défense des côtes, c'est-à-dire du mur mitoyen entre le domaine de la marine et celui de la guerre.

Si encore il ne s'agissait que d'établir une démarcation précise entre ces deux domaines, on pourrait s'en tirer assez facilement. Mais le problème se complique d'une question d'indivision. Des navires croisant au large et des batteries situées à l'intérieur des terres peuvent se canonner réciproquement par-dessus des kilomètres de terre et de mer ; les bâtiments peuvent même amener des troupes de débarquement destinées à pénétrer dans l'intérieur et à donner lieu à des opérations uniquement terrestres. Suivant le mot du ministre de la guerre : « Il y a donc là une zone moitié maritime, moitié terrestre, sur laquelle les actions des deux ministères s'enchevêtrent... Il est indispensable d'établir entre les deux services des points de soudure. Où sera exactement cette soudure ? Voilà la difficulté. »

Ce n'est pas sans quelque ironie, ni surtout sans raison,

que le ministre ajoutait : « Je recommanderai à l'honorable M. Lockroy de vouloir bien soigner dans son projet ce point de soudure qui ne me paraît pas suffisamment indiqué, et qui, à mon avis, constitue le point délicat de toute organisation de ce genre. »

La difficulté est grande, en effet. Je n'en veux pour preuve que la manière dont on a méconnu, sur ce point particulier, l'esprit et la lettre du décret du 13 mai 1890, qui réglait, jusqu'à ces derniers temps, la défense du littoral ; et il importe de relever les critiques mal fondées qui ont été émises sur ce décret, car celui du 17 février 1894, qui vient de le remplacer, s'est contenté d'y apporter des modifications de détail plus ou moins réussies, mais en a, comme il convenait, respecté le principe.

C'est d'abord M. Lockroy, disant à la Chambre : « C'est seulement — ce sont les termes mêmes du décret — le jour de la mobilisation qu'on s'occupera de *définir les pouvoirs* des chefs militaires qui devront combattre l'ennemi. Ainsi, c'est seulement quand nos frontières seront déjà envahies,.... que le ministre et quelques fonctionnaires se réuniront autour d'une table verte, pour définir les pouvoirs des chefs militaires qui peut-être déjà auront été attaqués. » — Or, le décret de 1890 avait pour objet — je copie son titre même — « de déterminer, en cas de mobilisation, les attributions des préfets maritimes et des commandants des secteurs du littoral, en ce qui concerne la défense des côtes », et, en fait, il ne s'occupait pas d'autre chose ! On ne peut donc attribuer qu'à une inexplicable distraction le réquisitoire de M. Lockroy.

De son côté, M. Raiberti, s'adressant au ministre de la marine, s'écriait :

« Je vous demanderai d'abord, Monsieur le Ministre, qui

est-ce qui est responsable de la défense des côtes ? Est-ce
vous ? Est-ce votre collègue de la guerre ? Vous n'en savez
rien ! (*Applaudissements ironiques à gauche.*)

« Vous êtes responsables tous les deux.

« Le ministre de la guerre était responsable de par la loi
de 1791 et de par l'ordonnance de 1843, mais le décret
de 1890 a changé tout cela.

« Il partage la responsabilité entre le ministre de la
guerre et le ministre de la marine. La vérité, c'est que personne n'est responsable, car une responsabilité qui se partage, c'est une responsabilité qui se dérobe. » (*Très bien !
très bien !*)

Ce dernier point est très exact ; il constitue même une
vérité assez banale pour qu'il ne soit pas besoin de la rappeler. Mais, ce qui était moins exact, c'était que les deux
ministres fussent également responsables, et surtout qu'ils
fussent dans l'ignorance de leur responsabilité : celui qui
semblait « n'en rien savoir »,.... c'était l'orateur !

Le rapport au Président de la République, annexé au
décret de 1890, dit en effet :

« Il ne pouvait être question de dégager le ministre de la
guerre de l'obligation qui lui incombe, aux termes des lois
en vigueur, d'assurer la défense des frontières de terre et
de mer. »

Et le décret est appuyé sur les considérants suivants :

« Vu l'artice 13 du titre premier de la loi du 10 juillet 1791, sur la conservation des places de guerre et postes
militaires, et l'ordonnance du 3 janvier 1843, qui établissent
la responsabilité du ministre de la guerre en ce qui concerne
la défense des frontières de terre et de mer ;

« Considérant qu'il importe d'assurer l'unité de direction

dans l'emploi des éléments de surveillance et de défense affectés par les départements de la guerre et de la marine à la protection des côtes... »

Le moyen de dire, après cela, que « le décret de 1890 a changé tout cela » !

Plus récemment encore, comme le ministre de la guerre avait dit : « Il est certain qu'il y a un *modus vivendi* à trouver entre les deux administrations de la marine et de la guer.e; ce *modus vivendi* est indispensable à établir, parce qu'il faut qu'en présence de l'ennemi, le commandement soit unique », M. Paul Deschanel prenait texte de ces paroles pour écrire : « Ainsi, il a fallu une interpellation à la Chambre pour que les ministres de la guerre et de la marine s'avisassent que le décret de 1890 était défectueux et n'établissait pas l'unité de commandement ! »

Rien ne peut pourtant avoir été plus loin de la pensée d'un ministre qui avait précisément commencé par rappeler à la Chambre qu'il était « responsable de la défense des côtes, aux termes des lois et règlements en vigueur ». Il est clair que le ministre parlait de ce *modus vivendi* comme de la condition permanente et bien connue de l'unité du commandement, et non comme d'une découverte faite subitement, à la lueur de l'interpellation; la question, pour lui, était simplement d'améliorer la situation actuelle.

On voit que le problème de la défense des côtes n'est pas de ceux qui se résolvent au pied levé. Il exige une analyse serrée, et peut se poser comme il suit :

Entre la haute mer et l'intérieur des terres, c'est-à-dire entre deux domaines qui sont évidemment particuliers, l'un à la marine et l'autre à la guerre, s'étend une zone mixte, à la défense de laquelle concourent des moyens d'action ressortissant, les uns de l'art naval, les autres de l'art militaire. En quels points et comment ces moyens d'action doivent-ils être répartis le long du littoral? Comment et par qui chacun d'eux doit-il être mis en œuvre? Comment doit-on combiner leur emploi, et qui doit-on, sur chaque point ou en chaque région, charger de diriger leurs efforts combinés? A qui, enfin, doit-on en confier la responsabilité générale?

C'est en prenant un chemin quelque peu détourné que nous arriverons à répondre le plus sûrement, sinon le plus vite, à toutes ces questions.

*
* *

Avant de rechercher quel parti l'on peut tirer d'une situation donnée, il n'est pas inutile, en effet, de se demander quelle serait la meilleure organisation à adopter, si l'on avait devant soi table rase, au lieu d'être contraint de s'accommoder à des circonstances existantes. Il ne faut évidemment pas abuser de ce genre de considérations, sous peine d'aboutir à des utopies irréalisables; mais, tout en évitant de verser dans l'absolu et la théorie pure, il est bon de se représenter le but idéal, momentanément ou définitivement inaccessible, dont on peut espérer se rapprocher graduellement; tout au moins s'épargnera-t-on, par cette précaution, mainte faute grossière.

S'il est un principe indiscutable à la guerre, c'est bien la nécessité d'une direction unique : toutes les forces concourant à un même but doivent être mues par une même volonté. Comme, d'ailleurs, ces forces sont très dissemblables, et qu'il est impossible à un homme, quel qu'il soit, d'embrasser avec la même compétence tant de détails différents, ce chef doit avoir auprès de lui, pour chacun de ces éléments particuliers, un conseiller, qui soit en même temps son agent d'exécution de ce côté. Et à son tour, cet adjoint, chargé d'assurer la direction technique de son service dans la voie indiquée par le commandant supérieur, doit être seul maître et responsable de ce service.

Or, l'armée et la flotte sont les deux composantes de la défense nationale. Elles diffèrent l'une de l'autre par leur nature et leur mode d'action, mais pas plus que la cavalerie, par exemple, ne diffère du corps des aérostiers. Elles doivent être considérées, dans l'ensemble de notre puissance militaire, comme *deux armes*, non comme *deux armées*.

Il suit de là que, si nous étions libres de nous donner une organisation idéalement rationnelle, il faudrait constituer, non pas deux ministères indépendants, guerre et marine, mais bien un ministère unique, le *Ministère de la défense nationale*. Outre les directions actuellement existantes au ministère de la guerre (infanterie, cavalerie, artillerie et train, génie, services administratifs, poudres et salpêtres, service de santé), cet organisme comprendrait trois directions nouvelles : 1° personnel de la flotte ; 2° armée coloniale ; 3° constructions navales, et travaux hydrographiques et hydrauliques. Obéissant à l'impulsion d'un chef unique, et responsables vis-à-vis de lui, les directeurs techniques assureraient la corrélation de tous les efforts en vue de l'objectif commun.

Le ministre de la défense nationale ne devrait tenir, par ses origines, à aucun des corps ou services placés sous sa direction, afin d'être étranger à leurs rivalités ; en cas de désaccord entre eux, il fixerait plus impartialement ses

idées, en comparant les opinions émises par leurs représentants attitrés.

Il y aurait encore à cela un autre avantage considérable. En s'astreignant à choisir le ministre dans l'un des
personnels placés sous ses ordres, on ne peut faire autrement que de le prendre au sommet de la hiérarchie. D'autre
part, les préjugés courants exigent, en pareil cas, qu'il
appartienne à un corps combattant : on n'imaginerait pas
actuellement, *et bien à tort,* un ingénieur ministre de la
marine, ni un intendant ministre de la guerre, si éminent
que soit le personnage en question, par son intelligence et
ses services passés. Toutes ces conditions restreignent singulièrement les choix possibles [1].

Il est presque superflu d'ajouter que l'on devrait faire
exception, pour ce ministre, au principe de la solidarité
ministérielle, en établissant qu'il ne pourrait tomber que
sur un vote parlementaire le visant personnellement. Nous
avons eu de ces administrateurs, que leurs origines préser-
vaient de tout esprit de corps, et qui eurent le temps de
travailler avec suite : ils s'appelaient Colbert, Louvois,
Chasseloup-Laubat.

Que l'on ne se hâte pas de crier à l'utopie : « une réforme
est toujours une utopie aux yeux de tous ceux dont elle
trouble les habitudes [2] ». L'idée n'est pas nouvelle, d'ail-

---

1. Le choix d'un titulaire pour le portefeuille de la marine a déjà mis
dans l'embarras plus d'un président du conseil. Que reste-t-il quand, sur
quinze vice-amiraux, on a éliminé celui qui vient d'être renversé, ceux qui
semblent trop jeunes, ceux qui, trop anciens, sont à la veille de se retirer,
ceux qui déplaisent pour une raison ou pour une autre, ceux enfin qui,
notoirement, ne sont pas faits pour ces hautes fonctions ?

2. *Les effectifs de la cavalerie et l'administration de la remonte,*
par M. Casimir-Périer. Paris, Baudoin, 1890.

leurs. C'est à la suite de Gambetta que le général Iung a proclamé « la possibilité et la nécessité d'un ministre civil de la défense nationale, ayant sous sa haute direction deux spécialistes, l'un à la guerre, l'autre à la marine, avec un seul état-major de terre et de mer [1] ». Et cet état-major, unique « parce qu'il n'y a pas deux territoires, comme il n'y a pas deux défenses », le général le suppose divisé en quatre sections :

1° Opérations des armées de terre ;

2° Défense du territoire, gouvernement des places (y compris, cela va sans dire, la défense du littoral, que l'auteur n'a pas jugé nécessaire de mentionner explicitement) ;

3° Opérations des flottes ;

4° Colonies et protectorats [2].

On assurerait, par cette organisation, l'unité de vues et la juste pondération des efforts en vue de la guerre. On éviterait, en outre, bien des froissements qui aboutissent aujourd'hui à des conflits en règle, au grand détriment de la prompte expédition des affaires, pour ne pas dire de leur solution rationnelle. En outre, d'importantes économies seraient réalisées par la suppression des doubles emplois

---

1. *La République et l'armée.* Paris, Charpentier, 1892.

2. *Stratégie, tactique et politique.* Paris, Charpentier, 1890.
Les écrits du général Iung sont de véritables creusets, où bouillonnent les idées, parfois très discutables, et souvent d'un intérêt capital. Parmi celles qui doivent être retenues en première ligne, je mentionnerai encore « l'obligation de ne voter aucune loi avant d'avoir examiné son application possible en cas de guerre ». Rien de tel ne se fait actuellement. Une déclaration de guerre entraînerait une désorganisation générale, au moment où l'ordre est le plus nécessaire. Des institutions logiquement établies doivent pouvoir passer de l'état de paix à l'état de guerre par leur jeu naturel, sans secousse. En un mot, il faut *préparer à l'avance la mobilisation des services publics.*

qui existent dans tous les ports et dans les deux administrations centrales. Le service de l'armement, divisé aujourd'hui entre l'artillerie de terre et l'artillerie de la
marine, dont le personnel si peu nombreux y suffit difficilement, serait unique pour l'armée continentale, la marine
et l'armée coloniale : la marine n'aurait aucune raison de
déclarer, comme elle le fait aujourd'hui, qu'elle ne veut
pas être « tributaire de la guerre » pour ses canons, prétention d'autant moins explicable, d'ailleurs, qu'elle en
reçoit déjà ses poudres et ses armes portatives. Le recrutement, le service de santé et surtout les services administratifs, si copieusement représentés dans notre armée et
dans notre flotte, seraient de même fusionnés, et suffiraient
à leur double tâche avec un personnel notablement réduit.
Bref, on ne verrait plus coexister, dans nos cinq ports militaires, deux directions d'artillerie, deux hôpitaux, deux séries de magasins de toute nature, chacun de ces établissements étant pourvu d'un personnel assez nombreux peut-être
pour pouvoir assurer, du jour au lendemain, le service du
voisin.

Malheureusement, tant de simplicité, d'harmonie et d'é-
conomie semble être actuellement dans le domaine du
rêve.

La première objection que soulève le ministère de la
défense nationale, c'est la difficulté de trouver un ministre
de la défense nationale. Chacun des deux ministères actuels
impose à l'homme qui en est chargé une tâche trop lourde
pour bien des épaules ; en les réunissant, on ne doublerait
pas cette tâche, mais pourtant on peut craindre de la rendre
écrasante pour tout autre qu'un homme de génie. Tout au
plus serait-elle supportable au jour, encore bien lointain, où

l'Europe ne jouira plus des bienfaits de la paix armée et
où l'appareil militaire de chaque nation sera réduit à sa plus
simple expression !

La paix armée nous interdit d'ailleurs de trop grandes
réformes. Pour reconstruire l'édifice sur un plan nouveau,
il faut commencer par le démolir, et pour cela, il faut, non
la paix armée, mais *la paix* tout court. Voilà vingt-trois ans
qu'on nous menace chaque hiver d'une guerre pour le
printemps suivant, et, depuis quelque temps, on a même
découvert que la guerre n'a de prédilection particulière
pour aucune saison, et les prédictions des oiseaux de mauvais augure se font toujours à la plus brève échéance. Il
est permis de penser que le danger n'est pas tellement imminent, que la guerre générale n'est même pas probable.
Mais peu importe ; il suffit que son explosion soit possible,
pour qu'on soit fondé à redouter toute réforme trop générale, capable d'apporter momentanément un trouble profond à la mobilisation : on ne change pas d'attelage pendant qu'on passe un gué.

*
* *

Il est d'autant plus regrettable que l'on ne puisse songer
à créer un ministère unique de la défense nationale, que
cette organisation aurait entre autres le grand avantage de
nous mieux éclairer sur les besoins réels de notre défense,
et de nous amener ainsi à mieux proportionner nos efforts
aux résultats à obtenir. C'est en cela que la considération
de ce mécanisme idéal n'était pas superflue, et devait nous
mener à des conclusions pratiques. Elle nous fournit les
fils conducteurs de cette étude : *unité de vues dans la con-*

ception et le commandement, équilibre et harmonie dans l'exécution.

Les brigades centrales de la préfecture de police ayant eu, il y a quelque temps, la main un peu lourde à l'égard d'une partie assez peu recommandable de la population parisienne, on les a soustraites à l'impopularité en les baptisant brigades de réserve : de même, au 4 septembre, les sergents de ville étaient devenus des gardiens de la paix, et, sous la Commune, le préfet de police avait été remplacé par un délégué à l'ex-préfecture de police. Ce n'est pas, qu'on veuille bien le croire, une réforme de ce genre que je préconise. Il serait essentiel de faire disparaître jusqu'aux noms actuellement en usage, pour que la nouvelle organisation rompe plus complètement avec le passé, et apparaisse, du premier coup, comme définitive ; mais ces changements d'appellation seraient un moyen et non un but.

Le jour où l'on aurait ainsi perdu l'habitude d'opposer l'une à l'autre, dans le raisonnement, la guerre et la marine, pour ne plus voir dans nos institutions militaires qu'une série d'organes moralement équivalents, infanterie, cavalerie, flotte, etc., concourant à un effort commun, on se rendrait mieux compte des nécessités de leur collaboration et de ce que l'on doit demander à chacun d'eux.

Or, il est une considération qui doit dominer tous nos préparatifs de défense. Si, contre notre volonté manifeste, nous sommes entraînés dans une guerre, quels que soient les ennemis contre lesquels nous pourrons être obligés de tirer l'épée, il en est un qui sera certainement parmi eux, à moins de changements impossibles à prévoir pour l'instant, et celui-là est le plus formidable de tous. Il faut ajouter que celui-là est le seul à qui nous ayons quelque chose à réclamer, et que, cette chose, il est disposé, pour le moment du moins, à nous la disputer, les armes à la main, jusqu'à l'épuisement de ses forces. Aussi bien pouvons-nous supposer que, s'il nous survient quelque grave complication par ailleurs, il sera fortement tenté de s'assurer la possession définitive de son butin, en se joignant à nos ennemis.

Ainsi, nous savons quel serait, en cas de guerre, notre adversaire principal. Que nous ayons affaire à une double, à une triple, voire à une quadruple alliance, l'Allemagne en sera, et elle en sera la tête ; l'Allemagne battue, nous serons victorieux ; battus par l'Allemagne, nous n'aurons plus rien à espérer. De même, il n'a servi de rien à l'Autriche, en 1866, de vaincre les Italiens sur terre et sur mer, à Custozza et à Lissa ; en concentrant tous ses efforts contre la Prusse, elle aurait sauvé, dans les défilés de la Bohême, sa domination en Vénétie. En un mot, *le péril national est à l'est.*

Il est donc évident que notre situation vis-à-vis de l'Allemagne doit servir de base à tout projet de réorganisation de nos forces ; et nous devons nous garder d'oublier que l'Allemagne, peu ou point vulnérable par mer, n'est dangereuse que par terre.

« Nous n'avons pas les moyens (qui les a ?) d'être une puissance de premier ordre à la fois sur terre et sur mer. Or, il est indispensable que notre armée soit de taille à lutter avec celle de l'Allemagne ; donc, modérons nos ambitions maritimes. Nous dépensons trop de ce côté. Songeons qu'avec les vingt-cinq millions que coûte un cuirassé, nous pourrions acheter et entretenir les chevaux qui nous manquent pour avoir autant de cavalerie que les Allemands, et qu'une division de cavalerie pèsera plus dans la balance que le plus formidable cuirassé d'escadre[1]. »

Assurément, il est très pénible à un habitant d'une ville maritime de penser que sa maison, et peut-être sa vie, sont à la merci d'une escadre ennemie. Mais une ville maritime est, par définition même, une ville frontière. Cette notion a été quelque peu perdue de vue, en quatre-vingts ans de paix maritime, ce qui rend nécessaire de la rappeler, dût la remarque passer pour naïve. Les habitants de nos frontières orientales savent fort bien qu'il nous est impossible de les protéger tous ; ils savent même, par une dure expérience, que la protection militaire est un dangereux bienfait, puisqu'elle peut attirer sur eux les horreurs d'un siège, bombardement, peste et famine.

Sur mer, malheureusement, les conventions internationales sont plus barbares encore qu'à terre ; la qualité de ville ouverte ne protège pas un port contre les entreprises de l'ennemi ; les fortifications n'ont donc pas pour effet d'attirer ses coups, et, si l'on écoutait les intéressés, il n'est si petite bourgade qui ne réclamerait des batteries et une escadre pour la défendre. Ici, l'impossibilité matérielle est évidente. Mais le moyen de faire entendre à une population — et surtout à ses représentants élus ! — que le gouvernement a charge du salut de la France, et non de celui de telle ou telle cité ; qu'il doit protéger les villes dont la conservation importe à l'intérêt général, et s'en reposer, pour les autres, sur les victoires qui seront remportées à quelques centaines de lieues d'elles ; que la prise de Toul ou de Verdun peut être un désastre plus grave que le bombardement de Marseille ou du Havre ?

---

1. *L'Alsace-Lorraine devant l'Europe.*

Il en est de même des colonies. La plus grande des folies serait de vouloir les défendre contre une attaque sérieuse, en cas de guerre européenne. Quelques forces que nous ayons accumulées dans l'une quelconque d'entre elles, celui qui voudra s'en emparer s'y présentera toujours avec des forces bien supérieures, puisqu'il négligera nos autres possessions pour concentrer toutes ses ressources disponibles contre celle-là. On peut protéger un îlot isolé, comme Malte, ou un point de relâche obligé, séparé du reste des terres par une longue côte inhospitalière, comme Obok, et on doit le faire, si ces points ont une importance stratégique. Mais il est impossible de défendre une colonie étendue, munie de ports nombreux, si la population n'est pas assez fidèle ni assez nombreuse pour former le principal élément de la défense. Ces colonies-là — et presque toutes les nôtres sont dans ce cas — c'est sur les champs de bataille d'Europe qu'elles seront disputées ; qu'importe que l'une d'entre elles ait été passagèrement occupée par l'ennemi, si ce dernier, à la signature de la paix, est obligé de la restituer en indemnisant largement tout ceux qu'il aura lésés ?

*
* *

Il est bien naturel que ces idées n'aient pas cours dans les milieux maritimes, aussi bien chez les partisans des flottes légères et rapides à navires spécialisés, que chez ceux qui s'attardent à préférer les ruineux mastodontes. Mais aussi, à quelles illusions, à quelles ambitions dangereuses ne se laisse-t-on pas entraîner dans les deux écoles qui se partagent aujourd'hui la marine !

Qu'on ouvre, par exemple, l'*Essai de stratégie navale*, si

intéressant à tant d'égards[1]. On y verra que « la France est capable d'un rôle offensif admirable », que beaucoup de ses défenses mobiles sont « stratégiquement capables de jouer un grand rôle » contre l'Angleterre, l'Italie et l'Allemagne.

Contre l'Angleterre, qui reçoit par mer son pain quotidien, et contre l'Italie, qui est tout entière en côtes, soit. Encore faut-il remarquer que cette offensive n'aura tant d'influence sur le résultat final de la guerre, que si nous avons affaire à l'Angleterre ou à l'Italie seule : hypothèse peu vraisemblable.

Mais contre l'Allemagne ! Les défenses mobiles indiquées pour jouer ce « grand rôle » sont celles de Dunkerque, Calais et Boulogne. Or, d'après l'*Essai de stratégie navale*, dont les propositions représentent assurément un maximum,

---

1. *Essai de stratégie navale*, par le commandant Z... et H. Montéchant (Paris, Berger-Levrault et Cie, 1893). — Cet ouvrage est le bréviaire de la « jeune école » en marine, ce qui ne veut pas dire que ses auteurs soient des jeunes gens. Il doit être lu par quiconque s'occupe de questions maritimes, car les méthodes de guerre navale qu'il préconise semblent réellement constituer la stratégie de l'avenir. Mais il doit être lu avec précaution. Tous les renseignements qu'il renferme ne paraissent pas, en effet, avoir été contrôlés avec un soin égal. C'est, de plus, une œuvre de passion, empreinte d'une dangereuse mégalomanie. En ce qui concerne particulièrement la guerre de côtes, les auteurs n'ont su ni apprécier le danger à sa juste valeur, ni distinguer la défensive immédiate des contre-attaques contre les flottes de l'ennemi, et surtout de l'offensive contre ses côtes. Souvent, il est vrai, le lecteur est prémuni contre leurs exagérations par leurs écarts de langage.

Je ne parle pas de la longue introduction, intitulée *La Science de la guerre sur mer*, et due à un troisième auteur, le *lieutenant X...* C'est un morceau d'éloquence mystique qui est loin d'ajouter à la valeur de l'ouvrage.

Le commandant Z... vient de résumer les théories de l'*Essai* dans une série d'articles parus dans la *Nouvelle Revue* (15 février, 15 mars et 15 avril 1894), sous le titre : *Toujours le péril maritime.*

nous devrions avoir, sur ces trois positions réunies, six croiseurs ; le nombre des torpilleurs n'est pas donné, mais on nous dit simplement qu'il en faudrait vingt à Dunkerque. Supposons-en autant à Calais et autant à Boulogne[1]. Voit-on le *grand rôle offensif* que joueront six croiseurs et soixante torpilleurs contre le puissant empire d'Allemagne, qui peut se suffire pendant une longue guerre sans employer la voie de mer, dont tous les ports sont invulnérables dans l'intérieur des terres, et qui, après tout, possède aussi une marine ? N'est-on pas tenté de sourire à cette idée ?

Résumant en quelques mots toutes les exagérations du volume, l'avant-propos de l'*Essai de stratégie navale* se termine sur cette prédiction retentissante, reproduite depuis par M. Lockroy dans son interpellation :

« Que l'on ne s'y trompe pas :

« Dans le drame de la prochaine guerre, le premier et le cinquième acte seront joués par la marine ;

« C'est elle qui apparaîtra au lever du rideau ;

« C'est elle qui prononcera le mot de la fin ;

« Son action sera décisive. »

Quelle que soit la haute personnalité que l'auteur de cette préface dissimule sous la signature de *Commandant Z...*, je ne crains pas de dire qu'il y a là autant d'erreurs que d'affirmations.

Il est peu probable que le premier acte soit réservé à la marine, parce que l'on s'efforcera de frapper fort du premier coup, et qu'on ne voit pas en quoi la ruine d'un port ou l'occupation de la Corse ou du Cotentin compromettrait notre situation générale ; si la marine prend part à ce pre-

---

1. Le commandant Z... (*Nouvelle Revue*) n'en demande que 36 pour les trois ports

mier acte, ce sera dans les chœurs, non comme premier rôle.

Le mot de la fin sera prononcé dans les bassins du Rhin et de la Vistule, ou dans celui de la Seine, mais certes pas plus sur le littoral que sur les Alpes.

Enfin, l'action de la marine sera un gaspillage réciproque de forces : elle sera secondaire, épisodique.

* * *

Ce raisonnement, si on le poussait à l'extrême, mènerait à renoncer à toute puissance navale.

Une telle conclusion serait absurde, car, si terribles que puissent être les conséquences de la guerre continentale, nous devons aussi faire entrer dans nos prévisions le sort qui attendrait la France, une fois la crise passée. Même après des revers comparables à ceux de l'Année terrible, même après un désastre plus complet encore, il subsisterait une France, à laquelle il faut assurer le moyen de vivre et de restaurer sa fortune. Or, le procédé désespéré consistant à supprimer notre flotte sous prétexte qu'elle ne saurait égaler notre armée de terre, ce procédé nous priverait de notre principale chance de relèvement. Définitivement séparés, comme nous le serions alors, de la moitié de l'Europe qui aurait conspiré notre ruine, nous ne saurions supporter la privation de l'outillage nécessaire pour rester en relations économiques avec les amis restés fidèles et avec les nations d'outre-mer ; et surtout, nous devons veiller à la préservation de cet empire africain, où notre civilisation a déjà renouvelé les merveilles des Romains, et où nous trouverions peut-être alors le salut de la patrie.

Il est vrai que, dans l'hypothèse désastreuse que j'envisage en ce moment, notre plus belle colonie serait certainement démembrée par nos vainqueurs : une bonne partie en est ostensiblement convoitée par tel de nos adversaires éventuels, et a, sans aucun doute, servi d'appât pour l'entraîner dans cette combinaison louche qu'on appelle la Triple Alliance. Mais cet empire est assez vaste, et nous y avons jeté déjà des racines assez profondes, pour qu'il soit permis de penser qu'un ennemi, épuisé lui-même par une guerre terrible, sentirait l'impossibilité de se l'assimiler en entier, et nous en laisserait la plus grande partie. — Toutes ces considérations sont à bien longue échéance et tiennent compte de désastres qui ne sont heureusement guère à prévoir. Mais, en matière d'organisation nationale, il faut savoir regarder au delà de l'heure présente ; le problème consiste à *parer au plus pressé*, tout en *s'assurant contre les conséquences* de revers toujours possibles.

Comme germes de cette renaissance nationale, nous devons donc protéger un certain nombre de villes maritimes, soigneusement choisies de manière à éviter tout gaspillage d'efforts. Et, en outre des forces navales indispensables à leur défense mobile, il nous faut une escadre de combat capable de nous conserver la route libre vers l'Algérie-Tunisie, et d'assurer, par une action offensive qui sera indiquée plus loin, ce qu'on pourrait appeler la défense indirecte de cette possession. Mais rien de plus.

Rien de plus, *pour le moment*. Car l'admirable situation géographique de notre patrie et l'esprit d'entreprise dont ses enfants ont déjà donné tant de preuves, la prédestinent en réalité au plus beau rôle maritime et colonial. Mais tant que l'Europe ne connaîtra pas la paix — car la guerre à coups de canon ou à coups de milliards, c'est tout un, au point de vue de la civilisation, — tant que durera l'actuelle incertitude du lendemain, la France est condamnée à conserver à sa puissance militaire un caractère essentiellement continental, à ne considérer sa marine que comme une pierre d'attente, comme le rudiment de son développement futur. Une fois son compte réglé avec l'Allemagne, par la guerre ou à l'amiable, elle sera rendue à sa véritable mission, toute pacifique ; par la force des choses, son armée se réduira au minimum, et sa marine deviendra prépondérante.

C'est donc avec la plus extrême circonspection que nous devons mesurer, pour le moment, les moyens consacrés à la défense des côtes[1]. Quant à la flotte de combat proprement dite, tant que nous serons exposés aux pires extrémités sur le continent, nous devons nous interdire toute ambition, qui serait déplacée de ce côté. Aussi bien, la Prusse s'est-elle passée d'une flotte tant que son programme de conquête de l'Allemagne est resté inachevé ; et l'Allemagne n'a songé à en constituer une, d'ailleurs secondaire malgré la supériorité de sa marine marchande, que du jour où, à tort ou à raison, elle a cru sa puissance militaire terrestre hors d'atteinte.

Tout cela, un ministre de la défense nationale peut le penser et le dire. Un ministre de la marine le peut difficile-

---

1. On pourrait raisonner de la manière suivante. Le budget de la marine pour 1894 est de 260 millions, qui représentent, à 4 p. 100, l'intérêt de 6 milliards 675 millions, et, à 3 p. 100, celui de près de 9 milliards. Cette prime d'assurance est incontestablement trop élevée, en comparaison des désastres que nous pouvons avoir à redouter par mer. Il n'en est pas de même en ce qui concerne le budget de la guerre, car, ici, il s'agit de l'existence même de la patrie.

ment, car sa fonction propre est de vouloir une marine aussi puissante que possible ; il n'admettra une diminution de son rôle que si elle lui est imposée, sous la pression de l'opinion. Encore faut-il pour cela que l'opinion cesse d'être égarée par les réclamations intéressées de populations confondant leur canton avec la France ; qu'elle soit éclairée sur le véritable danger qui menace la patrie, sur les moyens à employer pour y parer, sur les sacrifices indispensables auxquels on doit se résigner ; et elle n'y parviendra que si on l'habitue à considérer la défense nationale comme *un tout indivisible*, indépendamment de l'existence actuelle de deux ministères distincts. Alors elle comprendra que, *dans les circonstances actuelles*, on fait fausse route quand on donne trop d'importance aux choses de la mer, et que nous devons accepter virilement la perspective de subir au besoin de ce côté des échecs secondaires, pour concentrer tous nos moyens d'action sur les points où la victoire sera décisive.

CHAPITRE II

LES OPÉRATIONS CONTRE LES COTES

Les fortifications côtières. — Le débarquement. — Le bombardement.

Notre situation sur le continent n'est pas la seule raison qui nous oblige à contenir dans de justes limites le zèle des amateurs de fortifications et les doléances des populations côtières. Lors même que nous serions libres de consacrer à nos frontières maritimes la majeure partie de nos ressources, comme peuvent le faire l'Angleterre et les États-Unis, il nous faudrait encore exercer un choix sévère entre tous nos ports, protéger vigoureusement le petit nombre de ceux dont la conservation importe à l'intérêt supérieur du pays, et s'en remettre surtout, pour les autres, à la sécurité précaire que pourront leur procurer nos escadres de combat.

De tout temps, l'assaillant a possédé un grand avantage sur le défenseur d'une ligne continue : celui de choisir le moment et le point de son attaque, de pouvoir se concentrer en conséquence, et ainsi de se présenter inopinément à l'endroit le plus favorable, avec des forces supérieures. Mais cet avantage était moindre jadis. Sur terre, les armées de campagne, peu nombreuses, peu mobiles, n'avaient contre la fortification que des moyens d'action fort limités. Sur mer, un vaisseau de ligne était impuissant contre une méchante batterie de quatre canons de 24. Obligé par la faible portée de son artillerie à croiser prudemment près de terre, il offrait, grâce à la lenteur de ses mouvements, un but facile, tandis qu'il était incapable d'exécuter un tir assez précis pour mettre en danger la batterie ; d'autre part, les concentrations et les ravitaillements dépendaient, plus qu'aujourd'hui, de l'état de la mer, et se trouvaient sous la dépendance absolue des vents.

Aussi avait-on encore, au début de ce siècle, la prétention, justifiée par l'événement, d'empêcher un débarquement sur toute l'étendue de nos côtes, en garnissant tous les mouillages d'une multitude de batteries. D'autres batteries, établies sur les pointes avancées, étaient destinées à protéger le cabotage contre les entreprises des escadres ennemies qu'elles maintenaient à distance. C'était aussi l'époque où, pour la défense des frontières terrestres, on appliquait la vieille tradition des lignes successives de places fortes. C'était encore, en un mot, l'époque de la *fortification extensive,* que les conditions nouvelles de la guerre ont fait abandonner, pour amener l'emploi d'une *protection intensive,* donnée à un *petit nombre de points* seulement.

C'est du milieu de ce siècle que date la transformation. Grâce à la vapeur, les flottes furent plus libres de leurs mouvements, et les navires trouvèrent dans la vitesse une compensation à leur vulnérabilité ; en même temps, la puissance de leur artillerie s'accroissait et leur permettait de bombarder un port à grande distance ; bientôt enfin, la cuirasse vint mettre en cause la possibilité même de se défendre contre les coups d'adversaires aussi redoutables.

Aussi ne pouvait-il plus être question de disséminer, comme par le passé, les moyens de la défense. De nouvelles batteries devaient être construites pour protéger les ports, non seulement dans le voisinage des anciennes, afin de les soutenir, mais encore le plus en avant possible, en vue d'empêcher le bombardement de la ville. Il fallut donc déclasser un grand nombre d'ouvrages établis au bord de mouillages sans importance ou sur de petits îlots. En même temps, le développement des canaux et la construction des chemins de fer avaient considérablement amoindri le rôle du cabotage, et enlevaient tout intérêt à sa protection en temps de guerre ; on supprima donc également les batteries consacrées à cet objet.

La guerre de 1870 fit reléguer la défense des côtes au second plan : le seul adversaire éventuel dont on eût à se préoccuper, après nos désastres, c'était l'Allemagne, dont la marine était nulle. Aussi les choses restèrent-elles en l'état jusqu'à la fin de 1888. A cette époque, il nous fallait compter avec la jeune flotte de l'Allemagne, et avec celle, plus redoutable, de l'Italie ; après avoir couru au plus pressé en fermant notre frontière orientale démembrée, on s'émut de la possibilité toute nouvelle d'une attaque contre nos côtes. D'aucuns voulurent même faire entrer en ligne de compte l'hypothèse de l'accession de l'Angleterre à la Triple Alliance, et demandèrent que nous fussions garantis contre ce danger ; ils oubliaient que, si tout le monde venait à s'unir contre nous, nous pourrions bien espérer une « glorieuse défaite », suivant le mot d'un ancien ministre de la marine, mais que la défaite, glorieuse ou non, ne serait que trop probable.

On songea donc à restaurer les défenses de notre littoral, négligées depuis des années. Mais, à la même époque, on commençait à s'apercevoir que, sous la première impression de la défaite, on n'avait élevé que trop de forteresses sur la frontière de l'Est, et que, si nous voulions garnir d'hommes et de canons tous les ouvrages existant en France, il ne nous resterait presque plus rien pour nos armées de campagne, c'est-à-dire pour le véritable espoir du pays.

En même temps, les derniers progrès de la science étaient autant de raisons pour accentuer la transformation entreprise une quarantaine d'années plus tôt. Sans entrer ici dans des détails techniques dont l'exposition nous entraînerait beaucoup trop loin, il suffira de constater que les chemins de fer, les télégraphes, la torpille, les cuirassements, les explosifs, la poudre sans fumée, les appareils télémétriques, les instruments permettant d'exécuter le tir indirect et d'utiliser toute la portée des pièces actuelles pour des tirs concentriques, enfin la possibilité d'attaquer les cuirassés au-dessous de leur cuirasse avec des obus-torpilles, ont amélioré la situation du défenseur incomparablement plus que celle de la flotte assaillante ; mais cela, à la condition d'accumuler sur les points que l'on veut protéger une série d'installations coûteuses, exigeant un personnel très exercé, et qu'il est impossible de prodiguer tout le long de nos côtes.

Aussi a-t-on pris le parti de déclasser un grand nombre de vieux ouvrages, intenables tels qu'ils étaient, et que l'on ne pouvait songer à renforcer tous, ce qui, dans plus d'un ca   aurait même conduit à en construire de nouveaux pour appuyer les anciens ; il n'y en eut pas moins de 320 de sacrifiés par la loi du 27 mai 1889. Assurément, l'on conçoit que l'un des plus savants parmi les anciens généraux du génie n'ait pas vu sans regret cette hécatombe de chefs-d'œuvre démodés de son art ; mais il est impossible de s'associer à ses plaintes parfois un peu amères [1]. Il se peut, à la

---

[1]. Articles du général Cosseron de Villenoisy sur la *Garde du littoral*, dans l'*Avenir militaire* des 13 et 16 février 1894.

vérité, que quelques-uns de ces ouvrages aient encore été à
même de rendre certains services ; mais, devant une telle
profusion de bicoques surannées, il était nécessaire de trancher dans le vif, car, en matière de fortification, tout ce qui
est inutile est nuisible ; en réalité, aujourd'hui encore, nous
en entretenons à grands frais beaucoup que nous ferions
mieux de raser, et que l'on ne pourra tarder à déclasser.
En tout cas, il est peu probable que nous ayons à regretter
le démantèlement d'un grand nombre des ouvrages que
mentionne, dans sa critique, le général de Villenoisy. On
se demande, par exemple, quelle escadre pourra jamais
trouver une sérieuse base d'opérations au mouillage des
Glénans, et ce qu'un ennemi ferait des îles Chausey, Dumet
ou Sainte-Marguerite, et comment il s'y maintiendrait.

Quant aux ports de commerce, encore une fois, il est
indispensable de faire un choix entre eux. Celui de Cette,
que mentionne entre autres le général de Villenoisy, est,
sans aucun doute, fort important pour les habitants de
Cette et même pour les vignerons de l'Hérault ; mais sa
ruine ne serait, dans une grande guerre, qu'un épisode
secondaire, facile à réparer en cas de victoire ; son occupation par l'ennemi serait sans influence notable sur la
suite des opérations ; enfin, sa défense est difficile à organiser. Il n'y a donc pas à s'en occuper autrement que pour
gêner son bombardement par un ou deux navires isolés ;
l'ennemi ne consacrera pas une flotte à une chicane de ce
genre, et, s'il commettait pareille faute, ce serait tant
mieux, car, pendant ce temps, nous serions libres sur des
points plus importants. Autre chose serait, si l'on arrive jamais à réaliser le canal des Deux-Mers, et si, comme on l'a
proposé, il vient déboucher dans la Méditerranée du côté de
Cette ; alors la protection de cette ville deviendrait une af-

faire nationale, et devrait être assurée au prix des plus grands sacrifices.

*
* *

Avant de se demander si l'on fortifiera tel ou tel point du littoral, et comment on le fera, il importe de se faire une idée bien nette des buts que peut actuellement s'y proposer et atteindre une escadre ennemie. C'est là une question sur laquelle on a généralement, en dehors des milieux militaires, les notions les plus erronées; je n'en veux pour preuve que l'effarement que soulèvent en tous pays les seuls mots de débarquement et de bombardement [1].

Les objectifs d'une escadre ennemie peuvent en général se réduire aux suivants [2] :

« 1° S'emparer d'un port ou d'un autre point fortifié de la côte, soit pour détruire ou acquérir les établissements maritimes et les autres ressources qu'il contient, soit pour

---

1. On conçoit que je ne puisse étudier ici dans tous ses détails ce vaste sujet, qui constitue une moitié de la stratégie et de la tactique navales. Mais les idées générales qui suivent viennent de recevoir un précieux appui par la publication, dans le *Mémorial de l'artillerie de la marine* (1re livraison de 1894), d'un article sur *les Opérations maritimes contre les côtes*, par un officier dont l'éminente personnalité n'est qu'à moitié dissimulée par la signature M. D. B. G. Je ne saurais trop recommander la lecture de cette admirable étude qui a été publiée depuis en brochure (Berger-Levrault et Cie, éditeurs), et dont les raisonnements serrés sont appuyés sur des faits et des calculs topiques, rendus attrayants par un style des plus alertes.

2. Cette définition est empruntée à un très intéressant chapitre du *Manuale d'artiglieria* publié par le ministère de la guerre italien, qui a été traduit par la *Revue d'artillerie* de février 1894. Pour beaucoup de détails relatifs à la défense des côtes, on peut prendre modèle sur ce qui se fait en Italie, comme nous l'avons fait déjà pour la défense de nos frontières de montagne; ces deux questions, vitales pour l'Italie, ont été étudiées en ce pays avec un soin tout particulier.

en faire une base d'opérations pour une attaque terrestre à effectuer avec des troupes de débarquement, soit pour priver l'escadre nationale d'une position stratégique importante au point de vue offensif ou défensif;

« 2° Causer des dégâts aux villes maritimes et aux navires en rade pour ruiner le commerce, répandre la terreur, lever des impositions;

« 3° Attirer dans les eaux d'une place maritime les forces navales de l'adversaire, pour lui livrer bataille et le détourner d'entreprises qu'il serait sur le point de tenter. »

En un mot, *débarquement, bombardement,* ou *combat naval.*

Il n'y a pas à s'occuper ici du *combat naval* livré dans les eaux territoriales, qui n'est pas, à proprement parler, une opération de la guerre de côtes.

Le *débarquement* est la plus redoutée, en général, et pourtant la moins redoutable de ces éventualités.

Si l'on condense la définition quelque peu complexe qui vient d'en être donnée, on voit qu'il peut présenter deux cas généraux, suivant que l'assaillant cherche simplement à occuper ou à détruire un port important, ou qu'il se propose de jeter à terre une armée d'invasion, ce qui peut être tenté en un point quelconque du littoral, pourvu que son hydrographie se prête à l'opération.

Le premier danger est facile à éviter, même en l'absence d'une défense mobile quelconque. Les points importants pour la défense, sur lesquels l'ennemi peut songer à exécuter un coup de main, sont en effet pourvus de batteries de côtes. Or, si, dans beaucoup ou même dans la plupart des cas, cette artillerie est impuissante à empêcher le bombardement de la place, son efficacité contre un débarquement est absolue.

Il ne saurait être question de porter des troupes à terre que si ces batteries ont été complètement réduites au silence. Pour y parvenir, il faut que l'escadre se soit approchée d'elles jusqu'aux plus petites portées, et, là, son infériorité est manifeste; les navires y offrent aux coups un but très étendu; leur vulnérabilité est accrue par la difficulté de croiser rapidement dans le voisinage immédiat de la côte, surtout en l'absence des bouées, qui sont enlevées en temps de guerre. Dans ces conditions, les batteries de rupture peuvent espérer perforer les cuirasses; les batteries de mortiers ont des chances sérieuses d'atteindre, et l'on sait que le seul défaut de ces dernières est leur manque relatif de justesse, mais que leur tir est désastreux pour un navire à partir du moment où il devient précis. Par contre, même aux petites distances, il est bien difficile à un navire d'atteindre une batterie; cette dernière n'offre en effet qu'un but très restreint, que l'on s'attachera de plus en plus à dissimuler, et qu'aucune fumée ne trahira plus; en particulier, l'emplacement des batteries de mortiers ne peut même pas être soupçonné du large.

Le débarquement sur un point dont la défense est organisée doit donc être considéré comme la plus chimérique des entreprises.

Reste le débarquement sur un mouillage quelconque, dépourvu de défenses. Celui-là, il est possible de le tenter. Mais il a dix chances contre une pour échouer sur le littoral d'une puissance militaire, et, s'il vient à réussir, il est incapable de constituer, je ne dirai pas un danger, mais un sujet de préoccupation sérieuse.

Prenant, avec raison, pour exemple la puissance qui serait capable du plus grand effort sur mer, M. Lockroy a cité un document dans lequel lord Brassey évalue à 48 000 fusils, avec 240 canons et un millier de sabres les forces dont l'Angleterre pourrait disposer pour l'offensive, et « qu'il est possible pratiquement d'embarquer et de débarquer sur une côte ennemie ».

Remarquons tout d'abord qu'il est impossible d'admettre l'hypothèse de l'amiral Bourgois, dont le même orateur citait les paroles suivantes : « Si le coup était bien préparé, s'il était tenté le jour même ou le lendemain de la déclaration de guerre, avant que la mobilisation eût produit ses effets... » Il n'est pas très certain en effet que l'Angleterre puisse facilement trouver 50 000 hommes à consacrer à l'offensive ; mais, en tout cas, notre mobilisation serait terminée bien longtemps avant qu'elle les ait mobilisés et concentrés : on ne suppose pas en effet qu'ils s'embarqueront, en vingt convois différents, aux ports les plus voisins de leurs garnisons.

Et, comme lord Brassey, dans son estimation optimiste, considère ces forces comme le maximum de ce qu'on pourrait pratiquement embarquer, c'est-à-dire qu'il ne faudrait rien moins que la puissance navale de la Grande-Bretagne pour les transporter et pour escorter un pareil convoi, on est fondé à penser que « le coup » pourra difficilement être assez bien préparé pour qu'on n'ait pas vent, au dehors, d'une telle concentration de navires : on n'ignorera pas, je suppose, que la réquisition des paquebots a fait interrompre tous les services de navigation de l'Angleterre[1] !

---

1. L'expédition anglaise en Égypte a été souvent donnée comme une mesure de ce que la Grande-Bretagne peut faire en matière de débarquement. Il est bon de rappeler les résultats qui furent obtenus.

Les troupes expédiées d'Angleterre comprenaient 780 officiers, 13 500

Quant aux autres puissances, capables de mettre plus de monde en ligne, ou de mobiliser plus rapidement, ce sont les moyens de transport qui leur font défaut.

De toute façon, l'hypothèse du débarquement *inopiné* d'un corps d'armée doit donc être reléguée dans le domaine de la fantaisie pure. Cela ne veut pas dire qu'il soit impossible d'amener par mer une force pareille ; mais son arrivée, et même sa mise en route, devra forcément être précédée de l'occupation d'un mouillage par une troupe moins nombreuse.

Cette opération-là peut réussir, à la condition d'être exécutée avec une extrême rapidité ; on arrivera par exemple de nuit, de manière à débarquer au petit jour. L'effectif jeté à terre sera d'ailleurs très faible. Si on emploie en effet de gros navires, portant chacun beaucoup de monde, leur nombre sera forcément limité, ou bien il n'y aura plus surprise, et le débarquement sera lent : « Avec nos bateaux actuels, il faut au moins une demi-heure à chacun d'eux pour faire embarquer 300 hommes dans des canots, en

---

hommes et 3 800 chevaux. Les préparatifs ont commencé en juin 1882. Les ordres de départ furent donnés le 20 juillet. Le dernier bataillon est arrivé en Égypte le 21 août. En retranchant onze jours pour la durée moyenne de la traversée, il reste *vingt et un jours* entre le premier et le dernier départ d'Angleterre.

En même temps, on expédiait des Indes 7 500 hommes et près de 7 000 bêtes de somme. Le premier départ de Bombay eut lieu le 22 juillet, et le dernier le 26 août, soit à *plus d'un mois* d'intervalle. (Voir l'étude précitée sur *les Opérations maritimes contre les côtes.*)

Si l'on veut se faire une idée de l'impossibilité absolue d'improviser un débarquement de quelque importance, on pourra encore trouver dans la *Revue d'artillerie* (mars et avril 1894) d'intéressants détails sur les préparatifs de l'expédition d'Alger en 1830. Et là, il ne s'agissait que d'attaquer un ennemi, des plus vaillants à la vérité, mais dépourvu de toute organisation défensive, et l'on n'avait pas à compter avec le télégraphe et les chemins de fer.

supposant quatre coupées d'embarquement et de nombreuses embarcations. Si le bateau porte 1 000 hommes, trois heures sont nécessaires[1]. » Si au contraire on emploie de petits bateaux, pouvant s'approcher de la terre et y jeter rapidement les hommes qu'ils portent, il faudra une multitude de ces navires : « Avec 50 bateaux-canons, qui coûteraient le même prix qu'un *Lepanto*, on débarquerait à terre en moins d'une demi-heure plus de 2 000 hommes, et le *Lepanto* mettrait six heures pour effectuer le même travail. » Oui, mais ces 2 000 hommes seront là sans artillerie, sans cavalerie, sans moyens de transport, rivés à leur flottille. Que la défense dispose d'un rassemblement de troupes installé, dans un rayon de cent kilomètres de là, sur une voie ferrée, et ces malheureux, débarqués au point du jour, seront assaillis avant midi par des forces supérieures, qui les jetteront à la mer.

Néanmoins, supposons qu'une telle avant-garde ait impunément pris pied sur le continent, et qu'une cinquantaine de mille hommes l'aient suivie à bref délai, réalisant, par exemple, cette occupation du Cotentin, dont le spectre a hanté, depuis quelque temps, un si grand nombre de cerveaux. Et après, que feront-ils ? Imagine-t-on bien ce que deviendrait, sur notre territoire, cette poignée d'hommes ?

Au bon vieux temps, les armées d'invasion avaient la tâche facile. On prenait une ville, on y trouvait de la poudre, des boulets, des canons, des fusils, et tout cela était immédiatement utilisable ; au besoin, on employait dans ses propres armes les munitions de l'ennemi. Aujourd'hui, ce n'est plus cela. Le corps d'armée débarqué aura pour un ou deux jours de munitions dans ses coffres ; s'il

1. *La Marine française,* 28 février et 7 mars 1889.

en trouve un dépôt dans le pays, il ne pourra pas l'utiliser, les munitions modernes ne convenant qu'à l'arme pour laquelle elles ont été faites ; quant aux canons abandonnés, ses hommes ne sauront pas les servir, et, d'ailleurs, il faut bien peu de chose, une goupille enlevée, pour mettre ces instruments de précision hors d'usage avant son arrivée.

L'envahisseur sera donc réduit aux ravitaillements qui lui viendront par la plus précaire des lignes de communication, par la mer, avec un petit nombre de points de débarquement obligés, qui seront l'objectif de tous les croiseurs et torpilleurs que possédera la défense. Il ne pourra pas s'éloigner de ces points de débarquement, car ses forces ne suffiraient pas à garder ses communications à terre. Tenter un coup de main contre Cherbourg ? Mais il n'aura que du canon de campagne, qui ne suffira pas pour une telle entreprise. Enfin, au bout de peu de temps, il subira l'attaque d'armées entières, appuyées sur toutes les ressources du territoire.

Débarquer sur le territoire d'une puissance militaire, fût-ce dans une presqu'île facilement abordable comme le Cotentin, c'est se jeter dans une souricière[1].

Il y a cependant un point particulier et une région où

---

1. Il est intéressant d'emprunter deux citations à l'étude de M. D. B. G. Le général von der Goltz a écrit :

« Figurons-nous une armée de 40 000 ou 50 000 hommes jetée soudain sur les points de notre côte de la Baltique d'où l'on menace le plus directement Berlin, à savoir l'embouchure de l'Oder, et se mettant en marche. Eh bien, les cinq ou six jours qu'il lui faudrait pour arriver à la capitale suffiront pour lui opposer des forces supérieures. Les débarquements sont donc, pour un État peuplé et jouissant d'une bonne organisation militaire, plutôt un épouvantail qu'un danger sérieux. »

Quant à l'état-major allemand, après avoir établi en 1870 son projet d'opérations sur sa supériorité numérique, il ajoutait :

« Cette supériorité sera augmentée encore sur le point où sera frappé le

une invasion par mer pourrait avoir des conséquences déplorables. Ce sont la partie sud de la Corse et l'Algérie-
Tunisie. Je reviendrai plus loin sur le sud de la Corse,
dont l'intérêt consiste précisément à aider puissamment à
la défense de notre colonie d'Afrique.

En ce qui concerne cette dernière, la gravité d'un débarquement tient à ce que l'ennemi pourrait y soulever la population indigène, ou même qu'il n'entreprendrait un débarquement qu'après y avoir fomenté l'insurrection ; il pourrait
également y recevoir un puissant appui des 40 000 colons
italiens qui s'y trouvent. Nos garnisons, peu nombreuses,
affaiblies peut-être déjà par l'envoi en Europe du 19ᵉ corps
d'armée, dispersées sur un territoire immense, seraient incapables de résister ; et le déchaînement des indigènes, dix
fois plus nombreux que les Français, amènerait des désastres
irréparables.

En Afrique, le débarquement d'une armée même peu
nombreuse serait donc un grand danger, et il faut prendre
les mesures les plus énergiques pour l'empêcher, et pour
isoler et rejeter à la mer le plus rapidement possible l'ennemi qui serait parvenu à l'effectuer.

* *

Reste à considérer le *bombardement*. Ce genre d'opération ne peut pas être considéré avec la même placidité que

---

coup décisif, si les Français se laissent aller à faire des expéditions contre
les côtes de l'Allemagne du Nord ou dans l'Allemagne du Sud. »
    Non seulement il dédaignait ces diversions impuissantes, mais il les désirait !
    L'exemple de la Crimée ne saurait infirmer cette thèse : les communica-
tions étaient alors tellement défectueuses en Russie, qu'on a pu dire fort
justement que, sous les murs de Sébastopol, les alliés, maîtres de la mer,
étaient plus près de chez eux que les Russes eux-mêmes.

le débarquement : loin de pouvoir l'empêcher en général, on devra s'estimer heureux quand il sera possible de le gêner et d'en restreindre l'effet.

Certains ports n'ont évidemment pas à le redouter, mais ils sont rares ; ce sont ceux qui se trouvent au fond d'une vaste baie ou d'un estuaire, et dont la défense peut, par conséquent, être portée assez en avant. Nos ports de guerre sont dans ce cas, sauf Cherbourg. Quant à nos ports de commerce, ils sont presque tous à découvert, en face du large, et les batteries les plus formidables qu'on y élèvera, pourront en gêner le bombardement, mais seront impuissantes à l'empêcher ; ils sont nécessairement dans la situation d'une place forte réduite à une enceinte, sans forts détachés.

La seule protection efficace contre le bombardement de ces villes est la défense mobile en mer, qui revient, en somme, à improviser des *forts détachés flottants.* Mais nous ne pouvons pas avoir une flotte capable de couvrir toute l'étendue de nos côtes ; et les torpilleurs, qui sont ici notre ressource la plus précieuse, ne peuvent pas tenir la mer par un gros temps.

Donc, nous devons nous attendre à avoir un certain nombre de ports bombardés, en cas de guerre. Il n'y a rien à faire à cela. Gardons-nous de tromper le public sur ce point, au moyen d'objurgations passionnées adressées aux ministres de la guerre et de la marine, et qui ne serviraient qu'à faire gaspiller un argent précieux ; il faut, au contraire, préparer les esprits à cette éventualité, pour s'épargner d'entendre injustement crier à la trahison.

Le seul parti qui soit sage, est de dire aux populations maritimes la stricte vérité : *presque toutes leurs villes pourront recevoir des projectiles, mais les dégâts subis seront insi-*

gnifiants. Les navires ennemis, chacun trois ou quatre fois grands comme une batterie de siège, bien visibles, s'élevant de plusieurs mètres au-dessus de la mer au lieu de se fondre dans le terrain, pour lesquels enfin un seul projectile peut être mortel alors qu'ils coûtent des millions et portent des centaines d'hommes, les navires se tiendront à 8 ou 10 kilomètres des batteries de côte ; les torpilleurs, dont il faut supposer que chaque port important possédera une flottille, contribueront d'ailleurs à leur inspirer de la prudence. D'autre part, leur approvisionnement en munitions est insignifiant par rapport à celui d'un parc de siège ; alors que Strasbourg a reçu, en 1870, 202 112 projectiles, on considère comme un effort invraisemblable qu'une flotte puisse en envoyer 6 000[1] sur une ville ; en raison de la distance, ces projectiles se répartiront sur toute la ville ; la moitié, au moins, se perdra dans les rues, places et jardins ; et si la ville compte, comme Marseille, 37 000 maisons (cinq ou six fois plus que Strasbourg en 1870), le mal sera bien limité.

Même contre un arsenal, on exagère souvent la puissance destructive d'un bombardement. On raisonne comme si tout projectile tombé dans l'enceinte de l'arsenal était dangereux ; on oublie que, là surtout, l'escadre ennemie sera maintenue loin de son but, que ce dernier, par ses dimensions, est une véritable ville, que les neuf dixièmes de sa surface se composent de bassins et de voies de commu-

---

1. Le chiffre de 6 000 projectiles, emprunté à l'étude de M. D. B. G., est évidemment assez arbitraire. Mais il correspond à une consommation tout à fait considérable pour les canons de moyen et de gros calibre (10 centimètres et au-dessus), les seuls à considérer ici. Il ne faut pas perdre de vue que l'escadre ne peut pas tirer contre une ville jusqu'à l'épuisement de ses munitions.

nication, et que beaucoup de ses bâtiments, bureaux, magasins vidés pour la guerre, ne contiendront pas grand chose de précieux.

Après cet effort, la flotte ennemie, qui aura peut-être perdu quelques beaux navires dans la bagarre, devra s'en retourner chez elle pour se ravitailler, heureuse si elle ne fait pas en route quelque mauvaise rencontre, celle, par exemple, d'une escadre moins puissante, mais qui n'aura pas brûlé sa poudre contre des maisons abandonnées au premier coup de canon par leurs habitants. Tout au moins, si elle rentre chez elle à bon port, n'en entendra-t-on plus parler pendant quelque temps.

Enfin, les approvisionnements d'une puissance quelconque ne permettront pas de renouveler fréquemment cette consommation de 6 000 projectiles de gros et moyens calibres; les bombardements seront donc forcément espacés par la nécessité de fabriquer des munitions.

Il faut donc, en résumé, voir dans les bombardements un moyen d'intimidation qui menacera constamment un grand nombre de villes, pour être rarement mis à exécution, et plus rarement encore suivi d'effets désastreux.

CHAPITRE III

NOTRE LITTORAL

———

Le littoral français. — Le littoral d'Algérie-Tunisie. — Le littoral Corse. —
Les établissements maritimes.

On conçoit qu'il ne saurait être question, dans une étude consacrée, comme celle-ci, à élucider des questions de principe, de déterminer en détail quels sont les points de notre littoral qui méritent une organisation défensive : pour chacun d'eux, il faudrait entrer dans une discussion minutieuse, exigeant du lecteur comme de l'auteur une connaissance approfondie de sa valeur stratégique et commerciale, de sa topographie et de son hydrographie. Tout ce qui sera possible, c'est de caractériser rapidement les plus importantes parmi ces positions, et d'indiquer les rôles fort différents qu'elles peuvent être appelées à jouer.

En première ligne viennent nos cinq ports de guerre ; la nécessité de leur assurer la protection la plus efficace ne saurait faire aucun doute. Non que ces cinq ports aient la même valeur militaire ; il en est trois, sur le nombre, qu'on n'établirait certainement pas aujourd'hui, s'ils n'existaient point. Mais, tant que subsisteront ces immenses accumulations de ressources de toute nature, il est clair qu'on devra en interdire à l'ennemi l'accès ou la destruction.

Nos deux seuls ports de guerre vraiment dignes de ce nom sont actuellement *Brest* et *Toulon*. Il est inutile de s'attarder à la description de leurs belles rades. L'une et l'autre s'ouvrent, à la vérité, par une passe dont le forcement pouvait jadis ne pas être considéré comme impossible ; mais les ressources dont dispose aujourd'hui la défense, artillerie puissante, torpilles, projecteurs électriques, et la profusion de batteries dont ces passes sont garnies permettent d'affirmer que nos deux grands arsenaux de l'Océan et de la Méditerranée sont à l'abri de toute insulte.

Il n'en est malheureusement pas de même de *Cherbourg*. Dans le principe, on avait proposé d'établir sa fameuse digue sur un bas-fond non moins favorable que celui qui fut choisi, et situé à 600 mètres plus au large ; mais elle eût été trop éloignée du rivage, dans l'état où se trouvait l'artillerie en 1782. Dès le moment où on l'acheva, en 1853, on pouvait regretter la prudence de ses créateurs. Aujourd'hui, elle ne serait pas plus suffisante sur un emplacement que sur l'autre. Elle est à peine à deux kilomètres de l'arsenal ; une flotte qui croiserait à 4 000 mètres d'elle ne pourrait en recevoir que des dommages insignifiants, en comparaison de ceux qu'elle infligerait en tirant « dans le tas ». L'arsenal de Cherbourg est peut-être le seul au monde dont la destruction soit possible, et même facile.

Dans ces conditions, il est profondément regrettable qu'un sentiment de vaine gloriole et le désir de ménager des intérêts de clocher fassent encore consacrer, depuis plusieurs années, des sommes exorbitantes au renforcement des fortifications de Cherbourg. On eût été mieux inspiré en consacrant cet argent à déplacer des établissements situés dans une place intenable, et destinée à le devenir chaque jour davantage ; tôt ou tard, il faudra en venir là, et, dans l'intervalle, les millions auront été gaspillés par dizaines. C'est, après tout, ce qu'a fait le département de la guerre, qui a passé tout ce siècle à faire refluer vers le centre du territoire ses établissements de construction, dispersés par Louvois dans les places frontières, et que la facilité actuelle des transports permet d'éloigner davantage des bases d'opérations des armées. Cela n'empêcherait pas de maintenir à Cherbourg un dépôt de charbon et de munitions et quelques ateliers de réparations, dont la perte aurait des conséquences moins graves, ainsi que le chef-lieu militaire de la défense mobile de la Manche ; Cherbourg resterait ainsi un « port de refuge », offrant à la flotte des ressources analogues à ceux de ces ports qui existent déjà ou qui doivent être organisés. Car la région voisine est le point d'attaque indiqué de cette partie de notre littoral.

Il est impossible en effet de parler de Cherbourg, sans dire un mot du *Cotentin,* dont cette place est le réduit. Il est très vrai qu'un débarquement y serait plus facile qu'ailleurs. La seule configuration de cette région, en saillie avancée dans la mer, l'expose naturellement aux attaques de l'ennemi, qui peut inquiéter la défense sur plusieurs points de son pourtour, pour se porter subitement sur l'un d'eux avec toutes ses forces. A cela, il faut ajouter la proximité des principaux arsenaux de l'Angleterre, le voisinage immédiat des îles Normandes, la situation fâcheuse de Cherbourg devant l'artillerie moderne, enfin le nombre des mouillages du Cotentin qui se prêtent à un débarquement et qui permettent de tourner Cherbourg et de combiner son attaque par terre avec un bombardement par mer. La surveillance du Cotentin demandera donc beaucoup de vigilance. Mais j'ai montré déjà qu'un débarquement dans cette presqu'île ne présenterait nullement le caractère d'une calamité, qu'on lui a prêté à la Chambre. Cela serait d'autant moins, que le ministre de la guerre a annoncé la construction prochaine d'un fort dans l'isthme de Port-Bail [1].

Cet ouvrage, devant lequel un corps de débarquement sera nécessairement impuissant, donnera donc à notre armée de secours le libre accès du Cotentin, et rendra illusoire pour l'ennemi la possession des lignes de Carentan, qui seront tournées d'avance ; et, du même coup, l'ennemi ne pourrait sortir du Cotentin pour entrer en Normandie [2].

Et même, maintenant que le ministre de la guerre a fait comprendre à la Chambre et au public l'inanité des clameurs que soulève la question du Cotentin, je prendrais la liberté, si mon opinion avait chance d'arriver jusqu'à lui, de lui conseiller l'économie des deux ou trois millions que coûtera le fort de Port-Bail. Quelques redoutes en terre et des épaulements rapides, comme ceux dont on se contente sur d'importantes positions de notre frontière de l'Est, avec des baraques pour un bataillon d'infanterie et une batterie d'artillerie, suffiraient largement à nous assurer la possession de la clef de la maison, jusqu'à l'arrivée des troupes de secours.

---

1. D'aucuns se sont étonnés de ce que le ministre ait assigné à cet isthme une largeur de 5 à 6 kilomètres, alors qu'on n'en compte pas moins de 35 entre Port-Bail et Carentan ; ils ignoraient la circonstance, mentionnée par tous les traités de géographie militaire, qu'en tendant les inondations de la Douve, on réduit effectivement la racine de la presqu'île à une largeur de 5 à 6 kilomètres.

2. Tout cela n'est pas nouveau ; cette position, signalée par Vauban en 1686, a bien des fois été étudiée depuis. En dernier lieu, on avait projeté d'y élever trois forts, à Canville (près Port-Bail), à Yons et à Taillepied, ou mieux à Doville ; puis, on a trouvé que le premier de ces ouvrages était bien suffisant. On a proposé également d'occuper plutôt, plus au sud, l'isthme, large de 2 kilomètres seulement, qui est compris entre les inondations de l'Ay, d'une part, et celles de la Sève et de la Taute, de l'autre.

Les deux ports de *Lorient* et de *Rochefort* doivent être condamnés en tant que ports de guerre. On ne peut attribuer leur maintien jusqu'ici qu'au désir de ménager les influences locales, et aussi de ne pas diminuer le nombre des grands commandements maritimes; l'un et l'autre mobile sont sans importance pour le pays; il n'y a qu'à passer outre au premier, et, quant au second, il tombe de lui-même, car une organisation rationnelle des préfectures maritimes remplacerait, comme on le verra plus loin, les cinq commandements actuels par cinq, ou peut-être même par six commandements mieux placés.

Ce qui est bien certain, c'est que Lorient et Rochefort sont également incapables de jouer un rôle stratégique quelconque, ou de ravitailler après un combat, je ne dis pas une escadre, mais seulement un cuirassé; les navires de fort tonnage qu'on y construit sont obligés, faute de profondeurs suffisantes, d'en sortir à vide, et d'aller se faire armer soit à Brest, soit en rade d'Aix. Il faut donc supprimer la préfecture maritime de Lorient, qui fait double emploi avec sa puissante voisine de Brest, et sinon supprimer, du moins déplacer celle de Rochefort; je reviendrai plus loin sur ce dernier point.

Mais comme ces deux villes sont à l'abri de toute atteinte, on conservera les vastes chantiers et ateliers qui s'y trouvent; seulement, ce deviendront de simples arsenaux de construction, c'est-à-dire des établissements analogues à celui d'Indret, où personne n'a jamais proposé d'installer une préfecture maritime sous prétexte que la marine y possède d'importants ateliers; pour mieux préciser, ce seront, non des arsenaux, mais des *chantiers de construction*, ne se distinguant de ceux du Havre, de Saint-Nazaire, de la Seyne, que parce qu'ils appartiendront à l'État.

Cette proposition scandalisera bien des gens qui visent au contraire à instituer ou à renforcer l'autorité du préfet maritime sur les ateliers situés dans leurs ports. Elle n'en est pas moins la plus conforme au bien du service. Chacun doit être maître chez soi, si l'on veut pouvoir établir nettement les responsabilités, au contraire de ce qui a lieu présentement dans la marine. Au préfet maritime, le commandement militaire; au directeur des constructions navales, la direction des ateliers; et mieux on séparera les deux services, mieux iront les affaires. L'harmonie doit résulter de l'impulsion de l'autorité supérieure, non de l'absorption de l'un des services par l'autre. Aussi bien le général commandant un corps d'armée n'a-t-il pas à s'immiscer dans le fonctionnement d'un atelier de construction ou d'une manufacture d'armes; ces établissements, étant *d'intérêt général* et non local, relèvent directement du ministre, qui délègue à leurs directeurs la qualité d'ordonnateurs secondaires [1].

Il semble que nous soyons bien loin de la défense des côtes. Mais tout se tient dans cette question, embrouillée à plaisir par des rivalités de clocher et des mélanges d'attributions. L'emplacement des grands commandements maritimes, qui influe directement sur l'organisation de la défense,

---

1. Pour le moment, la marine suit juste la direction opposée à celle que je viens d'indiquer. Un décret du 8 septembre 1893 a prescrit qu'à la mobilisation, la direction de l'arsenal passerait « au major général de la marine dans les ports de Cherbourg, Brest et Toulon, et à un vice-amiral en activité ou du cadre de réserve dans ceux de Lorient et de Rochefort ». Ainsi, au moment où la moindre faute aura les plus graves conséquences, on mettra le personnel technique sous les ordres d'un officier qui n'aura pas la première notion du service qu'il devra diriger; c'est simplement absurde. — Il semble qu'on ait intentionnellement dépassé le but, et que ce dernier soit en réalité d'arriver prochainement à nommer dès le temps de paix un amiral, directeur général de l'arsenal; cela ferait un agréable poste à terre en plus, mais une bien fâcheuse confusion de pouvoirs.

est inséparable de la question des attributions dévolues aux préfets. Le jour où ces derniers seront exclusivement devenus ce qu'ils doivent être, c'est-à-dire des commandants militaires, c'est uniquement par des considérations militaires qu'on déterminera leur nombre, leurs grades et leurs résidences, comme j'essaierai de le faire plus loin, et l'on ne trouvera plus aucune raison pour en maintenir un à Lorient et un à Rochefort.

En outre de nos ports de guerre, nous devons organiser le plus sérieusement possible la défense de nos ports de commerce les plus importants.

Si on les considère au seul point de vue commercial et qu'on les classe par ordre de tonnage annuel à l'entrée et à la sortie, ils se rangent dans l'ordre suivant : Marseille, le Havre, Bordeaux, Dunkerque, Boulogne, Calais, Rouen, Saint-Nazaire, Cette, Dieppe, Bayonne, Nantes, Nice. Mais il s'en faut que ce classement corresponde aux nécessités de la défense nationale : certaines des villes qu'il comprend peuvent être négligées, d'autres doivent entrer en ligne de compte, qui ne s'y trouvent pas [1].

1. D'après les dernières statistiques commerciales publiées, qui sont celles de 1892, le tonnage total de ces ports, à l'entrée et à la sortie, peut être représenté par les nombres suivants, en prenant pour point de comparaison celui de Marseille :

Marseille, 1000. — Le Havre, 539. — Bordeaux, 292. — Dunkerque, 255. — Boulogne, 191. — Calais, 170. — Rouen, 151. — Saint-Nazaire, 129. — Cette, 127. — Dieppe, 106. — Bayonne, 48. — Nantes, 23. — Nice, 17.

Mais, au point de vue de la défense, le Havre et Rouen, Saint-Nazaire et Nantes forment une même position; on verra plus loin qu'il en est de même de Calais et Dunkerque. On pourrait donc établir le classement ci-après

Marseille, 1000. — *Basse-Seine*, 690. — *Calais-Dunkerque*, 425. —

Tout d'abord, il faut que nous défendions *Marseille* et les trois estuaires de la *Seine*, de la *Loire* et de la *Gironde*, c'est-à-dire les groupes le Havre-Rouen, Saint-Nazaire-Nantes, Pauillac-Bordeaux.

Malheureusement, pour Marseille et le Havre, surtout pour cette dernière ville, la forme de la côte rend la tâche particulièrement difficile, et nécessite une très active défense mobile en mer; et encore, celui qui se proposera un objectif aussi important que la destruction du Havre, l'entreprendra évidemment avec des forces bien supérieures au peu de navires que nous pourrons immobiliser sur un point donné; il faut donc s'attendre à bien des ruines de ce côté. A Marseille, les îles, sans couvrir complètement la ville, permettront d'en gêner sérieusement le bombardement; on pourra compter aussi sur une défense mobile plus puissante, grâce à la proximité de Toulon.

Saint-Nazaire également est assez menacé et difficile à défendre; il est bien regrettable qu'on ait abandonné le projet primitif consistant à creuser ses bassins dans les marais de la Grande-Brière, au nord de la ville, où ces établissements eussent été hors d'atteinte.

Quant à la Gironde, sa défense est facile, et il est inutile de s'y arrêter ici.

A proprement parler, *Calais* et *Dunkerque* forment une position unique, dont l'importance est de premier ordre. La première de ces villes détermine la route la plus rapide

Bordeaux, 292. — Boulogne, 191. — *Basse-Loire*, 152. — Cette, 127. Dieppe, 106. — Bayonne, 48. — Nice, 17.

Il est cependant clair que Nice, qui est dernière sur cette liste, et Port-Vendres, qui n'y figure pas, importent plus à la défense nationale que Boulogne, Cette et Dieppe.

entre l'Angleterre et le continent ; l'autre est la tête de ligne de notre commerce dans les mers du Nord ; toutes deux doivent donc être protégées contre la destruction en vue de la période qui suivra le rétablissement de la paix. Tout au moins cette nécessité est-elle absolue en ce qui concerne Calais, qui pourrait au besoin jouer le rôle de Dunkerque, mais que cette dernière ne saurait remplacer.

C'est ici que l'on peut mesurer la faute qui consista, lors de l'adoption du projet Freycinet, à consacrer des sommes considérables à l'amélioration simultanée de ces deux ports. En additionnant leurs entrées et sorties annuelles, on trouve un tonnage qui dépasse celui de Bordeaux, et ne le cède qu'à ceux de Marseille et du Havre ; il serait vraisemblablement beaucoup plus grand encore, si l'on avait concentré tout l'effort sur Calais seul ; au lieu de deux ports secondaires, nous aurions eu un Anvers français.

La même faute pèse sur notre défense continentale, à laquelle ces deux ports importent plus encore qu'à notre défense navale. La position Calais-Dunkerque garde en effet l'extrême gauche de nos armées, et dans le cas d'une nouvelle invasion, elle serait encore la base d'opérations et le réduit de notre armée du Nord, à laquelle elle assure la communication par mer avec le reste du pays et avec l'étranger ; c'est cette liberté de mouvements qui a permis au général Faidherbe d'organiser son armée, de la ravitailler, et de ne pas la laisser entamer.

Puissamment défendue à terre, cette position exige donc une protection non moins efficace du côté de la mer. Mais, là encore, il est impossible d'avoir des batteries assez avancées, et il faudra disposer d'une défense mobile. On se trouve ainsi de nouveau conduit à regretter que l'agrandissement simultané de Calais et de Dunkerque ait conduit à donner

la même importance à ces deux villes et à étendre démesurément la position. En faisant de Calais seul un Anvers commercial, on en aurait fait également un Anvers militaire,
au grand avantage de la défense nationale.

Trois autres parties de notre littoral doivent, comme
Calais-Dunkerque, être vigoureusement protégées pour des
raisons qui touchent surtout à la défense continentale. Ce
sont les régions de *Bayonne*, *Perpignan* et *Nice*.

Les Pyrénées sont, à tous les égards, notre frontière la
plus sûre. Militairement, elles sont infranchissables, sauf
par les deux défilés qui se glissent, à leurs extrémités, entre
la montagne et la mer. Nous avons tout lieu de compter, en
cas de guerre, sur l'amicale neutralité de l'Espagne. Mais
il faut tout prévoir. Les amitiés ne remplacent pas de sages
précautions : la triple alliance n'a pas eu pour résultat de
faire dégarnir, d'un côté ou de l'autre, la frontière austro-
italienne. La neutralité espagnole peut d'ailleurs être violée
par nos ennemis. Il est nécessaire de constater ces faits, à
propos des fortifications de Bayonne et de Perpignan, dont
l'utilité semble contestable, *a priori*, à bien des gens.

Aux deux bouts des Pyrénées, la tâche est d'ailleurs
facile. Du côté de Bayonne et Saint-Jean-de-Luz, comme
de Perpignan et Port-Vendres, il s'agit simplement d'empêcher un débarquement qui prendrait à dos les défenseurs
des deux défilés ; à *Port-Vendres*, il faut, en outre, protéger
un bon port, auquel sa situation avancée permet de jouer
un rôle stratégique important. Il y suffit de quelques batteries de côte, et de forces mobiles peu considérables à terre.

Du côté de Nice, c'est une autre affaire. Nice est le point
d'appui de la droite de notre armée des Alpes, à la sécurité
de laquelle sa conservation est indispensable. Mais en même

temps, cette riche cité est le chef-lieu d'une région convoitée par nos voisins, et la rade de Villefranche ajoute
encore à son prix. Elle est donc, par elle-même, un objectif
de première importance, que nous pouvons nous attendre
à voir attaquer énergiquement par terre et par mer, et
que nous devons défendre avec non moins de vigueur. Ici
encore, malheureusement, le bombardement par mer est à
peu près impossible à éviter, et il faudra, pour le gêner
seulement, disposer d'une force navale appréciable, stationnée en rade de Villefranche[1].

Si les quatre positions qui viennent d'être passées en
revue intéressent surtout notre défense continentale, il en
est deux autres auxquelles on peut prédire un grand développement, important pour l'avenir de notre marine.

----

1. Suivant certains auteurs, il y aurait lieu de créer un port fortifié au
golfe Jouan. L'*Essai de stratégie navale* motive cette nécessité sur ce fait
qu'un débarquement en forces y est possible ; que, si les Italiens étaient
maîtres de la mer pendant quarante-huit heures, ils le tenteraient certainement ; enfin, que le golfe, une fois fermé, est une bonne base pour un coup
de main contre la Corniche et Gênes, opération pour laquelle Toulon est
trop éloigné. Le même ouvrage ajoute : « Villefranche doit être exclu comme
point d'appui de la terre sur mer, parce que la position est en avant de la
ligne du Var. Comme port de refuge, il ne vaut pas mieux, au moins pour
les grands navires. C'est un entonnoir. La flotte qui s'y entasserait serait
très exposée au tir des pièces à longue portée aujourd'hui en usage. »
D'où il faut conclure que si, suivant le vœu des auteurs de ce livre, la
marine recevait la charge de la défense des côtes, elle verrait dans la
« ligne du Var » la limite de son action ! Ignore-t-on que le camp retranché
de Nice, avec toutes ses positions avancées qu'il serait oiseux d'énumérer,
est le pivot de notre défense, ou plutôt même la base de l'offensive qui
couvrira notre territoire mieux que la ligne du Var ? Quant au débarquement des Italiens au golfe Jouan, on ne peut, en vérité, que le souhaiter.
Enfin, Villefranche n'est pas sensiblement plus exposée que le golfe Jouan ;
qu'on prenne une carte, et l'on verra que si, devant l'une ou l'autre rade, un

L'une d'elles, que le public connaît encore trop peu pour en apprécier la récente transformation, est la position *Rochefort-La Rochelle-La Pallice*, couverte par les îles d'Oléron, d'Aix et de Ré. Aux rades profondes et abritées des Trousses, d'Aix et des Basques, qui se trouvent à l'embouchure de la Charente, entre les îles d'Oléron et d'Aix et la terre ferme, s'ajoute en effet l'importante rade de La Pallice, située entre Ré et La Rochelle, et dont l'importance fut signalée il y a quelques années à peine par M. Bouquet de la Grye. Devant l'impossibilité de rendre à La Rochelle son antique splendeur, on a pris le parti de creuser à La Pallice, à une lieue à peine de là, un port de premier ordre, qui vient d'être achevé, et qui est appelé au plus brillant avenir. Nos escadres sont assurées d'y trouver un abri, des ravitaillements et des moyens de réparations. J'ai déjà dit, d'autre part, que Rochefort doit perdre sa qualité de port de guerre. La préfecture maritime devra-t-elle être transportée à La Pallice, en raison des ressources qui s'y trouveront, ou faudra-t-il préférer l'île d'Aix avec la rade des Trousses que bordent déjà nombre de forts et d'établissements maritimes ? C'est ce qui ne saurait être déterminé ici. Toujours est-il que la position semble pouvoir être caractérisée comme il suit : un grand port de commerce, pouvant être utilisé par la marine nationale, à La Pallice ; un grand

---

navire veut se tenir à une distance donnée de la terre et des îles, il pourra venir à 500 mètres seulement plus près de Villefranche que du fond du golfe Jouan. D'autre part, l'ouverture de ce dernier, entre le cap d'Antibes et l'île Sainte-Marguerite, mesure près de 70°, alors que celle de la rade de Villefranche est de moins de 30°. On pourra donc le soumettre à des tirs convergents provenant d'un horizon plus de deux fois plus étendu. Enfin Nice exige, en tout cas, une défense mobile. Pour toutes ces raisons, une station navale à Villefranche nous semble bien plus désirable qu'au golfe Jouan, où tout, au surplus, est à créer.

commandement maritime en ce point, ou bien à Aix ; enfin un chantier de constructions, à Rochefort. Le tout, y compris les îles, mérite donc une défense fixe et mobile des plus énergiques ; il semble d'ailleurs y avoir peu de chose à ajouter à ce qui existe déjà.

L'autre position, essentiellement maritime, que je voulais signaler, on n'a pas eu jusqu'ici à se préoccuper de sa défense... parce qu'elle n'existe pas encore : c'est, dans la Méditerranée, l'*Étang de Berre*. Alors que notre métropole commerciale de Marseille est exposée à un bombardement, alors que, dans toute la Méditerranée, nos escadres n'ont pas d'autre point d'appui que Toulon, nous avons négligé d'acquérir, au prix de travaux insignifiants, une rade plus vaste et plus sûre que celle de Brest[1]. Il faut espérer que cette coupable incurie, due à des oppositions d'intérêts locaux, finira par être réparée, et que l'on pourra bientôt songer à élever les deux ou trois batteries qui suffiraient à couvrir le débouché de l'étang sur le golfe de Fos.

Il ne reste plus à mentionner, sur nos côtes, que quelques points sur lesquels il importe d'empêcher un débarquement ou un coup de main. Je ne parle pas, bien entendu, des mouillages qui permettraient de tourner les défenses d'une région déjà protégée, comme, par exemple, les rades de *la Hougue, Douarnenez, Quiberon* et *Hyères* ; ceux-là sont sous-entendus, comme constituant des annexes des positions principales de Cherbourg, Brest, Lorient et Toulon. Mais il est évident que ce genre de protection doit être

---

1. L'étang de Berre a une superficie de 150 kilomètres carrés, soit deux fois égale à celle de Paris, dont 6 000 hectares de mouillage avec des fonds d'une dizaine de mètres. Le grau de Bouc, par lequel il communique avec la mer, est long de moins de 6 kilomètres et profond d'un mètre.

également accordé à nos grandes *îles de l'Océan*. J'ai déjà parlé de celles qui font partie intégrante de la position de Rochefort-La Rochelle; un ennemi qui s'installerait à demeure dans l'une des îles d'Ouessant, Groix, Belle-Ile, Noirmoutiers ou Yeu, pourrait également devenir gênant pour nous. Toutefois ce danger n'est pas si grand qu'on l'a souvent prétendu; on est trop porté à oublier que les navires modernes ne ressemblent guère, par leurs dimensions, à ceux d'antan. Ces îles n'offrent que de petits ports de cabotage et des mouillages médiocres; et une escadre qui n'aurait pas d'autres points de ravitaillement devrait se réduire à des croiseurs ou à des canonnières bien médiocres. Au reste, ces îles sont faciles à défendre; leur rivage occidental est généralement bien caractérisé par le nom de « mer sauvage », et elles ne possèdent qu'un petit nombre de points d'accès, face à notre côte.

Quant aux petites *îles de la Méditerranée*, elles sont des postes avancés de la défense de Marseille et des rades d'Hyères et du golfe Jouan, et seront nécessairement défendues en cette qualité.

Il faut signaler encore spécialement les points faibles que présente la *voie ferrée* si importante qui longe la Méditerranée. Immédiatement avant d'arriver à Marseille, puis aux abords de Toulon, enfin de Fréjus à la frontière italienne, elle court le long d'un rivage difficile à surveiller, exposée aux incursions de l'équipage d'un torpilleur audacieux. Bien que sa garde fasse l'objet de dispositions spéciales, la seule garantie efficace que nous ayons de ce côté consiste à bien préparer l'utilisation éventuelle des médiocres lignes secondaires qui existent plus à l'intérieur, et à en construire de nouvelles. Le même danger, moins facile à éluder, se présente sur la ligne de Perpignan, entre Cette et Leucate.

Enfin, quand toutes ces positions, qui sont stratégiquement ou commercialement de premier ordre, auront été convenablement préservées, mais alors seulement, il conviendra de s'occuper des principaux ports de commerce non encore mentionnés, tels que *Boulogne, Dieppe* et *Cette*, et de leur accorder une protection restreinte, consistant en quelques batteries et une petite flottille, suffisant à empêcher un débarquement et à gêner un bombardement.

Alors aussi, on pourra songer à ce que j'appellerai des travaux de perfectionnement. Il serait bon, par exemple, de reprendre les études qui ont été faites par les ponts et chaussées, en 1856, sur la création d'un port de refuge pour la marine nationale dans le *bassin d'Arcachon*. La dépense, évaluée alors à 11 millions, s'élèverait peut-être aujourd'hui à une quinzaine de millions, et un tel port serait certainement fort utile sur cette côte peu hospitalière du golfe de Gascogne [1].

***

J'ai montré quel intérêt capital nous avons à empêcher un débarquement en Algérie et en Tunisie. Il faut ajouter que, sur ce littoral, les bombardements aussi présenteraient plus d'inconvénients que sur celui de la métropole, car ils suffiraient peut-être à provoquer les désordres qui seraient si bienvenus à nos ennemis. Or la protection d'une côte presque aussi étendue que celles de la France [2] n'est pas une petite affaire.

---

1. Voir *Nouvelle Revue*, 1er mars 1894.

2. Elle mesure environ 2 200 kilomètres, soit seulement 500 de moins que l'ensemble des côtes de France.

En ce qui concerne le débarquement, la tâche nous est facilitée par la configuration de ce littoral. Il n'en est guère d'aussi peu abordables ; on n'y trouve, en tout, que huit mouillages médiocres, situés sur des golfes que ne protège aucune presqu'île : les rades de *Mers-el-Kébir* et d'*Arzeu*, de part et d'autre d'Oran ; la rade foraine d'*Alger* ; la rade de *Bougie* et la rade foraine de *Djidjelli*, dans le golfe de Bougie ; les rades foraines de *Collo* et de *Stora*, dans le golfe de Philippeville ; enfin celle de *Bône*. « Ces golfes, dit le commandant Marga, sont très ouverts et la houle pénètre jusqu'au fond... Sur tout autre rivage, leurs rades seraient jugées impraticables en hiver, et les meilleures même n'offriraient pas grand intérêt ; mais sur cette côte uniforme et inhospitalière, elles ont une grande importance et commandent l'établissement des ports. »

Naturellement, elles commandent aussi le choix d'un point de débarquement. Tout au moins un corps qui aurait débarqué ailleurs ne pourrait se passer d'en occuper une, sous peine d'être privé de tout ravitaillement au premier coup de vent. Nous n'avons donc, en tout, que huit points à défendre en Algérie ; et, d'autre part, la côte, généralement abrupte, se prête bien à l'établissement des batteries.

Seulement, aucune de ces villes, non plus que les autres ports, ne peut être protégée contre un bombardement, si nous ne disposons pas d'une force navale mobile ; et la côte n'offre à cette force navale aucun mouillage où elle puisse se réfugier à l'abri d'un gros temps ou d'une escadre plus puissante, aucun port où elle puisse réparer ses avaries. On ne peut pourtant pas demander à un navire qui vient de livrer combat, de traverser la Méditerranée sous le feu des flottes ennemies, pour aller se réparer et se ravitailler à Toulon, qu'il trouvera peut-être bloqué !

Aussi, quand aucune raison politique ou économique n'aurait motivé notre entrée en Tunisie, il nous eût fallu conquérir cette contrée, pour devenir maîtres du lac de *Bizerte*, la seule grande rade bien abritée de tout le nord de l'Afrique, le pendant admirable de l'étang de Berre. Nos rivaux ne s'y sont pas trompés, et dans la conquête de la Tunisie, ils ont surtout vu Bizerte devenue française. Alors que nous n'y avons encore exécuté aucun travail militaire, que nous n'avons même pas mis en état de défense la position commerciale *Tunis-La Goulette*, il ne se passe pas de mois sans que les publications spéciales allemandes, anglaises et italiennes consacrent des articles à la renaissance de Carthage [1]. Ayons au moins le bénéfice de cette attitude, et justifions-la en fondant à Bizerte un grand port militaire, qui est aussi facile à y organiser qu'à protéger. Il nous est indispensable pour donner à nos navires un minimum de sécurité sur la côte d'Afrique, et pour nous assurer la possession incontestée de notre plus belle colonie.

***

C'est en effet indirectement, comme je le disais plus haut, que nous couvrirons le plus facilement l'Algérie-Tunisie, en menaçant jusque chez elle la puissance qui la convoite.

Cette puissance, il n'y a aucune raison de ne pas la nommer : c'est l'Italie. Or l'Italie a chez elle une énorme éten-

---

1. Tout ce bruit a produit jusqu'ici l'effet voulu. Les défenses de Bizerte sont faciles à énumérer : un seul torpilleur, pas un canon !

Il faudrait en finir avec la légende d'un engagement quelconque que nous aurions pris de ce côté, et où des esprits trembleurs voient la justification de cette incurie. *Le 16 mai 1881*, M. Barthélemy-Saint-Hilaire a écrit à lord Lyons : « Il n'existe pas dans nos projets de dépenser *aujourd'hui* des

due de côtes à protéger, 6 800 kilomètres au total, dont environ 4 500 kilomètres en Méditerranée, directement exposés à nos coups, et bordant notamment des îles importantes, faciles à surprendre. En outre, l'Italie dépend de ses côtes plus que toute autre nation, l'Angleterre exceptée ; toute sa puissance, son existence même, reposent sur elles, si l'on fait abstraction de la riche vallée du Pô.

En face de cette frontière à la fois si vitale et si vulnérable, nous disposons de points stratégiques de premier ordre, au nombre de cinq au moins : *Toulon*, l'*Étang de Berre*, *Port-Vendres*, *Bizerte* et *Bonifacio*. J'ai déjà parlé des quatre premiers. Par le cinquième, la défense de la Corse se rattache étroitement à celle de l'Algérie [1].

Sur tout autre point du littoral de la Corse, un bombardement ne détruirait que des villes de second ordre, un débarquement aboutirait à un désastre pour le corps qui serait aventuré dans un pays si difficile, en face d'une population si guerrière. A *Bonifacio*, un débarquement aurait de graves conséquences, et doit être rendu impossible.

On sait que les Italiens ont installé un puissant port de guerre de l'autre côté du détroit, dans l'îlot Santa-Madalena, sur la côte de Sardaigne. De là ils peuvent tenter

---

sommes énormes et de commencer des travaux gigantesques. » Il ne semble pas, d'après ce qui s'est fait, qu'on ait même songé à de petites sommes ni à des travaux rudimentaires. Mais il y a treize ans de cela, et nous avons le droit d'avoir changé de projets. Aucune puissance ne protestera et n'osera soutenir ce sophisme que nous avons le droit de protéger le territoire de la Tunisie, à l'exception de ses côtes, c'est-à-dire de sa seule frontière vulnérable.

1. Pour la description de la Corse, on consultera utilement *La Défense de la Corse*, par Ardouin-Dumazet (Paris, Berger-Levrault et Cie, 1894) ; mais je fais toutes réserves sur l'organisation préconisée, dans cet ouvrage, quant au personnel.

inopinément un coup de main sur Bonifacio, qui en est distant de 25 kilomètres à peine. S'ils réussissaient dans cette entreprise, les bouches de Bonifacio nous seraient fermées, et la Corse et la Sardaigne ne formeraient plus qu'un obstacle continu, que nous serions obligés de contourner, pour ne menacer l'Italie qu'au nord et au sud. Pour que nos escadres restent libres de passer par les Bouches, fût-ce en se glissant le long de la Corse, de manière à éviter la Madalena, il faut donc que nous achevions rapidement de couvrir Bonifacio. La position est d'autant plus belle que dans son voisinage se trouvent les deux baies les plus faciles à protéger de la Corse, les profondes échancrures de *Santa-Manza* et de *Porto-Vecchio*, dont l'une devra nous donner une station navale comparable à la Madalena.

A première vue, on est tenté de préférer la baie de Santa-Manza, qui fait partie intégrante de la position de Bonifacio, et qui, de toute façon, doit être couverte par de puissantes batteries, car elle est, avec le golfe de Saint-Florent au nord, le meilleur point de débarquement en Corse. Mais le golfe de Porto-Vecchio est de beaucoup préférable, en raison de ses dimensions et de sa forme, et c'est lui qui sera sans doute choisi quand on se décidera à doter la Corse du port militaire qui lui est indispensable. Son aménagement a déjà été étudié, et il existe deux projets, estimés l'un à 25 millions et l'autre à moins de 10 millions, y compris l'assainissement des marais voisins, mais non compris les établissements à terre et les batteries. Le second projet serait bien suffisant, puisqu'il permet « d'installer un port de refuge pour 12 cuirassés, 12 grands croiseurs, et autant de petits navires à faible tirant d'eau qu'on voudra [1] ».

1. *Essai de stratégie navale.*

Cette position Bonifacio-Porto-Vecchio équivaut pour nous à la Corse entière, dans ce que cette île a d'indispensable au salut général. Je ne veux pas dire qu'on ne doive pas mettre *Bastia, Saint-Florent, Ajaccio* et même au besoin quelques autres points à l'abri d'un coup de main; mais un débarquement dans ces localités serait, de la part de l'ennemi, une faute grave, désirable pour nous; l'occupation de Bonifacio serait une grande bataille gagnée par lui.

***

A la condition d'organiser les positions de Berre, Bizerte et Bonifacio-Porto-Vecchio, en plus de celles de Toulon et Port-Vendres, nous pouvons être rassurés sur l'avenir de la France d'Afrique. Il n'est pas question pour nous, suivant l'intention qu'on nous prête à l'étranger, de faire de la Méditerranée un lac français; mais *ce qui doit être français, c'est la route de France en Algérie-Tunisie.* Point n'est besoin pour cela d'une flotte exagérée. Quelques divisions d'escadre, bonnes marcheuses, bonnes manœuvrières, sûres de trouver en ces points un refuge et des ravitaillements, suffiront à tenir en haleine la flotte italienne sur ses propres côtes, et à prendre à revers toute attaque dirigée par qui que ce soit contre la côte de France ou d'Afrique. On ose à peine se représenter les conséquences qu'aurait aujourd'hui le blocus de Toulon; dans l'hypothèse que je viens d'indiquer, le blocus d'une de nos stations ne ferait qu'immobiliser une flotte ennemie, et donner ainsi plus de liberté au gros de nos forces navales.

Ces propositions ne vont nullement, comme on pourrait le croire, à augmenter démesurément les charges que nous imposent nos établissements maritimes. Assurément, il en serait ainsi, si nous conservions les préfectures existantes. Mais on conviendra que nos besoins actuels ne trouvent pas leur satisfaction dans la répartition qui nous donne quatre ports militaires sur l'Océan, dont un médiocre et deux inutilisables, et un seul sur la Méditerranée : Colbert et Napoléon n'avaient prévu ni l'Algérie, ni la flotte italienne.

Et pourquoi, d'ailleurs, la marine tient-elle à constituer ses préfectures sur un type unique ? Pourquoi cinq grands commandements, quand l'Angleterre elle-même n'en a que trois avec deux arsenaux secondaires[1] ? Est-il absurde de proposer d'instituer plusieurs classes de préfectures maritimes, pouvant être commandées par des officiers de grades différents ? Le commandement est-il donc organisé de la même façon à Paris et à Mont-Dauphin ?

Si l'on veut que notre puissance navale soit rationnellement distribuée, on devra étudier une organisation se rapprochant de la suivante :

Trois *arsenaux,* ou *préfectures maritimes de première classe,* commandés par des vice-amiraux à plumes blanches, c'est-à-dire ayant rang de commandants de corps d'armée, à Brest, Toulon et Bizerte ;

Trois *ports de ravitaillement,* ou *préfectures de deuxième classe,* commandés par des vice-amiraux ou contre-amiraux, à Cherbourg, île d'Aix ou La Pallice et Berre[2] ;

Une *station navale,* ou *préfecture de troisième classe,* commandée par un capitaine de vaisseau, à Porto-Vec-

---

1. Voir les informations rapportées par M. Cochery dans le *Temps* du 3 mai 1894. et surtout l'important ouvrage que vient de publier M. E. Weyl, *La Flotte de guerre et les arsenaux* (Paris, Plon, 1894).

2. Si jamais la coalition des intérêts locaux de Marseille et de Toulon permet d'établir à Berre un port, qui ne tarderait pas à devenir une place maritime et, par suite, une préfecture de premier ordre.

chio ; une autre à Port-Vendres, si l'on s'obstine à ne rien faire de l'étang de Berre ;

Quatre *chantiers de construction et réparations*, autonomes, c'est-à-dire s'administrant eux-mêmes et relevant directement du ministre, qu'ils soient isolés comme ceux de Lorient et de Rochefort, ou établis à côté d'une préfecture, comme ceux de Brest et de Toulon [1] ;

Quatre *chantiers de réparations*, également autonomes, à Cherbourg, Berre, Porto-Vecchio et Bizerte.

Enfin un certain nombre de *ports de refuge*, avec dépôts de charbon et de vivres, tels que Dunkerque, Calais, Boulogne, Dieppe, le Havre, Saint-Malo, Saint-Nazaire, La Rochelle, Pauillac, Arcachon (à créer), Port-Vendres, Cette, Marseille, Nice, Ajaccio, Bastia, Oran, Alger, Tunis. Un officier de marine résiderait dans chacun d'eux, pour diriger le service ; la plupart de ces ports sont des chefs-lieux de secteur, et il s'y trouve déjà un officier de marine, commandant ou adjoint ; dans les autres, on peut se contenter d'un officier retraité ou hors cadre pour raison de fatigue physique [2].

---

1. Aux chantiers, la construction et la réparation des navires, ainsi que la fabrication ou l'acquisition des matières et objets nécessaires ; aux arsenaux, le commandement des navires armés et du personnel combattant à terre, l'entretien et l'armement (c'est-à-dire la mobilisation) des navires en réserve.

2. Je rappelle, pour éviter tout malentendu, qu'il ne s'agit ici que de défense des côtes. Le minimum de puissance navale qui nous est nécessaire exige encore un assez grand nombre d'établissements outre-mer, tels que l'arsenal de Saïgon et deux autres à créer à Dakar et à Diégo-Suarez, et des dépôts à Obok (ou mieux à Cheik-Saïd), Fort-de-France (Martinique), Nouméa, etc.

CHAPITRE IV

DIVISION DU LITTORAL EN SECTEURS

Les deux décrets. — Les secteurs de France; — de Corse; d'Algérie-Tunisie.

Le coup d'œil d'ensemble qui vient d'être jeté sur les points les plus importants de notre littoral et sur leur rôle éventuel va nous permettre de comparer et d'apprécier facilement les deux répartitions successives qui en ont été faites, en vue de leur défense, par les décrets des 13 mai 1890 et 17 février 1894.

L'objet de ces décrets a été de donner une base solide à la défense de nos côtes, en les divisant en un certain nombre de secteurs, en organisant le commandement de ces divers fronts, en déterminant enfin les devoirs et les responsabilités des commandants.

Sur tous ces points, le décret de 1894 constitue, sans aucun doute, un progrès notable sur le précédent. Mais on peut y relever encore bien des imperfections et des lacunes, dont la gravité principale réside dans leurs causes, qui sont générales et permanentes. Il est aisé de se rendre compte, en effet, qu'on eût évité ces défauts, si un même esprit avait animé les deux pouvoirs publics qui ont collaboré à cette réglementation; et il importe donc de bien préciser des points faibles, dans lesquels on trouve, en quelque sorte, les témoins de traditions surannées ou abusives que l'on devra commencer par extirper, si l'on veut enfin aboutir à une organisation satisfaisante.

La délimitation des secteurs de la défense ne saurait, on le conçoit, reposer sainement que sur des considérations géographiques et stratégiques. Or, si l'on jette les yeux sur le tableau des secteurs qui est annexé au décret, on ne peut manquer d'être frappé de ce fait que leurs dimensions semblent avoir été arrêtées en tenant compte plutôt de certaines commodités administratives que des besoins de la défense.

Les secteurs y sont, en effet, groupés par arrondissements maritimes, c'est-à-dire qu'on les a institués comme des subdivisions de ces arrondissements ; et dans l'intérieur de ces derniers, leurs limites concordent avec des limites de sous-arrondissements ou de quartiers maritimes. Or, l'organisation des quartiers remonte, sinon à Colbert, du moins à l'ordonnance du 31 octobre 1784, et elle a en vue l'administration des gens de mer, et non les conditions de la guerre moderne ; il est clair que s'il arrive parfois à ces deux intérêts si différents de concorder, c'est par la plus fortuite des coïncidences.

Dans beaucoup de cas, il faut le dire, le mal n'est pas grand. En effet, le point de séparation entre deux secteurs consécutifs n'est pas toujours imposé d'une manière bien précise par la configuration de la côte, et il arrive, au contraire, que les circonstances locales laissent assez de latitude dans son choix ; et, d'autre part, les quartiers sont généralement limités à des points remarquables de la côte. Mais il arrive aussi que ce respect des circonscriptions administratives de la marine ait des inconvénients réels pour la défense[1].

_____

1. Il est juste de constater que l'administration de la guerre, mieux inspirée, ne s'est pas laissé guider par un semblable amour de la forme. Les secteurs n'ont aucune relation obligée avec les limites des régions de corps d'armée ni des directions d'artillerie ; ceux d'Abbeville, Cherbourg, Rochefort et Marseille chevauchent chacun sur deux régions.

Le décret de 1890 divisait nos côtes en un certain nombre de secteurs de défense. C'est avec intention que je dis « un certain nombre » : chose à peine croyable, il était fort difficile d'évaluer le nombre de ces secteurs, à la lecture du décret, et tout à fait impossible de se rendre compte de leur étendue ! Les arrondissements maritimes de Brest, Rochefort et Toulon comprenaient, en effet, chacun une partie dite « zone d'autorité du préfet maritime » dont les bornes n'étaient pas indiquées ; pourquoi, d'ailleurs, ces zones, et pourquoi n'en existait-il pas dans les autres arrondissements, c'est ce que le décret ne disait pas. Encore, dans l'arrondissement de Brest, cette zone formait-elle un secteur, portant le nom du chef-lieu ; mais dans ceux de Rochefort et Toulon, on avait omis de citer explicitement le secteur contenant le chef-lieu, en sorte qu'il fallait un véritable effort d'attention pour s'apercevoir que, si le tableau ne mentionnait que 17 secteurs, il en existait en réalité deux de plus.

Au reste, le souci de la clarté ne brillait pas dans cette division du littoral : il serait difficile d'expliquer pourquoi un assez grand nombre de secteurs étaient appelés du nom d'une ville autre que le siège de leur commandement; heureux quand ce nom inattendu n'était pas double : le secteur de l'île d'Yeu-La Rochelle, par exemple, avait son commandement aux Sables-d'Olonne.

D'autre part, le décret se terminait par un article dont les termes, vraiment déplorables, étaient : « Les dispositions qui précèdent ne sont applicables ni à la Corse ni à l'Algérie. » Ainsi, rien pour deux territoires de cette importance, pas même une promesse d'organisation, pas même le règlement d'administration publique dont l'annonce sert à pallier tant de mauvais cas ! Une semblable lacune ne pouvait être interprétée que comme un aveu d'impuissance entre des prétentions contradictoires émises par la guerre et la marine.

Aujourd'hui, nos côtes sont divisées en 19 secteurs, nettement sinon toujours heureusement délimités, et dénommés comme il suit, d'après le siège de leur commandement : Dunkerque, Abbeville, le Havre et Cherbourg (1er arrondissement maritime) ; Saint-Malo, Saint-Brieuc et Brest (2e arrondissement) ; Lorient et Saint-Nazaire (3e arrondissement); les Sables-d'Olonne, Rochefort, Royan et Bayonne (4e arrondissement) ; Perpignan, Cette, Marseille, Toulon, Antibes et Nice (5e arrondissement). En outre, le littoral de la Corse et celui de l'Algérie-Tunisie forment chacun un secteur indépendant, portant à 21 le nombre total de ces commandements.

Sur le continent, un secteur nouveau a été créé, celui d'Abbeville ; par contre, on a supprimé celui de Quimper. Un certain nombre des autres ont eu leur délimitation modifiée, d'une manière généralement heureuse. Nous allons passer rapidement en revue ces changements qui n'appellent que peu d'observations, dérivées de la remarque générale que je faisais en commençant.

Au nord du premier arrondissement, la situation a été notablement améliorée par le p.élèvement du secteur d'Abbeville sur les deux voisins. En premier lieu, on a renforcé de la sorte le commandement sur la partie de nos côtes qui regarde directement l'Angleterre. Mais le principal avantage de cette mesure a été de restreindre le secteur de Dunkerque à l'espace compris entre la frontière belge et le cap Gris-Nez, alors qu'il s'étendait auparavant jusqu'à l'embouchure de l'Authie ; on a concentré, de la sorte, toute l'attention de son commandant sur le court front maritime qui l'intéresse directement, et dont j'ai montré plus haut toute l'importance stratégique et commerciale.

Cela fait, le secteur du Havre fût devenu démesuré, si l'on n'avait créé celui d'Abbeville, qui s'étend du cap Gris-Nez à l'embouchure de la Scie, c'est-à-dire jusques et y compris Dieppe.

En même temps que la limite nord du secteur du Havre était ainsi reportée de l'Authie à la Scie, sa limite occidentale, primitivement fixée à Tancarville, était poussée jusqu'à l'embouchure de la Dives. Cette double modification améliore les conditions de défense de l'embouchure de la Seine, en répartissant mieux le secteur de part et d'autre de la baie, et surtout en soustrayant aux préoccupations de son commandant une région assez éloignée (entre Scie et Authie), sans intérêt immédiat pour la place de premier ordre dont il a la garde.

On peut même penser qu'il eût été avantageux d'accentuer davantage ce déplacement du secteur du Havre, en l'arrêtant, au nord, au cap d'Antifer, ou plutôt à Fécamp, qui dépend du Havre par sa voie ferrée, et en y englobant, à l'autre extrémité, la région de Caen. Il n'est pas naturel, en général, de partager la défense d'une région géographique aussi nettement définie qu'une baie, dont les deux rives se flanquent l'une l'autre et sont donc en état de dépendance réciproque ; et, dans ce cas particulier, la liaison des deux positions Caen-Ouistreham et le Havre est telle, que l'on peut assez proprement se représenter l'Orne comme un affluent de la Seine.

J'ai montré, d'autre part, combien lourde est la tâche du commandant du secteur de Cherbourg, même si on la suppose réduite à la garde des abords de cette ville ; rien ne justifie la surcharge que lui impose la défense d'une position aussi excentrique que l'embouchure de l'Orne, et il semble qu'il serait logique de réduire son secteur au tout géographique bien déterminé que forme le Cotentin. C'est déjà ce qui a lieu à l'ouest, grâce à ce hasard que le 1er arrondissement maritime se termine au havre de Saint-Germain-sur-Ay, englobant ainsi la position de Port-Bail. Il faudrait qu'il en fût de même à l'est. Et comme, de ce côté, on trouve à la racine du Cotentin une baie profonde (embouchures de la Douve, de la Taute, de la Vire et de l'Aure), dont la défense est intimement liée à celle du Cotentin, on établirait à la pointe de la Percée la séparation des secteurs de Cherbourg et du Havre. Ce dernier doit tout naturellement s'étendre au moins jusqu'à l'extrémité de la baie de Seine, vers Courseulles, et ce qu'on lui ajouterait ainsi est peu important, et couvert en grande partie par les rochers du Calvados.

Il serait toutefois difficile d'admettre que le secteur d'Abbeville s'allongeât depuis le cap Gris-Nez jusqu'à Fécamp, et le mieux serait de subdiviser cette côte en deux secteurs, dont la séparation serait sur l'une ou l'autre rive de la baie de la Somme, et dont les sièges seraient Boulogne et Dieppe ; mais cela n'est pas indispensable.

On aurait, en résumé, la répartition suivante : 5 secteurs, Dunkerque, Boulogne, Dieppe, le Havre, Cherbourg, ayant pour limites la frontière belge, le cap Gris-Nez, la baie de Somme, Fécamp, la pointe de la Percée et l'embouchure de l'Ay.

Il y a peu de chose à dire de l'arrondissement de Brest. Le secteur de Saint-Malo et celui de Saint-Brieuc n'ont pas été mod' .s. Le premier, de l'embouchure de l'Ay au cap Fréhel, est fort bien délimité. Quant à la limite occidentale du second, l'embouchure du Douron, elle concorde avec celle du département des Côtes-du-Nord, ce qui est peut-être sa seule raison d'être ; elle aurait tout aussi bien pu, sur cette côte si découpée, être placée plus à l'est ou plus à l'ouest : la chose est sans intérêt.

Le secteur de Brest était jadis subdivisé en deux parties dont la séparation n'était pas indiquée par le décret de 1890 : la zone d'action du préfet maritime et le secteur de Quimper. On a fait justice de cette bizarrerie, en supprimant simplement le secteur de Quimper. Celui de Brest s'étend donc depuis le Douron jusqu'à l'Aven, c'est-à-dire, à 15 kilomètres près, sur tout le département du Finistère. C'est assurément une longue étendue de côtes difficiles à surveiller ; mais il faut reconnaître que, de la pointe du Raz à l'Aven, l'abord n'en est pas aisé, et que le profit que pourrait y trouver l'ennemi ne serait pas à la hauteur des risques à courir.

Rien n'est changé dans l'arrondissement de Lorient ; il s'étend de l'embouchure de l'Aven à la pointe de Coupelasse, au fond de la baie de Bourgneuf, et reste divisé en deux secteurs, Lorient et Saint-Nazaire, séparés par la pointe du Grand-Mont, qui se trouve au sud de la presqu'île de Ruis, auprès de Saint-Gildas-de-Ruis.

Ici, une critique importante est nécessaire. L'embouchure de la Loire, comme celle de la Seine, est un point d'une importance capitale ; Saint-Nazaire y correspond au Havre, et Nantes à Rouen. La défense doit en être solidement organisée, et, pour cela, il faut d'abord que son commandant soit seul maître de toutes ses dépendances géographiques, et, d'autre part, qu'il ne soit pas distrait de sa mission principale par le souci d'une région sans rapport avec elle. Or, ni l'une ni l'autre condition n'est remplie par le tracé du secteur de Saint-Nazaire. Il s'étend trop loin au nord et pas assez au sud.

En se plaçant uniquement au point de vue stratégique, on peut concevoir pour ce secteur deux délimitations : une, étendue, de la rivière d'Étel à la pointe de Monts, comprenant la presqu'île de Quiberon et les îles de Belle-Ile, Houat, Hoëdic et Noirmoutiers ; l'autre, restreinte, de la rade du Croisic à la pointe de Monts.

La première n'est acceptable qu'à la condition de pousser le secteur de Lorient jusqu'à la pointe de Penmarch ou à celle du Raz, en empiétant sur l'arrondissement de Brest, ce qui répartirait d'ailleurs beaucoup mieux qu'on ne l'a fait la défense de la Bretagne. La seconde, sans avoir l'avantage de soulager ainsi le commandant du secteur de Brest, présente encore celui de faire de l'embouchure de la Loire un tout homogène, d'une faible étendue, et facile à surveiller, avec des forces restreintes, aussi assidûment que le mérite cette position.

Mais, de toute façon, on est conduit ainsi à négliger les limites de l'arrondissement de Lorient, ce qui a paru inadmissible à l'un des deux rédacteurs du décret. Au sud, cet arrondissement s'arrête à la pointe de Coupelasse, et il a fallu que le secteur de Saint-Nazaire fît comme lui, et se terminât ainsi au beau milieu de la baie de Bourgneuf, laissant au secteur des Sables-d'Olonne la moitié de cette baie et l'île de Noirmoutiers, qui sont pourtant des dépendances naturelles de la défense de la basse Loire. D'autre part, l'arrondissement de Lorient se terminant, du côté de Brest, à l'Aven, on n'a rien trouvé de mieux, pour le subdiviser, que de le couper en deux tranches sensiblement équivalentes, comme il est divisé administrativement en deux sous-arrondissements. On est arrivé ainsi à un assez fâcheux enchevêtrement, la presqu'île de Ruis, qui dépend du secteur de Saint-Nazaire, venant s'intercaler derrière les îles du secteur de Lorient[1].

En somme, il suffit d'énoncer les raisons qui ont motivé le tracé du secteur de Saint-Nazaire, pour faire sentir leur inanité. Malheureusement, il ne semble pas qu'il puisse être facile de faire approuver, dans les bureaux de la rue Royale, une thèse aussi subversive que celle de la dislocation militaire des arrondissements maritimes.

L'arrondissement de Rochefort a été très avantageusement remanié (sauf, bien entendu, cette circonstance qu'il aurait dû céder au secteur de Saint-Nazaire l'île de Noirmoutiers et la côte qui lui fait face, comme on vient de le voir).

La rédaction qui le concernait, dans le décret de 1890, était d'une obscurité décourageante. Il comprenait : un secteur de l'île d'Yeu-La Rochelle, bien mal nommé, puisque son commandant résidait aux Sables et qu'au surplus l'île de Noirmoutiers en faisait également partie; une « zone d'autorité du préfet maritime », dont on ne savait qu'une chose, c'est que les îles de Ré et d'Oléron relevaient de son commandant; enfin deux secteurs, de Bordeaux et de Bayonne, dont le premier commençait à la limite inconnue de la zone du préfet, et tirait son nom sans doute de ce que son commandant résidait..... à Royan !

Aujourd'hui, le secteur d'Yeu-La Rochelle a été remplacé

---

1. Belle-Ile a cessé de constituer un commandement indépendant, relevant directement du préfet maritime.

par celui des Sables-d'Olonne, qui s'étend jusqu'à la pointe du Grouin-du-Cou, à l'entrée du Pertuis-Breton.

Là commence le secteur de Rochefort, comprenant les ports de La Rochelle-La Pallice et Rochefort, avec les îles de Ré, d'Aix et d'Oléron, et s'étendant au sud jusqu'à l'embouchure de la Seudre. Peut-être eût-il été mieux de pousser cette dernière limite jusqu'à la pointe d'Arvert, l'île d'Oléron n'étant que le prolongement de la presqu'île d'Arvert, mais il ne s'agit là que d'une différence de deux lieues, rendue sans intérêt par la nature du pertuis de Maumusson, qui se défend de lui-même. Le point capital est que l'on a constitué comme un tout bien défini cette position si importante dont il a été question plus haut.

Les deux derniers secteurs de l'Océan Atlantique, celui de Royan, allant de la Seudre au bassin d'Arcachon inclusivement, et celui de Bayonne qui s'étend jusqu'à la frontière espagnole, n'ont subi aucune modification. A première vue, on pourrait penser qu'il eût été bon de restreindre le secteur de Bayonne, comme on a fait pour celui de Dunkerque, en raison de l'importance dominante de la frontière de terre en ce point. Mais le littoral des Landes se prête peu à un débarquement; aucun objectif de valeur n'est à sa proximité; enfin la surveillance en est rendue très facile par la voie ferrée parallèle à la côte, assez éloignée d'elle pour être hors d'atteinte, et pourvue d'embranchements vers la mer; la garde de cette région ne constitue donc pas une charge bien lourde pour le gouverneur de Bayonne.

L'arrondissement de Toulon compte actuellement six secteurs, au lieu de cinq secteurs plus une « zone d'autorité du préfet maritime » non définie, et qui a été remplacée par le secteur de Toulon.

Le secteur de Perpignan, qui ne s'étendait autrefois que jusqu'à l'embouchure de l'Agly, a été poussé jusqu'à celle de l'Aude. Cette modification, regrettable au point de vue de la défense immédiate de la frontière espagnole, s'explique assez par le désir de confier au gouverneur de Perpignan la garde du seul chemin de fer qui le rattache au reste du territoire, sur le trajet si dangereux qui, de Leucate à Narbonne, est enserré entre les étangs et la mer. Ce défaut de communications rend extrêmement délicate la défense du secteur de Perpignan, qui, tout en surveillant activement la voie ferrée à terre, devra pouvoir disposer d'un assez grand nombre de torpilleurs pour sa protection par mer. Si jamais chemin de fer mérite la qualification de stratégique, ce sera bien celui qu'on devrait s'efforcer de créer pour doubler notre communication sur Perpignan et l'Espagne, soit à travers les rameaux orientaux des Corbières, de Rivesaltes à Narbonne en se tenant le plus loin possible de la mer, soit, mieux, en tournant les Corbières, au sud et à l'ouest, par la vallée de l'Agly, pour rejoindre l'embranchement de Quillan à Carcassonne. Quoi qu'il en soit, l'absence de ces voies et la difficulté de les établir justifient l'extension donnée au secteur de Perpignan.

Le secteur de Cette, diminué de la sorte à l'ouest, l'a été également à l'est : il ne s'étend plus que jusqu'au Grau-du-Roi, c'est-à-dire au canal qui mène à Aigues-Mortes, au lieu d'aller jusqu'au Grand Rhône, c'est-à-dire d'englober la Camargue. Son rôle militaire est borné de la sorte à la protection immédiate de Cette, et à celle de la section du chemin de fer, si menacée, qui dessert cette ville. Mais il faut bien se rendre compte que la défense de cette voie contre les incursions des torpilleurs ennemis n'a qu'un intérêt local, au contraire de la section de Leucate à Narbonne ; elle est en effet doublée, à l'intérieur, et même triplée sur un certain parcours, par des lignes qui, moins importantes en temps de paix, deviendraient prédominantes en cas de guerre.

Les limites des secteurs suivants n'appellent aucune observation, et il suffit ici de les faire connaître.

Le secteur de Marseille s'étend du Grau-du-Roi à la Sèche-d'Alon, un îlot situé tout contre la pointe du Deffend, qui limite à l'est le golfe de la Ciotat. Il comprend donc la Camargue, le golfe de Fos, la belle position inutilisée de Berre, Marseille et la Ciotat.

Le secteur de Toulon, moins vaste, est compris entre la Sèche-d'Alon et le cap Nègre, qui fait face à l'île du Levant, à l'est du cap Bénat, et qui ne doit pas être confondu avec le cap du même nom, situé à l'ouest de la presqu'île Cepet, dans la rade de Saint-Nazaire. Il suffit d'énumérer les points de ce secteur pour faire comprendre que tous doivent être défendus avec la dernière énergie; ce sont, côte à côte, Bandol avec son viaduc de chemin de fer, la rade de Saint-Nazaire, d'où un débarquement prendrait à dos celle de Toulon, la presqu'île Cepet, clef de cette place, la rade de Toulon et le golfe de Giens, la presqu'île de Giens, la rade et les îles d'Hyères, la rade des Bormes. Aussi toute cette région est-elle, dans son ensemble, une véritable place forte.

Du cap Nègre à l'embouchure du Var, est le secteur d'Antibes, avec le golfe de Grimaud (ou de Saint-Tropez) et le golfe Jouan, où mouille périodiquement l'escadre de la Méditerranée. J'ai dit plus haut qu'on a proposé d'installer dans ce dernier un port de refuge, mais que cette dépense serait consacrée plus avantageusement, au point de vue de notre offensive, à la position Nice-Villefranche.

Le principal intérêt de ce secteur réside dans le danger auquel y est exposée, à partir de Fréjus, la voie ferrée de la Corniche. La ligne Les Arcs-Draguignan-Grasse-Vence-Colomars est établie dans des conditions qui lui permettent de suppléer stratégiquement, tant bien que mal, celle de la Corniche ; mais encore faudrait-il la prolonger par une ligne allant de Colomars à Sospello et Menton. La section de Saint-André à Puget-Théniers, qui reste à construire sur la ligne de Digne à Nice, n'améliorera pas beaucoup la situation. Le littoral doit donc être gardé par une ligne continue de petits postes, et parcouru sans cesse par une flottille de torpilleurs.

Il en est de même dans le secteur de Nice, qui va de l'embouchure du Var à la frontière italienne. J'ai montré plus haut l'importance de cette région si menacée. Mais on ne saurait trop insister sur la nécessité, méconnue par certains auteurs, d'oublier dans notre défense l'expression de « ligne du Var ». Le Var doit être défendu en avant ; notre attitude en face de la triple alliance excluant toute idée d'offensive par terre contre l'Italie, il faut considérer que cette partie de la frontière doit être défendue sur les positions de L'Au-tion, de Saorgio et de Sospello, par une armée mobile dont Nice est le réduit. Il faut donc empêcher Nice d'être prise par mer, et pour cela d'sposer, en rade de Villefranche, d'une force mobile qui soutiendra l'action des batteries de côte et « donnera de l'air » à la défense ; dans ces condi-tions, le Var n'est qu'une seconde ligne de défense, et ne peut être appelé à jouer un rôle qu'après des désastres qui ne sont pas à prévoir de ce côté.

Le littoral de la Corse forme un secteur indépendant, dont on peut trouver l'étendue bien considérable. Assuré-

ment, à l'heure actuelle, avec les sept malheureux torpilleurs dont dispose la défense de l'île, le commandant de
la marine n'a aucune raison particulière de se plaindre de
cette situation; l'île serait quatre fois plus petite, qu'il ne
pourrait pas davantage la surveiller : il n'a pas même de
quoi garder Bonifacio.

Mais il faut espérer que ce véritable abandon de la Corse
cessera bientôt. Quand on aura fait le port de Porto-Vecchio,
et qu'on aura donné à l'île l'escadre qui lui est nécessaire,
on devra subdiviser ce littoral en trois secteurs au moins :
il y en a six le long des côtes de Provence et de Languedoc,
dont le développement est à peu près équivalent. L'un
d'eux, au sud, formé par la région qu'il faut défendre à
tout prix et où les communications par voie de terre sont
plus difficiles, serait sensiblement moins étendu que les
autres; il pourrait, par exemple, commencer au sud de la
baie d'Ajaccio, au cap de Muro, et comprendrait Bonifacio,
Santa-Manza, Porto-Vecchio et la moitié de la côte orientale
jusque vers Solenzara. Au nord-est, le secteur de Bastia
irait de Solenzara à la pointe de Mignole, entre Saint-Florent et l'Ile-Rousse. Le reste formerait, à l'ouest, le secteur
d'Ajaccio.

L'Algérie-Tunisie, également, ne forme qu'un secteur.
C'est un progrès sur le décret de 1890, qui ne s'occupait
même pas d'elle, mais vraiment ce progrès est faible. Si
peu nombreux que soient les points de débarquement à
surveiller, on demande encore l'impossible au commandant
de la marine en Algérie.

Sur cette côte, deux stations ont un rôle stratégique spécial à remplir. Bizerte, en premier lieu, dont j'ai suffisamment rappelé l'importance capitale, et Oran (ou du moins

Arzeu-Mers-el-Kébir) qui est pour nous un poste avancé du côté de Gibraltar. Il n'est malheureusement guère possible de faire d'Oran un port d'attache pour une division destinée à joindre et à combattre des forces ennemies à leur entrée en Méditerranée; mais on doit au moins y avoir quelques éclaireurs rapides capables de signaler toute arrivée suspecte.

La création de deux commandements à Oran et à Bizerte entraîne naturellement celle de deux secteurs pour les côtes correspondantes. Quant à la partie centrale du littoral africain, elle pourrait former un secteur, deux au plus; le plus simple, en l'absence de points géographiques remarquables sur cette côte, serait de constituer un secteur par province. Le tracé du chemin de fer y est très avantageux pour la défense et permettrait de faire rapidement affluer des troupes pour isoler et rejeter à la mer un corps de débarquement; toutefois, dans le voisinage d'Alger, où il longe la mer, une ligne parallèle un peu plus en arrière serait bien désirable.

CHAPITRE V

LE RATTACHEMENT A LA MARINE

Objections générales à la proposition Lockroy. — La recherche
du point de soudure.

J'arrive maintenant au point délicat de cette étude, à celui qui a soulevé les discussions les plus passionnées. C'est la question de savoir à quel personnel doit être confiée la défense des côtes, et quelle autorité supérieure doit être responsable de sa préparation et avoir charge de sa direction, tant que nous aurons deux ministères distincts pour la guerre et la marine.

Sous le régime actuellement en vigueur depuis plus d'un siècle, la réponse n'est pas douteuse : des éléments empruntés aux deux départements assurent la défense du littoral, sous la direction du ministre de la guerre.

Mais une grande agitation s'est produite dans les milieux maritimes et, par la suite, dans certains milieux politiques, en vue de charger de ce soin le ministre de la marine.

Il est très instructif de constater, en passant, dans l'exposé des motifs de la proposition de M. Lockroy, par quelle suite de circonstances l'honorable député s'est rallié à cette opinion. Il avait fort logiquement proposé, en avril 1891, d'affecter à l'armée de terre les inscrits maritimes que la flotte ne réclame pas, faute de pouvoir les utiliser. C'était

trop présumer de ses forces que de vouloir toucher, à
brûle-pourpoint, à la sacro-sainte institution de Colbert,
lequel, en établissant une conscription sur les populations
maritimes, n'avait pourtant pas prévu le service obligatoire
universel ! Sans proposer aucun texte de loi, le ministre de
la marine décida la commission de la Chambre à repousser
cette proposition et à lui laisser la disposition des inscrits,
qu'il était « invité » à affecter à la défense des côtes ;
c'était « inviter le Gouvernement, soit à ne rien faire, soit à
commettre une illégalité », puisque la loi confie la défense
des côtes au ministre de la guerre. M. Lockroy proposa,
dès lors, de changer la loi que l'on s'obligeait, de gaieté de
cœur, à négliger ou à violer. — C'est ce qui peut s'appeler
jeter le manche après la cognée.

Il faut noter que la défense des côtes par la marine est
une thèse parfaitement défendable. Seulement, ce serait
une organisation mauvaise *en France,* avec la marine *ac-*
tuelle. En outre, elle ne ferait que déplacer et rendre
plus difficile la question de déterminer où doit cesser l'autorité du ministre de la marine et commencer celle du ministre de la guerre.

Le principal argument des partisans de ce système est
qu'il fonctionne en Allemagne, et qu'il doit être le meilleur
pour que ce pays, créant une organisation de toutes pièces,
ait cru devoir l'adopter. Ils ne manquent pas d'appuyer
leur thèse sur certaines opinions émises jadis par le maréchal de Moltke. Je discuterai plus loin ces opinions, qui ont
un caractère purement technique ; ce sera d'autant plus
facile que — on l'oublie ou on l'ignore — le maréchal les
a abandonnées lui-même !

Sans sortir, pour l'instant, des généralités, on pourrait
objecter que l'Angleterre, où la marine occupe pourtant la

place prépondérante que tient l'armée en Allemagne, n'a jamais songé à lui confier la défense de ses côtes. Quant à l'Italie, dont M. Lockroy invoque également l'exemple, elle n'a nullement modifié dans le sens qu'il indique son organisation, assez semblable à la nôtre ; nous verrons encore, à propos de l'artillerie, qu'on est tombé, à son sujet, dans une complète erreur.

Mais restons en France. On va voir d'ailleurs que telle disposition, qui a bien fonctionné en Allemagne, aurait soulevé chez nous bien d'autres tempêtes que le maintien à la guerre de la défense des côtes.

Notre marine, M. Lockroy est le premier à le reconnaître, est le seul témoin survivant d'institutions abolies depuis longtemps. Les guerres de la Révolution et de l'Empire, qui ont si profondément modifié notre armée, ont glissé sur elle sans l'entamer ; et de même, elle a été épargnée par les épreuves de 1870, qui nous ont amenés à refondre et à décupler notre puissance militaire.

Bref, tout le monde, sauf quelques grands chefs et les bureaux de la rue Royale, admet que des réformes radicales s'imposent de ce côté, et je dois dire que, pour ma part, je ne me permettrais pas ici de porter contre l'état de choses existant des critiques aussi acerbes que celles qu'on lit dans l'*Essai de stratégie navale*, dans la *Marine française* ou ailleurs, émanées de la plume d'officiers de marine [1].

Alors donc qu'on trouve ainsi la marine en défaut dans

---

1. « Le vice fondamental, la cause première du mal, c'est l'absence totale de logique, de rigueur scientifique dans les idées directrices de l'amirauté.

« L'amirauté fait du sentiment au lieu de faire de la science. Indifférente aux raisonnements les plus serrés, les yeux fermés à l'évidence, elle va au hasard, berçant sa chimère, etc... » (Commandant Z..., *Nouvelle Revue*.)

l'exécution des services qui lui sont confiés et dont plusieurs pourraient avantageusement lui être enlevés, est-ce le moment de lui en confier un nouveau, tout à fait considérable? Croit-on qu'elle l'organisera bien, alors qu'elle-même n'a pas su se donner une organisation satisfaisante? On cherche à lui ôter l'armée coloniale — ce qui devrait être fait depuis longtemps, — est-ce pour lui donner une armée côtière, c'est-à-dire continentale, dix fois plus nombreuse[1]?

Telle est pourtant l'inconcevable contradiction qui constitue le fond de la proposition Lockroy. Après avoir dit que la marine doit être chargée de défendre le littoral de la France et des îles adjacentes, de la Corse, de l'Algérie et de la Tunisie, son exposé des motifs ajoute : « On remarquera que nous laissons complètement de côté la défense des côtes des colonies et protectorats autres que l'Algérie et la Tunisie. Nous pensons, en effet, que cette défense doit être organisée au moyen de troupes coloniales, dont la place est au ministère de la guerre, et de flottilles coloniales, distinctes de la flotte métropolitaine. » — Un point, c'est tout, suivant l'expression familière employée par le même orateur dans son interpellation. Il n'eût cependant pas été

---

1. Pour le seul Cotentin, l'amiral Réveillère, dans une lettre citée par l'*Essai de stratégie navale*, demande que le préfet « maritime » de Cherbourg dispose de vingt-deux mille hommes de troupes, avec douze batteries d'artillerie ! Cela est difficile à concilier avec les 50 000 hommes que le même ouvrage déclare suffisants pour l'ensemble du littoral de France et d'Afrique. Il est vrai que le Cotentin est le cauchemar — ou plutôt le cheval de bataille — de la « jeune école ». Parlant de son occupation, l'amiral dit : « Je ne vois guère de plus grave catastrophe possible pour la France. » — Nous en voyons, hélas ! beaucoup de bien plus graves. L'existence d'un semblable courant d'idées est à lui seul un argument contre le rattachement à la marine.

mauvais de donner ici quelques raisons. Un exposé des motifs est fait pour exposer des motifs, et non pour reproduire simplement les termes de la loi. Trouve-t-on si naturel que le ministre de la guerre soit chargé de défendre les Antilles, Madagascar, l'Indo-Chine, et qu'il n'ait rien à voir à la défense du Havre, qui est à soixante lieues de Paris, sous prétexte que « la défense du territoire toujours menacé... suffit à employer le temps d'un ministre et à absorber toutes ses facultés », et que, « si vaste que soit son esprit, un homme ne peut pas regarder à la fois la terre et la mer » ? Et qui disposera des flottilles coloniales ? Le ministre de la guerre aussi ? On oublie de nous le dire.

Ce qu'on oublie aussi de nous dire, c'est comment et par qui fut organisée la marine allemande, et ce détail a son importance. Quand l'empereur allemand décida de fonder la puissance maritime de son pays, il en possédait le noyau dans la petite flotte prussienne, qui, sans avoir un passé aussi brillant que le nôtre, avait bien aussi ses traditions. Il aurait donc pu se contenter d'amplifier la marine existante pour l'amener au développement voulu. Mais il comprit qu'une situation toute nouvelle exigeait un esprit nouveau, et prit pour chef de l'amirauté le général von Stosch, de l'armée de terre, qui était connu pour son talent d'organisateur et ses capacités administratives[1]. Cet officier resta de 1872 à 1883 à la tête de la marine, et fut remplacé par un autre officier de terre, le général de Caprivi, auquel on

---

1. Le général von Stosch a été : pendant la campagne de 1866, chef d'état-major de la 2ᵉ armée prussienne : puis, directeur du département de l'administration au ministère de la guerre ; en 1870, chef de l'intendance générale au grand quartier général ; plus tard, chef d'état-major du grand-duc de Mecklembourg : enfin, en 1872, chef de l'amirauté.

donna pour la circonstance le grade de vice-amiral, et qui resta chef de l'amirauté jusqu'en 1888, époque à laquelle il reçut le commandement d'un simple corps d'armée.

Ainsi, la marine allemande a été dirigée par deux *généraux* pendant seize ans, c'est-à-dire pendant toute sa période d'incubation : son plan général d'organisation, qui date de 1873, est dû au général von Stosch. Aussi, son organisation et ses cadres ont-ils été, comme ceux de l'armée, strictement déterminés en vue des besoins à pourvoir; et le peu que l'on sait de sa mobilisation permet de supposer que le plan en a été calqué sur celui dont la Prusse a si bien montré la valeur[1]; est-on certain de pouvoir en dire autant ici ?

N'est-il pas tout à fait piquant de trouver, dans le premier chapitre de l'*Essai de stratégie navale*, cette constatation :

« Dans la marine de France, on n'enseigne pas la stratégie navale aux officiers de vaisseau.

« Nous ne sommes renseignés, indirectement, que depuis deux années environ, grâce à M. de Miribel, chef d'état-major général de l'armée, qui a eu la très heureuse idée de créer une chaire de stratégie navale à l'École supérieure de guerre.

« Oui, c'est ainsi, c'est par l'enseignement donné à nos camarades de l'armée que nous, marins, nous avons pu connaître enfin les principes de l'amirauté sur la guerre navale et sa préparation ! N'est-ce pas symptomatique[2] ? »

---

1. Lord Brassey constate, dans son *Naval annual,* que, grâce à ces deux ministres, « aucune marine ne possède actuellement d'officiers ou d'équipages meilleurs que la marine allemande », et que le général de Caprivi « a introduit un système qui permet à l'Allemagne d'armer ses navires *plus promptement qu'aucune autre puissance* ».

2. A cette observation, il est juste d'ajouter que la guerre de côtes occupe, dans l'enseignement de l'École d'application de Fontainebleau, une

Assurément, si, après avoir organisé la mobilisation de nos forces de terre, le général de Miribel avait été nommé, pour une dizaine d'années, ministre de la marine, on pourrait aujourd'hui donner à la marine la défense des côtes.

*
* *

On peut reprocher aux considérations qui précèdent leur généralité; mais si nous considérons les conditions techniques du problème, nous arriverons aux mêmes conclusions.

Quelle que soit la part faite à la marine dans la défense du territoire, il viendra toujours, en cas de débarquement ayant réussi, un moment où le commandement devra passer à la guerre. Une frontière maritime a beau être maritime, elle n'en reste pas moins une frontière, c'est-à-dire une région par laquelle l'invasion peut se répandre sur le territoire; et si une armée ennemie venait assiéger Paris, lors même qu'elle serait entrée en France par le Cotentin, il est clair que la défense de la capitale ne serait pas l'affaire du ministre de la marine.

Il y aura donc toujours lieu de déterminer ce que le général Mercier a si heureusement appelé le *point de soudure* des deux départements. C'est, à proprement parler, toute la difficulté du problème, c'est le problème lui-même.

En somme, la défense des frontières maritimes peut pré-

---

place considérable; même, il ne manque pas de doubles emplois entre le cours de *Service de l'artillerie dans la défense des côtes*, celui d'*Organisation défensive des États* et celui de *Géographie militaire*, tel qu'il a été professé et publié en librairie par le commandant Marga.

senter trois phases successives, caractérisées comme il suit :

D'abord, la lutte au large ; c'est la période où les escadres jouent un rôle *stratégique* et *exclusif;*

Puis, des combats pour la protection immédiate du rivage : c'est la phase dans laquelle des éléments flottants et des éléments à terre *coopèrent* à une lutte *tactique;*

Enfin, si la défense a eu le dessous, vient la lutte à l'intérieur du territoire, période où les forces de terre, restées *seules* à leur tour, jouent un rôle *stratégique.*

Dans chacun des cas, il importe que le commandement soit unique. Mais où l'un des départements doit-il s'effacer devant l'autre ? La première phase est hors de cause : personne n'a jamais songé à charger la guerre du commandement des escadres. Mais beaucoup de gens trouvent la chose moins évidente en ce qui concerne les deux dernières phases.

M. Lockroy propose de placer le point de soudure à la troisième période des opérations ; et ce qui montre déjà que l'idée n'est pas très heureuse, c'est l'impossibilité où il se trouve de définir clairement le passage des responsabilités à la guerre. Pour lui, la défense du littoral est l'affaire de la marine, dans toute l'étendue d'une zone dont la profondeur reste à déterminer ; et « si la ligne de défense du littoral confiée au département de la marine est forcée en un point quelconque, et qu'il devienne nécessaire de réclamer le concours des troupes de l'armée de terre stationnées en arrière de cette ligne, la direction des opérations militaires locales passe de droit au département de la guerre jusqu'à complète évacuation de la partie du territoire qui aura été envahie ».

On peut être assuré que le ministre de la marine ne se

pressera pas de faire aveu d'impuissance en réclamant le
concours de son collègue, concours qui aura pour conséquence immédiate d'abolir son autorité sur ses troupes ;
comme il disposera d'une armée nombreuse, il commencera
par faire venir ses propres troupes de l'autre bout du territoire, avant de demander un bataillon à la subdivision
voisine ; et, quand il se décidera à passer la main, il sera
trop tard ; l'ennemi aura solidement pris pied sur le territoire, et il faudra des efforts beaucoup plus considérables
pour le rejeter à la mer.

Quant au ministre de la guerre, c'est à l'improviste que
l'on ajoutera à ses préoccupations le soin de rétablir une
situation devenue fâcheuse, aux préliminaires de laquelle
il n'aura eu aucune part ; il se souciera peu d'endosser les
responsabilités du ministre de la marine, et l'on aura abouti
à organiser les conflits, pour le moment où l'énergie et
l'unité dans le commandement seront le plus nécessaires.

C'est aux opérations tactiques exécutées sur le littoral
même que les lois et règlements en vigueur ont établi le
point de soudure, et ils ont eu raison ainsi, — ce qui ne
veut nullement dire qu'ils aient également réussi dans les
détails d'application du principe.

Pour bien se rendre compte de tout ce mécanisme, il est
indispensable d'analyser les éléments du problème d'une
manière plus serrée que ne semblent l'avoir fait les rédacteurs de la dangereuse proposition soumise à la Chambre.
C'est ce que je vais faire, en examinant successivement le
rôle et l'emploi des divers moyens d'action de la défense,
c'est-à-dire des unités tactiques ; la combinaison de ces éléments dans les secteurs de la défense ; enfin les relations
des secteurs entre eux et avec le territoire.

CHAPITRE VI

LE COMMANDEMENT DES ÉLÉMENTS DE LA DÉFENSE

Commandement des moyens d'action flottants et accessoires;
de l'artillerie; — de l'infanterie.

Les moyens d'action de la défense sont :

1° Les moyens d'information mobiles (éclaireurs et canots-vedettes) ou fixes (sémaphores, avec les télégraphes et téléphones qui en partent);

2° La défense mobile en mer (garde-côtes et torpilleurs);

3° Les défenses sous-marines (torpilles fixes, automobiles et dirigeables; barrages sous-marins et flottants);

4° Les batteries de canons;

5° Les fusils (j'emploie à dessein une expression plus générale que celle d'infanterie);

6° Enfin les moyens accessoires, tels que ballons captifs, projecteurs électriques, etc.

Les moyens d'information et la défense mobile en mer ne font pas question; il est superflu de chercher à démontrer que leur maniement est du ressort exclusif des officiers de marine. J'aurai à revenir assez longuement sur leur compte à propos de l'organisation des secteurs et du rôle des préfets maritimes. Il suffit de dire, pour le moment, que les éléments flottants doivent être distingués — ce que l'on

ÉLÉMENTS FLOTTANTS ET ACCESSOIRES. 93

omet généralement de faire — en deux groupes : ceux qui sont réservés à la défense immédiate du littoral, et ceux qui sont appelés à le préserver indirectement, en courant sus aux forces ennemies en haute mer.

En France, toutes les défenses sous-marines appartiennent également aux officiers de marine. Il n'en est pas de même partout en ce qui concerne les défenses sous-marines fixes, qui d'ailleurs, dit-on, sont fortement négligées chez nous, malgré leur valeur ; et il est bon de remarquer qu'au point de vue purement technique, on pourrait tout aussi bien les confier à des officiers d'artillerie, ou, mieux encore, à ceux du génie, qui s'acquittent de fonctions analogues à terre. Il est toutefois logique de les laisser aux officiers de marine, car l'action des torpilles fixes est généralement combinée avec celle des torpilleurs, et, de plus, leurs postes de surveillance peuvent être en même temps des postes de lancement de torpilles automobiles ou dirigeables, dont le maniement est de la compétence exclusive des officiers torpilleurs.

Les moyens accessoires sont à répartir, suivant leur nature. Les ballons devraient être laissés au génie, qui en fait une étude spéciale. Quant aux projecteurs, il en est d'eux comme de la télégraphie ; le service qui en a besoin a vite fait de se constituer le petit personnel nécessaire pour les employer. Ceux des postes lance-torpilles seront donc maniés par des marins, ceux des batteries, par le personnel des batteries.

Mais le gros morceau, ce sont les batteries et les fusils ; ce sont également les deux seuls services sérieusement mis en question.

Je ne craindrai pas d'affirmer — il y faut un certain courage aujourd'hui — que *les canons doivent être confiés à des artilleurs, et les fusils à des fantassins.*

* *
*

Actuellement, les batteries sont partagées entre la guerre et la marine. M. Lockroy propose de les passer toutes à la marine. C'est au contraire à la guerre qu'elles doivent toutes revenir.

La dualité actuelle du service appelle des explications, car ici la discussion est obscurcie par un véritable jeu de mots. Qu'est-ce, en France, que la marine, en matière de batteries de côte? C'est l'artillerie de marine, c'est-à-dire une arme qui n'a rien de commun avec la marine, sinon le fait d'émarger au budget de la marine et de voir signer ses promotions dans les bureaux de la rue Royale, et qui, selon toute vraisemblance, ne tardera pas à rompre ce lien, comme elle le désire.

Il est nécessaire d'insister là-dessus, car je ne jurerais pas que, parmi ceux qui tranchent de haut la question de la défense des côtes, il n'y en ait pas un grand nombre à s'imaginer que c'est le même personnel qui sert les canons à bord, aux colonies et dans les batteries de côte.

L'artillerie de la marine est, par son service, son organisation et son instruction, une troupe de terre; il suffirait de constituer l'armée coloniale pour que cela apparaisse clairement aux gens les moins compétents, puisque ce corps prendrait alors le nom d'artillerie coloniale[1].

---

1. Si le personnel des troupes de la marine est administré par la marine, on peut dire qu'il est instruit par la guerre; ses officiers sont formés dans les écoles de la guerre, et, en ce qui concerne l'instruction des cadres

De là, la disposition qui étonne tant de gens, le partage des batteries de côte entre la guerre et la marine. Il fallait bien avoir en France de l'artillerie coloniale, pour assurer la relève aux batteries d'outre-mer, instruire le personnel qui leur est destiné, et permettre de donner, dans la mère-patrie, un repos bien mérité aux cadres après leurs séjours coloniaux. On ne pouvait pas négliger d'utiliser, en cas de guerre continentale, cette force qui ne compte pas moins de vingt-trois batteries. Sur ce nombre, dix sont montées ou de montagne, et par conséquent disponibles pour la guerre de campagne. Les treize autres sont à pied : on leur a tout naturellement affecté sur les côtes de la métropole le nombre d'ouvrages qu'elles peuvent desservir.

D'autre part, il était inutile de désigner pour le service colonial plus de batteries que n'en exigent les colonies, d'autant plus que l'armée coloniale, devant surtout se recruter, à l'avenir, au moyen d'engagements et de rengagements, sera une institution plus coûteuse que l'armée de terre. Le partage était donc inévitable chez nous ; s'il n'y a rien de tel en Allemagne, en Italie et en Angleterre, c'est que les deux premiers pays n'ont pas d'armée coloniale et que, dans le dernier, toute l'armée est coloniale.

Quant à la manière dont la répartition de ces batteries a été faite, on peut la discuter. Comme la marine tenait à avoir de ses troupes dans ses cinq ports, on leur a donné, dans chacun de ces ports, la quantité d'ouvrages qu'elles pouvaient défendre. M. Lockroy a fait un tableau spirituel,

---

inférieurs et de la troupe, l'action exercée sur elle par le ministre de la marine se borne à prescrire l'application de tout règlement nouveau adopté par le ministre de la guerre. Enfin, l'artillerie de la marine se compose, comme celle de la guerre, de batteries à pied, montées et de montagne, pour ne parler que de ses unités combattantes.

mais chargé, de « l'enchevêtrement inextricable de ces batteries qui défendent nos ports et nos rades, et dont les unes appartiennent à la marine, les autres à la guerre, d'autres enfin à la marine et à la guerre à la fois, où tous les uniformes, tous les soldats, tous les engins diffèrent, où les commandements se mêlent, où les responsabilités se partagent » ; il est certain qu'à partir du moment où il a parlé de batteries appartenant à la fois à la guerre et à la marine, il a été emporté par son éloquence dans le domaine de la fantaisie, fort loin de la réalité.

Cette réalité est que, dans nos cinq ports de guerre, certains ouvrages ont leur artillerie servie par des hommes qui ont deux canons croisés sur les boutons de leur veste, et d'autres par des hommes qui, à cet emblème, joignent une ancre. Le commandement supérieur étant unique, la confusion ne sera pas plus grande que dans n'importe quelle place où il existe plusieurs corps de troupe d'une même arme.

Néanmoins, on pourrait mieux grouper ces troupes, quand ce ne serait que pour faciliter leur administration et leur instruction. Il est aisé d'imaginer pour elles une organisation plus avantageuse, comme nous le verrons en étudiant les garnisons des secteurs. Mais le progrès réalisable consiste à renforcer, si possible, l'artillerie de côte, ou tout au moins à la répartir en tenant plus de compte des nécessités locales. En tout cas, la coexistence, dans des ouvrages voisins, mais bien distincts, d'unités coloniales et métropolitaines, n'a en aucune façon le caractère presque burlesque qu'on lui prête, et ne mérite vraiment pas que l'on proclame la patrie en danger !

De toute façon, donc, le dualisme subsistera dans le service des batteries de côte, puisque l'artillerie coloniale n'est pas assez nombreuse pour défendre tout le littoral.

Mais l'agitation actuelle n'a pas seulement pour objet de supprimer ce dualisme ; elle vise à remplacer tout le monde, artilleurs de la marine comme de la guerre, par des marins.

Les raisons données en faveur de cette prétention s'appuient, l'une sur l'intérêt des officiers de marine, les autres sur des considérations techniques.

La première est d'ordre général : elle s'applique non seulement à l'artillerie, mais encore à l'infanterie employée à la défense des côtes. Il faut, dit-on, donner le commandement de ces troupes à des officiers de vaisseau, pour infuser de la jeunesse et de la vie à ce corps, en fournissant un débouché à terre aux officiers fatigués.

Eh bien, non, le commandement des troupes côtières ne doit pas être une sorte de mise en non-activité pour infirmités temporaires. C'est une erreur grave que de croire qu'il soit indifférent de donner à une place forte un gouverneur fatigué ; ou plutôt, c'est une idée de l'ancien temps. Elle était admise jadis dans l'armée de terre, où il existait un « état-major des places » composé principalement d'officiers hors d'état de faire campagne. La guerre de 1870 a montré ce qu'il faut penser de cette manière de faire ; elle nous a appris que le commandement d'une place forte doit être d'autant plus vigoureux, que les troupes dont il dispose sont de qualité inférieure ; et il est évident que ce principe est, si possible, encore plus absolu quand il s'agit d'une place de première ligne, ce qui est, par définition, le cas d'un point du littoral dont on veut organiser la défense.

Il ne manque pas, d'ailleurs, d'excellents débouchés à

donner aux officiers de vaisseau fatigués[1]. J'aurai l'occasion
d'en indiquer un nouveau à propos de l'inscription maritime. Pour le moment, il suffit d'avoir posé en principe que
le service de la défense des côtes ne saurait être leur refuge.

A côté de l'argument général de l'intérêt des officiers de
vaisseau, on en emploie souvent un auquel son caractère
technique donne un aspect plus spécieux. Pour tirer sur un
bateau, dit-on couramment, il faut être marin. Fort bien,
mais pour tirer sur un ballon, sur de la cavalerie, faut-il
être aérostier, cavalier? Et, mieux encore, j'accorde qu'on
mette des marins dans les batteries de côte; mais alors, sur
les bateaux, pour tirer contre les batteries, il faudra mettre
des artilleurs à pied, et, pour protéger un débarquement,
des artilleurs de campagne[2]!

La vérité est plus simple : pour tirer le canon, il faut être
artilleur, et les officiers de vaisseau, même brevetés canonniers, ne sont pas artilleurs. Médiocrement dotées au point
de vue du personnel inférieur, car les meilleurs éléments
sont réservés aux forces mobiles, les batteries de côte ont
besoin de commandants possédant les connaissances les plus

---

1. Je citerai d'abord la majorité des « postes à terre » actuels, abstraction faite, bien entendu, de ceux qui sont formellement inutiles ; puis quantité d'emplois civils qui ne doivent pas être abandonnés à la mobilisation,
et peuvent être confiés à d'anciens officiers de toute provenance, qui rendront disponibles des fonctionnaires plus valides ; on a proposé aussi de
nommer d'anciens officiers de marine capitaines de port dans les grands
ports de commerce, et de leur confier, notamment dans le voisinage des ports
de guerre étrangers, des fonctions consulaires qu'ils rempliraient à merveille.

2. M. Deschanel propose d'attribuer à la marine « le service des forts et
des batteries ». M. Lockroy veut que les gouverneurs et commandants des
« camps retranchés, places fortes, forts, batteries et ouvrages militaires
quelconques du littoral » soient des officiers de marine! — Qu'on leur accorde
satisfaction, et d'autres demanderont que la marine se substitue au génie
pour construire ces ouvrages.

étendues sur le matériel, son emploi et ses réparations, et sur les méthodes de tir. Ces connaissances, on ne peut pas les demander aux marins, qui ont bien d'autres choses à savoir; et d'ailleurs on ne les leur enseigne ni sur le *Borda* ni sur la *Couronne*. Cette dernière est, suivant son appellation officielle, un vaisseau-école de *canonnage*, et non d'artillerie; on ne saurait l'assimiler à une École d'application ou à un Cours pratique de tir; on y apprend à exécuter le service des bouches à feu et à tirer dans les conditions quelque peu primitives où on le fait nécessairement à bord, mais non à exécuter les tirs si compliqués des groupes de batteries de côte. Quelle analogie veut-on établir entre les canons de bord, dont le tir le plus important s'exécute à petite portée avec une trajectoire très rasante, sans réglage, et des batteries de mortiers de côte, exécutant par exemple, dans les conditions les plus compliquées, un tir indirect concentrique? Leur direction est une science ou, si l'on préfère, un métier qui veut être appris.

Or, en ce qui concerne l'état fâcheux de l'enseignement du tir dans la marine, je ne saurais mieux faire que de me reporter à l'avant-propos d'un fort intéressant *Traité d'artillerie* qui vient d'être publié par un lieutenant de vaisseau[1].

« Le vaisseau-école des canonniers, y est-il dit, est surtout destiné à former des marins canonniers; les officiers y sont livrés à leur propre initiative, et ceux d'entre eux qui veulent travailler doivent d'abord se tracer un programme; ils ont, il est vrai, à leur disposition une bibliothèque fort bien garnie dans laquelle ils peuvent puiser pendant les quelques loisirs que leur laisse l'instruction de leurs escouades. Quant

---

1. *Traité d'artillerie à l'usage des officiers de marine*, par E. Nicol. (Paris, Berger-Levrault et Cⁱᵉ, 1894. Prix : 6 fr.)

aux officiers qui ne passent pas par le vaisseau-école ou à ceux qui en sont sortis depuis longtemps, il leur est très difficile de se mettre au courant, faute de pouvoir se procurer des documents. »

Sur le tir à la mer, nous dit le même auteur, « il n'existe que des documents non publiés; il n'y a pas de doctrine officielle, et on est loin d'être d'accord sur bien des points importants... Le coup d'œil, le sang-froid et l'expérience de l'officier qui règle le tir y jouent le principal rôle ». — C'est là ce que, dans l'artillerie, on appelle « tirer à l'œil ».

Certes, nos batteries à pied sont depuis assez longtemps sorties de cette période d'anarchie; ce n'est pas que les méthodes y soient, dès maintenant, scientifiquement assurées comme celles des tirs de campagne et de siège; mais les tâtonnements indispensables s'y font avec méthode. Grâce aux travaux de la *Commission d'études pratiques du tir* que la guerre réunit annuellement à Toulon, ainsi qu'à la spécialisation du personnel, on est en droit de supposer que l'instruction de ces troupes est aussi convenable que possible; en tout cas, elle ne saurait gagner à être confiée à des officiers dont la seule préparation technique consisterait à être fatigués par la pratique d'un métier différent.

Il est, pour le moins, plaisant de citer après cela le passage suivant d'une lettre ouverte que l'amiral Vallon écrivait dernièrement à l'amiral Réveillère [1] : « Un colonel d'artillerie de terre disait dernièrement à un de mes amis : « Lorsque j'ai tiré cinq coups d'essai pour bien assurer la « direction (?) de mes pièces, le sixième est sûr de frapper « son but (?), mais ces diables de torpilleurs filent si vite « qu'il n'est pas possible avec eux de régler son tir... » Voilà

---

1. *La Marine française* du 10 novembre 1893.

cependant où en sont nos énormes pièces de côte, entre les mains certainement braves et savantes de l'artillerie de terre. »

Je croyais jusqu'ici que, contre ces diables de torpilleurs, on employait, non d'énormes pièces de côte, mais de petits canons à tir rapide, dont le réglage se fait tout seul, en « jet de pompe », comme on dit; il paraît que je me trompais. Mais l'ami de l'amiral Vallon, de son côté, en s'adressant à un colonel de l'artillerie de terre, aurait dû savoir que, dans l'artillerie à pied, il n'existe pas de colonels, et que son interlocuteur, appartenant par conséquent à l'artillerie de campagne, avait le droit d'être peu familier avec les tirs de côte.

Il est vrai que, dans notre organisation actuelle, un officier peut brusquement être appelé à passer de l'artillerie de campagne dans l'artillerie de côte. — Je suis, pour ma part, le premier à penser que la spécialisation du personnel de l'artillerie, qui n'existe chez nous que pour la troupe, devrait être étendue aux officiers, comme cela se fait à l'étranger. Mais, à défaut de gens parcourant toute leur carrière dans la même subdivision d'arme, la meilleure manière d'assurer le service dans les diverses subdivisions consiste sans contredit à n'y employer que des officiers d'artillerie, qui sont mieux préparés que d'autres à exercer des fonctions après tout peu dissemblables entre elles.

Ce n'est pas, nous dit-on, ce qui se fait en Italie et en Allemagne. L'argument, en lui-même, ne suffirait pas, je dois le dire, à emporter ma conviction. Mais ce qui est plus sérieux, c'est qu'il est erroné, et qu'il dénote une étude insuffisante de la question, de la part de ceux qui l'emploient.

On lit dans l'exposé des motifs de la proposition Lockroy,

à propos de l'Italie : « Déjà les batteries situées sur le rivage ou destinées à protéger les rades sont sous le commandement de marins. Mais les résultats des dernières manœuvres ont nécessité des réformes radicales [1]. L'expérience a montré que les officiers de l'armée de terre étaient dans l'impossibilité de reconnaître les navires ennemis des navires amis, et que même ils ne pouvaient distinguer les vaisseaux de guerre des bateaux de commerce. Plusieurs fois, ils ont tiré indifféremment sur les uns et sur les autres. »

J'ai, pour ma part, toutes raisons d'avoir meilleure opinion des officiers d'artillerie italiens; je suis convaincu qu'ils sont incapables de prendre un charbonnier ou un paquebot pour le *Duilio*. Et d'ailleurs, si vraiment de telles erreurs ont été commises, comment les imputer aux artilleurs, après avoir dit que les marins sont chargés des « batteries situées sur le rivage ou destinées à protéger les rades » !

Mais il y a mieux : il n'est pas exact que ces batteries soient, par principe, confiées à la marine. Voici, en effet, comment l'officiel *Manuale di artigliera* expose la question :

On distingue, en Italie, les défenses terrestres en « batteries de côte » et « batteries secondaires ». Les premières, chargées de la lutte contre les navires, sont armées de bouches à feu de gros calibre, auxquelles s'ajoutent parfois des pièces plus petites, destinées à la défense rapprochée, au flanquement, ou à des objectifs analogues à ceux des batteries secondaires. Celles-ci, armées de canons de moyens et de petits calibres, ou à tir rapide, ont pour objet de battre les points de débarquement et les passes accessibles seulement aux torpilleurs et aux autres embarcations légères,

---

1. La proposition Lockroy datant de 1892, il doit s'agir des manœuvres de 1891. Or, mes renseignements sont plus récents.

ainsi que de protéger les barrages (sous-marins, flottants, ou formés par des lignes de torpilles). Or, la marine n'est chargée que du service du petit nombre de *batteries secondaires* qui sont *destinées à la protection des barrages*, ce qui s'explique par le fait que ces barrages sont eux-mêmes de son ressort ; « il existe toutefois, ajoute le *Manuel,* quelques batteries de côte servies par la marine royale », disposition qui semble avoir pour principal objet de ne pas laisser inutilisé le personnel non embarqué[1].

Il est vrai que le *Manuel* dit aussi que la marine est chargée des *batterie lancia-siluri;* aurait-on, dans les notes destinées à la rédaction de la proposition Lockroy, pris les batteries (ou postes) lance-torpilles pour des batteries de canons?

Quant à l'Allemagne, ce sont les quatre arguments du maréchal de Moltke, que l'on rencontre, complaisamment reproduits, dans la proposition Lockroy, dans l'*Essai de Stratégie navale,* dans l'article de M. Deschanel, et, *passim,* dans toute la collection de la *Marine française.*

Remarquons tout d'abord que de Moltke était chef de l'état-major allemand, non du français. En admettant que

---

1. Je ne connais pas l'effectif du personnel marin que l'Italie consacre à servir des batteries de côte. Quant à l'armée de terre, ses 25° et 26° régiments d'artillerie sont des *régiments d'artillerie de côte,* répartis comme il suit :

25° régiment : État-major, 1re et 2° brigades, à Spezia ; 3° brigade, à Reggio de Calabre ; 4°, à Messine ; 5°, à Gaëte ;

26° régiment : État-major, 1re et 2° brigades, à Gênes ; 3° brigade, à Venise ; 4°, à Ancône.

Les brigades étant de 4 compagnies, on a ainsi un total de 36 compagnies, auxquelles s'adjoignent 18 compagnies de milice mobile. Les 36 compagnies actives équivalent bien à nos unités, qui sont au nombre de 34 pour la France, 1 pour la Corse, 4 pour l'Algérie-Tunisie.

toute opinion émise par lui soit nécessairement excellente, il n'est point démontré qu'elle soit également transposable d'un pays à l'autre; voilà quelques années que l'on commence à comprendre que nous avons trop calqué de choses sur les Allemands, depuis la guerre : en art militaire comme ailleurs, il faut étudier les procédés de l'étranger, tirer parti de leur esprit, et non copier servilement leurs résultats.

Ainsi les Allemands, cela est incontestable, ont des batteries de côte servies par un personnel spécial relevant de la marine, mais ils n'ont aucunement fait de cette organisation un principe général. Il est probable, au contraire, que s'ils avaient eu comme nous une artillerie coloniale à utiliser, ils n'auraient pas créé, pour la défense des côtes, leurs douze compagnies de canonniers-marins, *en plus des quinze compagnies que la guerre consacre à cet objet.*

Car les fameux arguments techniques du maréchal de Moltke n'ont pas eu grand succès dans son propre pays; ou, pour mieux dire, de Moltke, mieux informé, a renoncé à appliquer la thèse qu'il développait en 1876, alors que la défense des côtes était, en Allemagne, dans l'enfance de l'art. Ceux qui propagent si volontiers ici des opinions abandonnées dans la pratique par leur auteur ignorent sans doute que le 2ᵉ régiment d'artillerie à pied est un *régiment de côte*, et que les trois compagnies à pied de l'École de tir de Jüterbog ont la même affectation, en sorte que la guerre possède, en Allemagne, *plus de la moitié des batteries de côte,* et que les canonniers marins sont là-bas un appoint, comme chez nous l'artillerie coloniale[1].

---

1. Disons, pour préciser, que le 2ᵉ régiment a son état-major à Danzig et ses trois bataillons (de quatre compagnies chacun) à Swinemünde, Danzig

Néanmoins, il n'est pas superflu de discuter ces arguments, en présence du retentissement inattendu qu'on vient de leur donner chez nous. C'est d'ailleurs chose facile.

L'un d'eux porte sur la similitude, ou même sur l'identité du matériel (tourelles, affûts, canons) en usage à bord et dans les batteries de côte. Je crois qu'il a sensiblement perdu de sa valeur en Allemagne; il n'en a aucune chez nous, où les seuls organes qui influent réellement sur le service des pièces, c'est-à-dire l'affût et la tourelle — quand il existe une tourelle — ne présentent, de part et d'autre, aucune ressemblance.

De même pour les méthodes de tir. Même pour le tir de plein fouet, qui est le plus analogue dans les deux cas, elles sont (au moins chez nous) profondément différentes, contrairement à l'avis du maréchal. Les batteries de côte, en raison de leur fixité, de la possibilité de déplacer simultanément et de faire converger leurs feux sous l'impulsion d'un commandant unique éloigné d'elles, sont beaucoup plus comparables aux ouvrages d'une place forte qu'à des

---

et Pillau; il exécute annuellement ses tirs à la mer à Pillau et à Neufahrwasser, plus des écoles à feu au polygone de Gruppe. (Voir *Revue d'artillerie*, novembre 1893 et février 1894.) Il peut donc éventuellement être employé comme artillerie à pied ordinaire, tout comme nos bataillons de côte. Quant aux quatre groupes de canonniers marins, qui sont de trois compagnies chacun, ils sont stationnés à Friedrichsort (rade de Kiel), Wilhelmshaven, Lehe (près Bremerhaven, avec une compagnie détachée à Cuxhaven) et Cuxhaven. Les dépôts d'artillerie et de torpilles sont dans les mêmes localités (sauf pour Lehe, qui est remplacé par Geestemünde, situé tout auprès). D'où il résulte que les canonniers de la marine ne défendent que le port de Kiel et celui de Wilhelmshaven avec les embouchures de l'Elbe et du Weser qui se rattachent étroitement à ce dernier, ou, si l'on aime mieux, les deux arsenaux et les dépôts qui en sont les annexes,... ce qui revient au système admis chez nous, et se rattache au principe général que *chaque service garde lui-même ses établissements.*

navires. Et si l'on tient compte de l'influence considérable, peut-être prépondérante, qu'exerceront dorénavant les batteries de tir indirect, nécessairement inconnues à bord, on voit que le tir à la mer tend à se rapprocher encore davantage du tir de place, et que les officiers familiarisés avec ce dernier seront les plus propres à exécuter le premier.

Restent les considérations tactiques : les officiers de marine seraient seuls à même de discerner les points faibles d'une escadre, de découvrir la portée de ses mouvements et leur but réel, de combiner le jeu des batteries et celui des torpilles et des navires.

Il peut paraître bien impertinent de discuter une opinion de ce genre, approuvée, sinon émanée d'une si haute autorité. On peut néanmoins s'y risquer, si l'on a soin de faire observer qu'elle procède, à certains égards, d'une conception quelque peu primitive du tir de côte, fort explicable dans un pays où cet art n'avait pas encore été cultivé.

Tout d'abord, il n'est vraiment pas si difficile d'apprendre à distinguer un cuirassé d'escadre d'un aviso-torpilleur ; beaucoup d'artilleurs ont réalisé ce petit tour de force. Et d'ailleurs, les batteries ne sont pas abandonnées à elles-mêmes : sémaphores, vedettes, télégraphe et téléphone sont là pour fournir des indications sur les escadres qui peuvent survenir. Le *Manuale di artigliera* donne à ce sujet d'intéressants détails, desquels il résulte que, même en supposant un ennemi très rapide, une station sémaphorique de hauteur moyenne peut le reconnaître à temps pour renseigner les batteries avant qu'il soit à portée ; de nuit, les sémaphores sont eux-mêmes renseignés optiquement par les navires envoyés en surveillance au large. Reste bien la brume, mais alors la difficulté, ou plutôt l'impossibilité d'agir, est égale pour les marins et les artilleurs.

D'autre part, le commandant d'une batterie n'a que faire de connaître les intentions d'un navire ennemi ; s'il en voit un, à bonne portée, dans son champ de tir, il doit le canonner, *quelles que soient ces intentions*. Ici encore, le *Manuel* italien a pleinement raison contre le maréchal de Moltke. « Les batteries en général, dit-il, sauf le cas de consignes générales tirées le plus souvent de leur importance particulière, ne doivent pas laisser échapper l'occasion d'infliger de sérieux dommages aux bateaux, quelle que soit leur importance, qui se présentent à bonne distance, même si manifestement ces bateaux ont un but purement démonstratif, ou veulent tenir en alarme le personnel. Elles doivent toutefois se rappeler que les torpilleurs ou autres navires légers constituent un but spécial pour les batteries secondaires, et que, en général, les navires locaux de la défense entreront en lutte contre eux. »

Enfin, le dernier argument tactique du maréchal, celui qui a trait à la combinaison des opérations, ne saurait être appliqué à des positions organisées avec autant de soin que les nôtres, sans entraîner une méconnaissance complète du rôle des batteries de côte, une véritable confusion de pouvoirs. Le commandant d'une telle batterie n'a pas qualité pour se livrer à des combinaisons tactiques ; il est un agent d'exécution, ou pour mieux dire un outil, entre les mains d'un chef de groupe. C'est ce dernier qui, relié téléphoniquement aux diverses batteries qu'il commande, fait de la tactique pour elles en coordonnant leur tir ; souvent même, l'étendue de la place peut exiger que son artillerie soit divisée en plusieurs groupes, relevant eux-mêmes d'un commandant de l'artillerie. Il est impossible d'entrer ici dans des détails suffisants pour décrire complètement le fonctionnement de ces organismes ; on en trouvera une excellente étude dans le *Manuale*.

L'essentiel est de reconnaître qu'au point de vue de l'artillerie, c'est à ce chef de groupe que doit se trouver le « point de soudure ». Cet officier pourrait fort bien appartenir à la marine ; dans ce cas, il devrait avoir un adjoint artilleur, chargé de rendr techniquement exécutables ses conceptions tactiques, et de donner aux batteries les ordres en conséquence ; ou mieux encore, on laissera au chef hiérarchique de l'artillerie le commandement supérieur de son arme, en lui donnant un adjoint, ou, pour prendre l'expression italienne qui semble être à la mode, un « officier consultant » de la marine.

Quoi qu'il en soit, la conclusion de cette discussion un peu ardue est que *les batteries doivent être confiées à des officiers d'artillerie*. Quant au *point de soudure* technique entre l'élément naval et l'élément artilleur, il doit se trouver, non dans les batteries, mais *au commandement du groupe*. Je laisse de côté les batteries isolées, car, s'il en subsiste encore, il est peu probable que ce soit pour longtemps ; il n'y a d'ailleurs aucune difficulté à les renseigner, soit du dehors, soit au moyen d'un adjoint marin.

*
* *

Pour l'infanterie, le problème est tout aussi simple.

Dans le cas d'un simple bombardement par une escadre, les gens armés d'un fusil n'ont rien d'autre à faire que de se tenir à l'abri des projectiles. Leur rôle commence au moment où l'on peut avoir à craindre un coup de main ou un débarquement.

Pour le service de garde, il est de règle que toute troupe constituée doit l'assurer pour son propre compte ; même les sections de commis d'administration gardent leurs magasins. Les marins garderont donc leurs arsenaux, l'artillerie gardera ses batteries au moyen de ses auxiliaires, le général commandant l'armée des Alpes assurera la surveillance du chemin de fer de la Corniche, qui a pour lui une importance vitale, et ainsi de suite.

Si, malgré la défense mobile en mer et malgré les batteries, l'ennemi parvient à tenter un débarquement, il est clair que l'on emploiera contre lui tout ce qui peut porter un fusil, les garçons de quinze ans comme les hommes de soixante, les marins aussi bien que les pompiers et les ouvriers des chantiers. Il s'agira de savoir tirer droit devant soi, non de faire de la tactique, et il n'y a pas davantage à se préoccuper de savoir qui dirigera ces hommes : ce sera l'officier qui se trouvera commander au point menacé, marin, ingénieur, artilleur, sapeur ou fantassin.

Le seul point intéressant à discuter, c'est de savoir qui doit commander les troupes à pied constituées, qui seront la réserve de la défense et qui, si l'ennemi arrive à prendre pied sur la terre, auront à l'y combattre. Il est tout à fait singulier que l'on soit réduit aujourd'hui à affirmer que ce fantassin doit être un fantassin !

Il faut pourtant se rendre compte que, du moment que des opérations se passent à terre, elles n'ont plus rien de maritime. Il y aura en présence deux troupes, combattant pour la possession de diverses localités, villages, bois ou autres, par les procédés et avec les moyens habituels à l'infanterie. Pour peu que l'opération soit de quelque importance, l'ennemi ne l'aura pas tentée avec ses seules compagnies de débarquement ; s'il veut envahir un point quelconque du territoire, il aura eu soin d'amener sur des transports un vrai petit corps d'armée, avec de la vraie infanterie et de la vraie artillerie de campagne. Il faudra donc lui opposer de véritables troupes terrestres (infanterie coloniale ou métropolitaine, peu importe), commandées par des gens du métier, et non des compagnies d'inscrits maritimes, à peine dégrossies pendant de courtes périodes d'appel par des officiers qui, entre deux embarquements, auront passé quelques mois au bataillon des apprentis fusiliers, à cultiver le maniement d'armes et à faire un peu de service en campagne sur la route de Lorient à Ploemeur.

Ces officiers, nous n'avons été que trop heureux de les trouver, après l'effondrement de notre armée régulière en 1870 ; mais il est bien permis d'espérer que notre armée de terre, décuplée depuis lors, ne connaîtra plus de pareils désastres. Il ne faut donc pas que le souvenir du Bourget et de tant d'autres exploits nous fasse perdre de vue que ce n'est vraiment pas la peine d'entretenir une marine fort coûteuse et de lui constituer un personnel d'élite, soigneusement instruit en vue d'un métier si spécial, pour envoyer ses officiers combattre à terre, si glorieusement que ce soit[1].

---

1. Ici encore, il ne serait pas de mise de citer l'exemple de l'Allemagne. La marine allemande dispose, en outre de ses équipages, peu nombreux et juste suffisants pour le service de la flotte, de *deux bataillons* d' « infanterie de marine », à 600 hommes chacun, destinés à la garde des deux ports de guerre, et dont les officiers, loin d'être des marins, proviennent de l'*infanterie de la guerre*. Les autres garnisons côtières sont fournies par la guerre, qui formerait encore, le cas échéant, comme au début de la guerre de 1870, des corps d'observation pour la défense mobile.

CHAPITRE VII

LE COMMANDEMENT ET L'ORGANISATION DES SECTEURS

Commandants de secteur et adjoints.
Pouvoirs des commandants. — Les navires de la défense locale.

On vient de voir que les divers éléments qui coopèrent à la défense d'un secteur doivent être commandés, chacun, selon sa nature, par un officier de la marine, de l'artillerie, de l'infanterie ou du génie. Il s'agit de savoir maintenant qui doit être placé à la tête de cet agrégat : un marin ou un terrien.

La réponse est bien simple. *Cela est tout à fait indifférent,* parce que les qualités que l'on demande au chef d'une réunion d'éléments hétérogènes sont des qualités de commandement, qui n'ont rien de commun avec celles, purement techniques, que doivent posséder les chefs de ces diverses unités.

Le commandant d'un secteur doit être un officier *général*, au sens étymologique et non hiérarchique du mot. Sa fonction n'est pas de donner lui-même des « ordres de détail » au commandant de tel torpilleur ou telle batterie, mais bien de donner des « ordres généraux », soit directement, soit par l'intermédiaire d'adjoints spéciaux, aux commandants de la flottille et de l'artillerie ; ceux-ci, tenus par leur chef commun au courant de ses intentions pendant toutes les phases du combat, en assurent la réalisation, chacun dans sa sphère.

En Italie, le commandant supérieur est assisté à cet effet par deux chefs d'état-major, appartenant, l'un à l'armée et l'autre à la marine. Il semble qu'il y ait là une certaine exagération de personnel, du moins si l'on considère des secteurs peu étendus, comme ceux de notre littoral. La défense d'un secteur ne comporte pas, en effet, une flottille et une armée si nombreuse que le commandant ne puisse exercer directement son autorité sur l'une d'elles. On peut donc laisser ce soin au commandant, et se contenter d'interposer, comme on l'a fait chez nous, entre lui et l'autre partie de ses forces, un seul adjoint, chargé de la transmission, ou, pour mieux dire, de l'interprétation technique de ses ordres généraux.

Ce côté de la question n'a pas encore été compris en haut lieu. Où il s'agissait d'assurer l'union de tous en vue d'un but commun, on n'a vu jusqu'ici qu'une lutte d'influences, tendant à établir la suprématie d'un personnel sur l'autre, et l'on n'a cherché qu'à établir une transaction capable de satisfaire tout le monde. Les marins réclamaient le commandement de tous les secteurs. La guerre en exigeait un grand nombre : tout au moins ceux des quatre places fortes qui protègent les extrémités de nos frontières continentales, ceux de la partie orientale de la Manche, qui, en cas d'invasion, peuvent servir de base à nos armées de campagne, ceux que parcourt la voie ferrée de la Corniche... Il n'était pas facile de s'entendre, et, quand on a tenté pour la première fois de concilier ces prétentions opposées, on n'est parvenu qu'à laisser toutes les difficultés en suspens.

De là, une lacune incroyable dans le décret de 1890. Ce document, dont l'objet était de créer les secteurs et d'en organiser la défense, ne leur donnait qu'une existence virtuelle, puisque cette existence ne commençait qu'à la mobilisation. Alors seulement, le commandant, véritable *deus ex machina*, devait apparaître, inconnu à tous, nouveau dans un service à créer, et muni, pour toute préparation, de lettres de deux ministres lui donnant sur son personnel l'autorité nécessaire[1] !

Le décret de 1894 marque un petit progrès. Il dit explicitement que ces lettres de commandement seront délivrées dès le temps de paix ; il reconnaît qu'il peut y avoir quelque chose à faire pour assurer l'instruction des commandants ; enfin, par une heureuse innovation, il donne à chaque commandant un adjoint pris parmi les officiers supérieurs de celle des deux armées à laquelle n'appartient pas ce commandant.

Mais c'est tout, en fait d'améliorations. Ces adjoints, comme jadis les commandants eux-mêmes, il n'est pas question de les désigner à l'avance ; il serait pourtant naturel qu'ils fussent connus de leur chef, et mis, comme lui, à même d'étudier leur terrain d'action. Toute la question de l'organisation et de l'instruction du personnel est d'ailleurs ainsi laissée à l'abandon ; mais je reviendrai sur ce point après en avoir fini avec ce qui concerne le choix des commandants et des adjoints.

A cet égard, le décret de 1894 contient une innovation détestable, et dont l'introduction est d'autant plus illogique qu'elle est en contradiction avec le principe auquel on doit l'institution des adjoints. C'est ce que j'appellerai la *spécia-*

---

1. Il a été dit à la Chambre que les commandants de secteur ne devaient être désignés qu'à la mobilisation. Cela, les ministres et les intéressés le savent seuls ; mais j'admettrai comme vraisemblable que l'incurie n'était pas poussée aussi loin, et que, dès le temps de paix, les commandants de secteur avaient en poche des lettres de commandement confidentielles.

lisation des secteurs : on a décidé que sur les 19 secteurs continentaux, ceux de Dunkerque, Bayonne, Perpignan, Antibes et Nice seraient commandés par des officiers généraux ou supérieurs de l'armée, et les autres par des officiers généraux ou supérieurs de la marine. Il tombe sous le sens que, si cette mesure pouvait à la rigueur s'expliquer, alors que les commandants n'avaient pas d'adjoint, elle n'a plus la moindre raison d'être, du moment que chacun d'eux est assisté par un officier de l'autre département.

Comment justifier, en effet, la spécialisation des secteurs, alors que le décret, répartissant en principe ces commandements entre les officiers des deux armées, admet implicitement que la compétence est la même de part et d'autre? Craint-on par hasard qu'un officier de marine mette moins de zèle à défendre le secteur de Dunkerque, ou un officier de la guerre, à défendre celui de Brest, parce que la première de ces places intéresse davantage nos opérations à terre, et la seconde, nos opérations maritimes? Une hypothèse aussi injurieuse pour nos officiers ne vaut évidemment pas la peine qu'on s'y arrête.

En partageant ainsi les secteurs entre les officiers des deux armées, le décret de 1894 mérite, plus encore que celui de 1890, d'être appelé, suivant la pittoresque expression de M. Lockroy, « un traité de paix passé entre la guerre et la marine ». Une telle répartition, au lieu de lier en un faisceau les forces de la défense, ne fait que consacrer leur dualité, en reconnaissant qu'elle peut entraîner des incompatibilités de commandement.

Ce qu'il fallait, au contraire, c'est poser en principe que, comme dans toute armée combinée, les *officiers combattants* de tous les corps employés à la défense des côtes ont *également qualité* pour exercer le commandement supérieur; et il est aisé d'imaginer une organisation capable d'assurer la compétence et la continuité du commandement ainsi compris.

A cet effet, les premiers officiers désignés pour commander les secteurs devaient être pris indifféremment dans l'un ou l'autre département, suivant les ressources disponibles du personnel, et sans distinction préétablie entre les secteurs; puis, on aurait donné à chacun, comme on l'a fait, un adjoint fourni par l'autre département; enfin on aurait décidé que ces deux officiers résideraient, dès le temps de paix, au chef-lieu de leur secteur, et qu'en principe, tout commandant de secteur, quittant ses fonctions, *aurait son adjoint pour successeur* [1].

Par exemple, un général de brigade, commandant un secteur, a dès maintenant pour collaborateur un contre-amiral moins ancien ou un capitaine de vaisseau; ce dernier, prenant le commandement après lui, aurait sur tout autre officier l'avantage de connaître le secteur, et d'avoir eu, lui marin, l'occasion d'acquérir des notions étendues sur ses défenses terrestres; et, à son tour, le nouvel adjoint, officier de l'armée de terre, se préparerait au commandement en étudiant la configuration du secteur et le fonctionnement de ses défenses maritimes.

Cette organisation, assurément plus rationnelle que celle qui existe, est bien facile à mettre en vigueur, puisque, d'après le décret de 1894, il n'y a encore que les commandants de secteur de nommés. Il suffit pour cela de nommer dès maintenant leurs adjoints, et, renonçant à la spéciali-

---

1. Il arrivera que cette dernière règle ne puisse pas être appliquée ; ce sera le cas, par exemple, quand, au départ d'un commandant, son adjoint se trouvera en instance de retraite ; de semblables circonstances seront exceptionnelles ; c'est pour les prévoir néanmoins, que j'ai indiqué cet ordre de succession comme devant être observé au moins « en principe ».

sation des secteurs, de décider que, dorénavant, chaque adjoint sera, en principe, le *successeur désigné* de son commandant.

Si encore l'organisation actuelle du commandement des secteurs se bornait à ce que j'en ai déjà dit, elle serait bien imparfaite, mais elle aurait au moins le mérite de la simplicité. Au contraire, elle se complique d'une série d'exceptions, témoins évidents d'une regrettable lutte d'intérêts et de personnalités. Sur les cinq secteurs commandés par des officiers de l'armée, ceux de Dunkerque, Bayonne, Perpignan et Nice ont pour commandants désignés les gouverneurs de ces places fortes; et comme on ne pouvait pas subordonner complètement des généraux pourvus de commandements aussi importants à des préfets maritimes résidant à des centaines de kilomètres d'eux, l'article 10 du décret est consacré à définir la situation double de ces officiers, ce qui n'est pas aisé. Quant au secteur d'Antibes, « la protection de la voie ferrée du littoral ayant une importance spéciale pour les communications de l'armée des Alpes, tous les éléments affectés à la garde de ces communications restent sous les ordres du général commandant en chef cette armée ». Tous les éléments? Y compris les torpilleurs? Il eût été plus simple de lui subordonner franchement le commandant du secteur, car, pratiquement, la voie ferrée est à elle seule tout le secteur d'Antibes.

Une troisième et inexplicable anomalie consiste en ce que le commandant du secteur de Marseille dépend du général commandant le 15e corps d'armée en ce qui concerne la défense des fronts de mer de la place, et du préfet maritime de Toulon pour le reste du secteur, ainsi que pour l'emploi des forces de mer qui, pourtant, coopèrent à la défense des fronts de mer. En cas de bombardement par une flotte, le commandant dépendra donc du général pour ses batteries de côte et du préfet pour ses torpilleurs, et peut-être aussi pour l'emploi de ses torpilles fixes. Mais qu'arrivera-t-il, si une force ennemie, ayant débarqué dans le voisinage, vient se présenter devant un faubourg de la ville? Sera-ce l'affaire du préfet maritime, précisément parce qu'il ne s'agit pas des fronts de mer? — Tout cet article ne semble avoir d'autre objet que de compliquer le service par amour de l'art. Mais on ne pouvait échapper à ce défaut, étant donné le principe dont on partait. On voulait que les commandants de secteur fussent sous l'autorité des préfets maritimes; et comme il s'est trouvé qu'un secteur renfermait le siège d'un commandement de corps d'armée, la situation y est devenue inextricable.

Il faut mentionner enfin les deux points de vue très différents suivant lesquels on a réglé les pouvoirs des gouverneurs des grandes places fortes du littoral. Tandis que les gouverneurs de Dunkerque, Bayonne, Perpignan et Nice sont, comme on vient de le voir, en même temps les commandants des secteurs correspondants, rien de tel n'est spécifié pour les préfets maritimes. Les secteurs des préfectures ont donc des commandants particuli̇̇̇̇rs, subordonnés comme tous les autres aux préfets, et comme ces secteurs sont réservés à la marine, il s'ensuit, non seulement qu'ils sont spécialisés, mais qu'ils le sont doublement.

Il y a encore là une inconséquence que je me borne à signaler pour le moment, et sur laquelle je reviendrai en étudiant les relations des commandants de secteur avec les préfets maritimes et avec le territoire.

*
* *

Ce n'est pas tout que d'avoir élevé des ouvrages, découpé le littoral en secteurs et nommé les commandants de ces secteurs. Il faut encore donner la vie à ces organismes, les peupler, instruire leur personnel dans sa tâche ; sinon, toute cette préparation n'est qu'un trompe-l'œil. Or, c'est ici qu'il y a lieu de porter la critique la plus sévère contre les règlements existants : rien n'est fait de ce côté.

Je me trompe. Le décret de 1894 contient l'innovation suivante (art. 16) :

« Les commandants de secteur peuvent être convoqués à des époques indéterminées, pour visiter la zone sur laquelle s'étendra leur autorité en temps de guerre et étudier les moyens de défense qui seront mis à leur disposition.

« En outre, certains exercices spéciaux peuvent être effectués, dans la limite des crédits budgétaires, après entente entre les départements de la guerre et de la marine, en vue d'étudier l'application partielle des dispositions contenues dans le présent règlement ».

On a bien lu. Le commandant du secteur de Brest « pourra » être convoqué pour « visiter » quelques centaines de kilomètres de la côte la plus découpée qui existe en France, et pour étudier les ouvrages qui la hérissent par douzaines, ainsi que la multitude de baies et d'embouchures où se dissimuleront ses torpilleurs ; celui de l'Algérie « pourra » de même être invité à faire un agréable voyage sur plus de 2000 kilomètres de littoral. En outre, certains exercices spéciaux « pourront être effectués ». Le tout, bien entendu, si l'on a des crédits pour tous ces déplacements. Il est bien à craindre que des indications aussi vagues restent indéfiniment à l'état de lettre morte.

Ce qui est plus grave encore, c'est que, dans le peu qui a trait à l'organisation du personnel des secteurs, le décret de 1894 constitue un recul sensible sur celui qu'il a remplacé.

Le décret de 1890 disait en effet (art. 5) :

« Les commandants de secteur ont sous leur autorité :

« 1° Tous les moyens de défense dépendant du département de la marine : sémaphores, garde-côtes, torpilleurs et troupes de marine, affectés au secteur ;

« 2° Les brigades côtières et les unités actives des douanes ;

« 3° Les éléments dépendant du département de la guerre spécialement affectés à la défense mobile des côtes, dès que leur mobilisation est terminée. »

Cette rédaction renfermait une erreur grossière : la présence du mot *mobile* dans le dernier paragraphe. Sans parler, en effet, des garnisons d'infanterie des villes maritimes, qui ne font évidemment pas partie de la défense mobile, ce mot impliquait l'oubli des 26 batteries à pied de la guerre qui garnissent le littoral. Il a disparu dans le nouveau décret.

Mais il n'y avait rien d'autre à changer à ce texte, qui devenait ainsi aussi satisfaisant qu'il est clair. Au lieu de s'en tenir là, on a transporté à la fin de l'énumération l'alinéa relatif aux moyens de défense de la marine, en le décomposant comme il suit :

« 3° Les troupes de la marine affectées au secteur ;

« 4° Les moyens de défense fixes dépendant du département de la marine (sémaphores, etc.), affectés au secteur ;

« 5° Éventuellement, les éléments flottants, garde-côtes, croiseurs et torpilleurs, dépendant du préfet maritime de l'arrondissement, lorsqu'un des points du secteur où ils sont stationnés se trouve attaqué. »

· Le mot *éventuellement* peut paraître bénin, bénin, et échapper même à une lecture qui n'est point faite par comparaison avec l'ancien texte. Il n'en constitue pas moins un déplorable retour offensif de la rue Royale, rendant impossible toute organisation rationnelle des secteurs, sapant à sa base toute l'autorité des commandants. La raison pour laquelle il a été glissé là est facile à concevoir ; on avait dû renoncer à s'emparer de la direction générale de la défense des côtes, et il avait fallu accepter que certains secteurs fussent confiés à des officiers de la guerre : on s'est donc rejeté sur l'échelon intermédiaire entre le ministre et les commandants, sur le préfet maritime, auquel on a rendu la disposition des éléments flottants, sauf pendant les quelques heures que durera peut-être, sur toute la campagne, l'attaque éventuelle d'un point du secteur. En d'autres termes, on coupe un de ses deux bras au commandant du secteur, et on lui adapte inopinément un membre artificiel, au moment d'une attaque qui ne sera peut-être pas annoncée autrement que par l'arrivée des projectiles ennemis !

· On oublie trop souvent qu'à la guerre, le combat est l'exception ; la règle, dans les armées de campagne, c'est la marche, et dans une position telle qu'un secteur côtier, c'est l'attente, l'attente énervante. Le seul élément de tranquillité qui puisse maintenir le moral de la défense, c'est la certitude d'être convenablement gardée du côté du large, et le moins que puisse exiger son chef, c'est d'avoir la disposition des navires affectés à cette surveillance ; quelle est donc la situation du commandant du secteur de Dunkerque, si ses navires, c'est-à-dire ses avant-postes, sont sous la dépendance d'une autorité placée à plus de 300 kilomètres de lui à vol d'oiseau, et dont ce service, vital pour la défense de Dunkerque, n'est qu'une attribution secondaire ? Car enfin, le préfet de Cherbourg, outre ses fonctions propres, se trouve ainsi le chef des éléments flottants, plus ou moins éparpillés, de quatre secteurs.

Si l'on veut bien se décider à étudier la question de la défense des côtes pour elle-même, et non pour donner satisfaction à tel ou tel esprit de corps, on est obligé de reconnaître qu'un tel service doit être essentiellement décentralisé, que ses forces de première ligne doivent être des troupes purement locales. Il le faut, pour que le chef responsable ait l'autorité absolue qui lui permet seule d'accepter sa responsabilité ; il le faut aussi, et dès le temps de paix, afin que tout le personnel apprenne à connaître le terrain sur lequel, exclusivement, il est appelé à opérer. On sourirait d'une organisation dans laquelle, pour ménager tel ou tel esprit de corps, les forts détachés de Verdun seraient, jusqu'au premier coup de canon, soustraits à l'autorité du gouverneur et soumis à un général résidant à Bourges ; la distance est la même entre ces villes que de Dunkerque à Cherbourg.

— Alors on mettrait, en permanence, des navires sous la dépendance du ministre de la guerre, et, dans certains secteurs, ils seraient même sous le commandement d'officiers de terre ? — Mais parfaitement ; il n'y a là rien de si extraordinaire. En dehors de cette mesure, la défense des côtes ne sera pas préparée ; elle devra être improvisée au dernier moment, sous le feu ; ce sera une réédition du « débrouillez-vous » que l'armée a si chèrement expié en 1870, et qui, à l'heure actuelle, est encore en honneur dans la marine.

Remarquons d'abord qu'il n'y a pas plus de raisons pour

contester au ministre de la guerre la disposition de certaines
forces navales, que pour s'étonner de voir son collègue de
la marine administrer et commander une armée coloniale
qui, en y comprenant les troupes indigènes, est très supérieure en nombre aux équipages de la flotte. Quant au fait
de prêter du personnel d'un département à l'autre, il est de
pratique courante, car chaque ministère ne peut pas avoir
la prétention de constituer un État complet dans l'État; on
trouve, par exemple, en permanence au service de la marine, un personnel des ponts et chaussées, chargé du service
des travaux hydrauliques, un escadron de spahis détaché au
Sénégal, des officiers du génie militaire, dont la marine a
cru pouvoir se passer il y a quelques années, et qu'elle a
redemandés naguère pour les études du chemin de fer de
pénétration au Soudan; et, si nombreuses que soient les
troupes de la marine, elles sont mises à telle épreuve qu'il
n'a pas été fait une expédition coloniale de quelque importance sans qu'on dût emprunter à la guerre des effectifs
souvent considérables. Il n'y a donc aucune objection de
principe à opposer à l'idée de détacher, en permanence, au
ministère de la guerre, certaines des forces navales employées à la défense des côtes.

Cela posé, il ne suffit pas d'avoir nommé, en temps de
paix, les commandants des secteurs et de décider qu'on
« pourra » leur faire « visiter » leur littoral. Il faut constituer leur commandement, leur état-major et leurs forces
de toute nature, et entraîner tout ce personnel comme
l'exige son rôle de troupe de couverture.

Les secteurs devront donc former autant de petites circonscriptions territoriales, soumises à l'autorité exclusive
du commandant de secteur, qui sera responsable de leur
défense, et jouera, par rapport aux commandants des places

et ouvrages isolés du secteur, le rôle du commandant supérieur de la défense d'un groupe de places [1].

Le commandant du secteur, son adjoint, le commandant de la flottille, le commandant de l'artillerie ainsi que ceux des groupes de batteries devront donc tous être *nommés dès le temps de paix* et *résider sur les lieux.*

Et d'autre part, les unités désignées pour assurer la défense du secteur devront *y tenir garnison,* convenablement disloquées, et directement soumises au commandant du secteur. Ainsi l'infanterie pourra être groupée par bataillons et compagnies. L'artillerie sera formée en détachements correspondant à l'importance des groupes d'ouvrages : sections, demi-batteries, batteries, voire même bataillons dans les grandes places. La flottille formera un ou plusieurs groupes, selon l'étendue du secteur et le nombre de ses ports. Tous ces éléments, pourvus de leurs petits magasins, se mobiliseront sur place, au moyen de réservistes des environs [2]. Dans l'état actuel, la plupart des secteurs peu-

---

1. Je n'insiste pas sur les attributions des commandants supérieurs, énumérées à l'article 10 du *Règlement sur le service dans les places.*

2. Je dois ajouter que l'artillerie s'en tiendra sagement à la pratique dénoncée à la Chambre par M. Deschanel et consistant à conserver avec le plus grand soin les culasses de ses canons dans des locaux fermés voisins des batteries. Il y a juste autant de raisons pour laisser les culasses sur les pièces que pour tenir les pièces toutes chargées en plein air ; si on le faisait, on trouverait, au moment du besoin, la poudre humide, le projectile soudé à la pièce par la rouille, et la culasse hors d'état de fonctionner ; conservées à part, les culasses seront en place en même temps que les munitions. Il est vrai que, d'après « des renseignements puisés à la meilleure source », l'orateur affirmait que « dans certaines expériences de tir, on n'avait pas les culasses correspondant aux canons ou qu'elles étaient rouillées » ; mais il est difficile de croire que l'auteur de ce renseignement fantaisiste ait assisté au tir incriminé, ou qu'il ait jamais pénétré dans un magasin aux culasses.

vent être surpris avant que les troupes soient à leurs postes, avant que les réservistes et les torpilleurs aient rejoint; et quand enfin le personnel sera là, personne ne connaîtra la côte, ou si peu!

*\
* *

C'est pour les torpilleurs que cette dislocation sera le plus difficile à obtenir; elle est pourtant indispensable, car ces petits bâtiments, qui ont souvent un trajet considérable à faire depuis le chef-lieu de la préfecture, ne peuvent s'y risquer que dans des conditions de temps favorables.

On a fait à cette proposition une objection bien singulière, en disant que les équipages des torpilleurs, ainsi répartis dans une multitude de petits ports, perdraient leurs qualités militaires. C'est faire à nos officiers de vaisseau une injure bien gratuite, qu'ils ont le droit de repousser vivement. S'il est nécessaire que les équipages de la marine soient concentrés dans les cinq ports de guerre, ne faudra-t-il pas aussi que toute l'armée de terre soit réunie aux chefs-lieux de ses 19 corps d'armée? Au reste, si les petites garnisons présentent des inconvénients, elles ont aussi leurs avantages, ne fût-ce que de laisser au chef plus d'indépendance et de lui donner son personnel mieux en main; et il est évident que l'instruction, toute locale, des équipages de torpilleurs exige, autant que la mobilisation, qu'ils soient dans leurs secteurs dès le temps de paix.

Il faut espérer d'ailleurs que cette objection achèvera bientôt d'être ruinée, par la construction du grand nombre de petits navires que nécessite la défense de nos côtes.

J'ai porté quelques critiques contre l'*Essai de stratégie navale*, ne pouvant en aucune façon m'associer aux opinions grandioses que ses auteurs professent au sujet du rôle futur de la marine, ni à leurs vues sur la direction de la défense des côtes. Mais, à d'autres égards, cet ouvrage est capital, en montrant comment il faut spécialiser le rôle des navires et, suivant le mot de l'amiral Jurien de la Gravière : « menacer les colosses et émanciper les moucherons ».

Je n'insisterai pas, pour le moment, sur le nombre de 496 torpilleurs, que ses auteurs admettent comme indispensable pour la défense de notre littoral. Mais, que l'on considère ou non cette évaluation comme exagérée, il est difficile de contester l'insuffisance de nos ressources actuelles : nous avons pour le moment, en Méditerranée, 28 torpilleurs armés, soit, pour l'arrondissement de Toulon, juste deux torpilleurs par secteur ! Et l'on sait qu'en pratique il s'en trouve généralement au moins un sur deux d'indisponible !

Quand on sera venu à une plus saine appréciation de nos besoins et de nos moyens en fait de marine, la situation sera tout autre, et chaque secteur pourra disposer d'une véritable flottille de torpilleurs et d'éclaireurs. Dès lors, on n'aurait plus de raison de craindre l'isolement pour leurs équipages; cette petite force navale, commandée par un ou deux officiers supérieurs, serait très apte à former un tout indépendant; elle mériterait en outre l'installation d'un petit atelier de réparations courantes dans ceux des chefs-lieux de secteur où l'on ne peut pas compter sur les ressources de l'industrie privée.

Il est très important d'ajouter que je n'ai nullement voulu dire, dans ce qui précède, que *tous les navires* destinés à la défense des côtes devront être confiés au ministre de la guerre. Un certain nombre d'entre eux, les plus puissants et les plus rapides, devront être constitués en groupes, rassemblés dans des ports convenablement choisis, et seront destinés à donner la chasse aux escadres ennemies, au large, dans des conditions qui ne peuvent trouver place ici, mais dont on trouvera l'intéressant développement dans le livre du commandant Z... Ces forces contribueront bien à la défense des côtes, mais d'une manière indirecte, comme le fera l'escadre nationale, dont elles ne diffèrent que par l'impossibilité de tenir longtemps la mer et la nécessité de s'appuyer constamment sur les ports ; elles seront d'ailleurs, en cas d'attaque, envoyées au secours du point menacé, pour prendre l'assaillant à revers. En un mot ces navires, pris parmi les plus marins et les plus rapides, feront de la *stratégie navale,* tandis que les autres, soit par destination naturelle, soit par faiblesse ou par vétusté, seront confinés dans un rôle plus modeste : la défense *immédiate,* c'est-à-dire *tactique,* de leur secteur.

Ce sont ces derniers seuls qui doivent être mis à la disposition des commandants de secteur. Ceux qui sont destinés à opérer en haute mer resteront sous les ordres immédiats du préfet, entre les mains duquel ils formeront une arme redoutable, comparable à beaucoup d'égards aux divisions de cavalerie indépendante : un coup de télégraphe donné par le préfet, et tous les groupes de *torpilleurs indépendants* répartis sur son littoral viendront converger dans la région où la présence de l'ennemi est signalée ou présumée.

CHAPITRE VIII

LES COMMANDANTS DE SECTEUR ET L'AUTORITÉ SUPÉRIEURE

Subordination des commandants de secteur au commandement territorial. — Places frontières et ports de guerre. — A qui revient le commandement supérieur. — Rôle des préfets maritimes.

Les commandants de secteur ont actuellement pour chefs hiérarchiques les préfets maritimes. Mais ils ont, de plus, des relations de voisinage entre eux et avec les commandants territoriaux placés en arrière; ils peuvent même être mis, dans des cas déterminés, sous les ordres de ces derniers. Il y a donc lieu d'étudier simultanément le fonctionnement de ces divers organes.

Actuellement, le préfet maritime, responsable de la défense de son arrondissement, exerce son autorité sur tous les moyens de défense, par l'intermédiaire des commandants de secteur, sauf l'exception déjà signalée pour les éléments flottants, qu'il commande directement jusqu'au moment d'une attaque. Il peut faire changer les troupes de secteur, quitte à rendre compte au ministre de la guerre, qui, dans un intérêt d'ordre général facile à comprendre, peut seul ordonner les mouvements par voie ferrée. Il dirige le service d'information des sémaphores. Autant que possible, il ne donne d'ordres à ces derniers, ainsi qu'à la défense mobile de mer, que par l'intermédiaire du commandant de secteur; tout au moins, il communique ces ordres au commandant.

Quant au commandant de secteur, on a vu quels sont ses pouvoirs à l'intérieur du secteur. S'il est attaqué, son rôle est défini par l'article 12 du décret de 1894, reproduit ci-après, et qui, sauf le passage inscrit ici en italiques, figurait déjà dans le décret de 1890 :

« En cas d'attaque, si le commandant du secteur estime que les troupes côtières placées sous ses ordres sont insuffisantes pour repousser l'ennemi, il en avise *les commandants des secteurs voisins.*

« *Ceux-ci lui envoient les forces dont ils peuvent disposer et rendent compte au préfet maritime.*

« *Si ces forces sont insuffisantes, le commandant du secteur avise* les commandants de subdivision de région les plus voisins.

« Ceux-ci lui envoient les forces dont ils peuvent disposer et en rendent compte au général commandant la région de corps d'armée.

« Le concours ainsi prêté n'a qu'un caractère temporaire et les forces doivent faire retour au territoire aussitôt que les causes qui ont motivé leur envoi ont cessé d'exister.

« Dans le cas où les forces empruntées au territoire dépasseraient l'effectif de trois bataillons, le général commandant la région prendrait la direction des opérations à terre et l'exercerait sous l'autorité du ministre de la guerre.

« Les commandants de secteur du littoral de la région intéressée passent alors sous les ordres du commandant de cette région en ce qui concerne l'emploi des troupes de terre de toute nature dont ils disposent.

« Enfin, si les circonstances exigent l'entrée en ligne d'importantes unités organisées de l'armée de terre, l'autorité militaire prend la direction générale des opérations, en vertu d'un ordre spécial du ministre de la guerre. »

Il faut noter tout d'abord le défaut de clarté du dernier paragraphe de cet article. Que signifient ces mots « l'autorité militaire prend la direction générale des opérations », puisqu'elle n'a pas cessé un instant de l'avoir ? Elle l'avait au début, lorsque le commandement était exercé par le préfet maritime, soumis au ministre de la guerre, et devenu, en ce qui concerne la défense des côtes, un véritable général de division ; elle l'avait encore quand le général commandant la région, ayant prêté plus de trois bataillons, a pris « la direction des opérations à terre » ; comment donc l'a-t-elle prise à « l'entrée en ligne d'importantes unités organisées de l'armée de terre » ?

D'autre part, l'innovation consistant à demander secours tout d'abord aux secteurs voisins, et à ne s'adresser au territoire que si les secours accordés sont insuffisants, n'est pas heureuse. Si la répartition des garnisons côtières a été faite comme il convient, c'est-à-dire avec une grande parcimonie, les commandants de secteurs n'auront que peu ou point de troupes à prêter de la sorte ; et, de toute façon, ils ne dégarniront pas volontiers le littoral dont ils ont la responsabilité immédiate, au moment où l'ennemi s'est rapproché d'eux jusqu'à attaquer le secteur voisin. On perdra donc, en s'adressant à eux, un temps précieux.

Par exemple, l'ennemi débarque à Boulogne. Le commandant du secteur d'Abbeville devra télégraphier à ses voisins de Dunkerque et du Havre ; le premier, menacé d'être pris à dos, à Calais, par les troupes débarquées, n'aura pas grand monde disponible ; le second pourra peut-être envoyer un secours. Mais ce renfort hypothétique ne profitera de la voie ferrée que si l'on a perdu le temps nécessaire pour obtenir des trains du ministre de la guerre ; sinon, ayant plus de 200 kilomètres à parcourir, il mettra au moins cinq jours à venir par étapes. Pourquoi ne pas s'adresser tout d'abord à la division? à Arras, l'on est sûr de trouver une aide immédiate.

Pour des raisons analogues, il est difficile de justifier la faculté laissée au préfet maritime de faire passer des troupes d'un secteur à un autre. Un commandant de secteur peut être assimilé à un gouverneur de place forte ; les forces affectées au secteur constituent une dotation, qui doit être établie après une étude approfondie de ses besoins, et de manière à présenter le caractère d'un minimum. On doit prévoir le cas où il y aura lieu de la renforcer à terre par l'arrière, ou en mer par les soins de la préfecture maritime ou grâce à l'arrivée d'une escadre, mais dans aucun cas elle ne sera telle qu'on puisse sérieusement emprunter à un secteur au profit d'un autre.

En somme, les côtes forment une ligne continue, dont un point quelconque peut être menacé à l'improviste. Si on a la prétention de les défendre par un cordon de troupes assez dense pour être partout en état de résister vigoureusement, on retombe sur une méthode de guerre condamnée depuis plus d'un siècle : toutes les ressources de la République n'y suffiront pas. Il est classique au contraire que l'effort contre un débarquement doit être fourni par une réserve concentrée à l'intérieur, à proximité d'un nœud de communications qui permette de se porter rapidement sur le point attaqué. A ce titre, si les presqu'îles sont pour l'assaillant des points de débarquement obligés, elles sont aussi les théâtres d'opérations où la défense mobile terrestre est le plus facile à diriger ; cela dit en passant pour rassurer ceux qu'effraye tant la perspective d'une irruption dans le Cotentin.

En résumé, on ne doit trouver sur la côte qu'un *réseau de postes avancés* dont la mission est d'avertir plutôt que de combattre, sauf dans les villes importantes dotées d'une garnison plus ou moins nombreuse que le commandant du secteur tiendra précisément à conserver (je ne parle ici que des forces mobiles, et non des batteries de côte, qui, naturellement, doivent être pourvues de manière à pouvoir, dès le début, lutter en ne comptant que sur leurs propres moyens).

Ce n'est donc pas *latéralement* qu'il faut demander du secours, mais bien *à l'arrière,* où les ressources abondent.

Il résulte de là qu'en règle générale, c'est avec le *commandant territorial,* et non avec le préfet maritime, que chaque secteur doit être en relation hiérarchique, pour tout ce qui concerne les moyens de défense terrestres ; il est difficile de justifier la situation actuelle, dans laquelle un général qui commande une portion du territoire situé sur le littoral, c'est-à-dire à la frontière, n'exerce aucune action sur la défense de cette frontière.

Mais quel est, dans la hiérarchie, le commandant territorial auquel il convient de donner ainsi la haute direction des opérations ?

En principe, il est naturel que ce soit le général commandant la région de corps d'armée dans laquelle se trouve le secteur ou la plus grande partie du secteur ; cet officier est celui qui pourra expédier, à la première demande, les secours les plus importants. Mais cette règle générale doit souffrir de nombreuses exceptions.

Les unes reposent sur des raisons de fait et ne motivent pas une longue discussion : en raison de la configuration des régions de corps d'armée qui bordent le littoral, quelques secteurs devront relever du commandant de l'une des divisions plutôt que du commandant de corps d'armée, qui en est beaucoup plus éloigné.

Mais d'autres secteurs présentent une situation toute particulière, tenant à des questions de principe, et demandant par conséquent une étude détaillée.

* *

Les secteurs qui s'écartent des conditions générales sont ceux de Dunkerque, Bayonne, Perpignan, Nice, et ceux des préfectures maritimes. Dans chacun d'eux se trouve en effet une place forte importante par son rôle stratégique, abondamment pourvue de moyens de combat, et dont le reste du secteur n'est en quelque sorte qu'une annexe ; et cette place a pour gouverneur un général ou un amiral dont la présence vient nécessairement modifier l'organisation du secteur.

Le décret de 1894 a spécifié, par une disposition empruntée à celui de 1890, que les gouverneurs de Dunkerque, Bayonne, Perpignan et Nice sont les commandants désignés des secteurs correspondants ; nous trouvons donc ici pour commandant un général, secondé par un marin. Mais rien de tel n'était dit pour les préfets maritimes ; et comme, d'autre part, le décret portait que les secteurs des préfectures seraient commandés par des officiers de marine, il fallait conclure de là qu'il y aurait dans chacun d'eux un vice-amiral préfet maritime, un commandant du secteur, marin, et un adjoint au commandant, officier de terre. Et, en effet, un décret du 19 mai 1894 vient de donner le commandement des secteurs de Cherbourg, Brest et Toulon au chef d'état-major de l'arrondissement, et celui des secteurs de Lorient et de Rochefort [1] au major général.

---

1. Ces deux arrondissements n'ont pour chef d'état-major qu'un capitaine de vaisseau, au lieu d'un contre-amiral. (Voir Note C.)

Pourquoi cette différence ? A-t-on cru nécessaire de faciliter les relations entre le préfet et le commandant, en prenant ces deux officiers dans la même armée ? S'il en était ainsi, il faudrait renoncer à tout espoir de collaboration cordiale entre un commandant de secteur et son adjoint, à toute possibilité de faire exécuter jamais des opérations combinées de terre et de mer.

Si l'on examine sans parti pris la situation de ces deux séries de commandements, on ne peut pas ne pas trouver qu'ils doivent recevoir des organisations analogues. Les préfectures maritimes ont une importance de premier ordre pour la marine, qui doit sans aucun doute y avoir la haute main, en ce sens que c'est un de ses officiers qui doit y exercer le commandement ; de même, les quatre places considérées, pour la guerre. Quant à la défense des secteurs correspondants, c'est une question connexe, mais néanmoins bien distincte de l'autorité sur les troupes et établissements de ces places elles-mêmes ; elle doit être assurée suivant les mêmes principes que celle de tout autre secteur, sous la haute direction du préfet maritime ou du gouverneur, mais non par lui.

On continuera donc à avoir, pour préfets maritimes et pour gouverneurs, respectivement des amiraux et des généraux. Mais ils devront tous, comme c'est aujourd'hui le cas pour les seuls préfets maritimes, avoir sous leurs ordres chacun un commandant du secteur ; et ce dernier, appartenant, comme tout autre commandant, indifféremment à la guerre ou à la marine, aura un officier de l'autre armée pour adjoint et successeur désigné.

La subordination de ces quelques commandants de secteur aux gouverneurs et préfets maritimes est d'ailleurs facile à définir en s'inspirant de l'esprit des règlements en vigueur sur le service dans les places et sur le service en campagne.

D'après le premier de ces règlements (art. 219), « les vice-amiraux commandant en chef, préfets maritimes, sont les gouverneurs désignés des places de guerre qui sont ports militaires ».

Négligeons, pour le moment, la distinction qui existe entre un gouverneur et un gouverneur désigné, sur laquelle nous aurons à nous arrêter un peu plus loin, à propos des attributions du préfet maritime ; considérons cet officier général comme le gouverneur du port maritime, ce qu'il est, au demeurant, en temps de guerre.

Dès lors, il n'y a plus qu'à appliquer aux ports de guerre et aux quatre places frontières l'article 5 du règlement sur le service dans les places, qui dispose que, « lorsque l'importance du service l'exige, le gouverneur est secondé par un adjoint du grade de général ou d'officier supérieur ». Cet adjoint sera un officier aux attributions parfaitement déterminées : ce sera le commandant du secteur.

De cette manière, toutes choses seront placées à leur véritable plan. Le gouverneur de chacune de ces villes si importantes aura, comme il convient, la haute main sur la défense du secteur, c'est-à-dire des approches les plus dangereuses de sa place ; mais il n'aura pas à se laisser absorber par ce soin, qui ne constitue qu'une partie de sa tâche, et qui sera réservé à un officier spécial, convenablement secondé lui-même dans les divers services techniques.

C'est donc sous la haute autorité du gouverneur que le commandant du secteur exercera le commandement territorial sur le secteur, et aura en temps de paix la haute direction sur la préparation de la défense, dans des conditions analogues à celles qui sont prescrites pour le commandant supérieur de la défense d'un groupe de places fortes[1].

Pendant l'état de siège, le commandant du secteur aura les devoirs et la responsabilité du commandant d'une place de guerre, sous la réserve de la subordination absolue au gouverneur, comme le commandant d'un fort détaché d'une place forte[2]. Mais la garnison de sûreté (de terre et de mer) des divers points du secteur, telle qu'elle aura été déterminée à l'avance par les ministres de la guerre et de la marine, sera laissée à la disposition du commandant du secteur; le gouverneur n'en pourra distraire aucune fraction, ni lui emprunter de matériel, contre la volonté du commandant, sans délivrer à ce dernier un ordre écrit et signé; cette disposition est calquée sur celle qui régit les rapports des gouverneurs avec les commandants d'armée opérant dans leur voisinage[3].

Enfin, une portion de la réserve générale de la place devra être considérée comme réserve générale du secteur. C'est donc au gouverneur que le commandant du secteur doit s'adresser pour obtenir du secours, en cas d'attaque d'un point du littoral; et le gouverneur devra tenir tout le compte possible des demandes de ce genre, sous sa propre responsabilité et en tenant compte des nécessités de la défense de sa place. Le gouverneur aura lui-même recours au commandant territorial, s'il ne peut prêter assez de monde au commandant du secteur; il est d'ailleurs intéressé à venir en aide le plus complètement possible à ce

---

1. *Service dans les places*, art. 10.

2. *Service en campagne*, art. 288.

3. *Service dans les places*, art. 186, et *Service en campagne*, art. 273.

dernier, et son intervention ne peut entraîner aucun retard appréciable, puisque gouverneur et commandant résident dans la même ville.

On aurait pu songer également à prendre pour modèle, non la situation actuelle des préfets maritimes, mais celle des gouverneurs des quatre places fortes, c'est-à-dire à faire des préfets maritimes les commandants désignés de leurs secteurs.

Mais cette solution aurait le grave défaut de maintenir la spécialisation des secteurs, et d'empêcher le mode de succession que j'ai proposé plus haut pour les commandants de secteur. Si, en effet, les préfets maritimes et les gouverneurs des grandes places fortes sont commandants des secteurs correspondants, ils devront avoir respectivement pour adjoints des officiers de la guerre et de la marine, qui ne pourront pas leur succéder dans leurs fonctions spéciales ; il en résultera qu'à chaque mutation, le commandement reviendra à un officier qui ne connaîtra ni l'organisation générale du secteur, ni l'emploi d'une partie des éléments mis à sa disposition. Le remplacement des commandants par la promotion des adjoints est le seul moyen qu'on ait d'assurer la continuité du commandement, en même temps que sa compétence en présence d'éléments combinés de terre et de mer ; l'existence d'une place forte importante dans le secteur n'est pas une raison pour y renoncer.

* * *

En résumé, la subordination des commandants de secteur serait réglée comme il suit, en ce qui concerne le littoral continental de la France.

Les commandants des secteurs de Dunkerque, Cherbourg, Brest, Lorient, Rochefort (ou, si l'on déplace la préfecture, Aix, ou La Pallice), Bayonne, Perpignan, Toulon et Nice rempliront les fonctions d'adjoint au général ou au vice-amiral, gouverneur de chacune de ces places. — (Si l'on supprime enfin la préfecture maritime de Lorient, le commandant de secteur sera mis sous les ordres du général commandant la division de Vannes.)

Les commandants des secteurs ci-après relèveront des généraux commandant les régions de corps d'armée : Abbeville (2e corps, à Amiens) ; le Havre (3e corps, à Rouen) ; Saint-Brieuc (10e corps, à Rennes) ; Saint-Nazaire et les Sables-d'Olonne (11e corps, à Nantes) ; Royan (18e corps, à Bordeaux) ; Cette (16e corps, à Montpellier) ; Marseille (15e corps, à Marseille). — (J'ai dit qu'il y aurait avantage à dédoubler le secteur d'Abbeville ; ceux de Boulogne et de Dieppe, qu'il formerait, relèveraient respectivement de la division d'Arras et du 3e corps d'armée.)

Enfin, le secteur de Saint-Malo relèvera de la division de Saint-Servan, et celui d'Antibes, comme actuellement, du commandement de l'armée des Alpes.

Si le commandant du secteur a besoin de renforts, il les demandera à l'officier dont il relève directement, commandant du corps d'armée, commandant de la division, gouverneur ou préfet maritime, qui lui-même s'adressera éventuellement à son chef hiérarchique. En cas d'urgence, ou s'il est impossible, par suite d'un blocus, de suivre cette voie, le commandant du secteur demandera secours au commandant territorial le plus voisin.

Quant à la quotité du secours qui pourra entraîner la nomination d'un commandant supérieur autre que le commandant du secteur, il ne semble pas qu'il y ait lieu de la déterminer à l'avance, c'est-à-dire arbitrairement. On conçoit la limite de trois bataillons, actuellement fixée, quand il s'agit de secteurs peu importants, et dont le commandant sera d'un grade relativement peu élevé; mais va-t-on enlever son commandement à un officier général, parce qu'une attaque dirigée contre son secteur l'aura obligé à demander un renfort temporaire de quatre mille hommes? Le ministre de la guerre sera nécessairement avisé de ces mouvements de troupes, et il lui appartient de décider, dans chaque cas particulier, si la direction des opérations doit rester au commandant du secteur, ou passer au commandant territorial ou à tout autre officier spécialement désigné à cet effet. Si par impossible un secteur était privé de communications avec le ministre, le commandement resterait en tout cas au commandant de secteur, jusqu'à ce qu'une décision pût intervenir.

* *

Il ne faudrait pas conclure de ce qui précède que le préfet maritime ne doive plus jouer dans la défense des côtes qu'un rôle négligeable. Il perdra, il est vrai, l'autorité sur les secteurs autres que celui de sa préfecture, et sur les navires qui leur seront affectés. Mais ses attributions, mieux définies, seront déplacées plutôt que réduites; elles seront assez importantes pour occuper largement son activité.

Je ne parlerai pas de ce qui forme à proprement parler sa responsabilité vis-à-vis du ministre de la marine : réunion et instruction des réserves, constitution et conservation des approvisionnements, armement et ravitaillement des escadres, bref la mobilisation de la flotte et la direction de tous les services sur sa base d'opérations. A cette tâche déjà bien lourde se joindra une participation importante à la défense du littoral.

En premier lieu, nous avons vu qu'il est le gouverneur *désigné* de la place de guerre, siège de son commandement, et, à ce titre, il a toujours relevé du ministre de la guerre, mais en temps de guerre seulement. Le mot « désigné » n'a en effet été introduit dans cette définition que pour laisser, en temps de paix, le préfet maritime à la disposition exclusive du ministre de la marine ; car si on avait donné à cet officier le commandement effectif d'une place de guerre, on n'aurait pas pu se dispenser de le mettre, pour cette partie de ses attributions, sous les ordres du ministre de la guerre.

Il résulte de là une situation tout à fait illogique. En temps de paix, le ministre de la guerre, qui a charge de l'intégrité du territoire, ne dispose, dans les ports de guerre, que d'une partie de la place et de la garnison, non compris le futur gouverneur ; ce dernier dispose du reste de la place et de la garnison ; et, à la mobilisation, tout passe brusquement sous l'autorité du ministre de la guerre, qui endosse alors des responsabilités encourues par d'autres.

Pour que la préparation de la défense cesse d'être un vain mot, il est indispensable de faire cesser ce désordre, et de nommer le préfet maritime, dès le temps de paix, *gouverneur* effectif de sa place ; en cette qualité de gouverneur, il relèvera du *ministre de la guerre*, tout en restant sous les ordres du ministre de la marine en ce qui concerne l'exercice de ses fonctions proprement maritimes.

Nous avons vu que, comme gouverneur de la place principale d'un secteur, le préfet maritime doit avoir autorité sur le commandant de ce secteur, et qu'il exercera notamment par son intermédiaire le commandement territorial et le commandement supérieur de la défense des places. Pour tous ces objets, il conviendrait de constituer le secteur en une sorte de petite région, détachée de la région de corps d'armée. On ferait disparaître, en revisant sur ce point l'organisation territoriale établie par la loi du 15 juillet 1873, une source permanente de difficultés et de conflits [1]. Le préfet maritime ne serait donc plus seulement assimilé aux commandants de corps d'armée : il aurait, dans une région déterminée du territoire, toutes les prérogatives attachées en temps de paix aux fonctions de commandant de corps d'armée, et en temps de guerre à celles de commandant de région. Mais cette indépendance des secteurs des préfectures maritimes ne porterait pas sur le service du recrutement, dont les circonscriptions ne seraient pas modifiées.

La remarque qui vient d'être faite sur le rang et les attributions des préfets maritimes ne se rapporte, dans toute sa généralité, qu'à l'organisation actuelle. Si l'on adoptait la classification méthodique des établissements maritimes qui a été proposée plus haut, la situation de commandant de région ne serait donnée qu'aux gouverneurs des préfectures de première classe, Brest, Toulon et Bizerte. Les autres préfets auraient également le commandement d'une région bien déterminée, mais, en raison de

---

1. En particulier, on éviterait les difficultés résultant de l'article 246 du règlement sur le service dans les places, qui donne la préséance au préfet maritime dans l'arsenal maritime et dans la place, et au commandant de corps d'armée dans le reste de la région. Cette disposition disparaîtra naturellement : le préfet maritime sera seul maître dans son secteur, sous l'autorité du ministre de la guerre, comme le général commandant le corps d'armée l'est dans sa région.

leur grade, ils seraient soumis, pour ces fonctions, au commandant de la région de corps d'armée.

Quant aux autres secteurs compris dans son arrondissement, le préfet maritime continuera d'y centraliser le service des sémaphores, de manière à communiquer à tous les secteurs intéressés, et même aux préfets voisins, les renseignements qu'il en recevra. Dans la mesure du possible, il devra faire droit aux demandes des commandants, pour réparer les pertes et avaries subies par leurs navires locaux ; à cet effet, il possédera une réserve générale de matériel flottant et d'équipages, permettant de venir en aide aux secteurs éprouvés par une attaque. Enfin, il aura le commandement des flottilles de haute mer réparties sur le littoral de son arrondissement.

J'ai déjà fait allusion au rôle, essentiellement stratégique, qu'auront à jouer ces flottilles. Elles constituent l'élément véritablement marin de la défense des côtes. Leur action, tout extérieure, peut se qualifier de *défense préventive,* puisqu'elles ont pour objet de donner la chasse aux escadres ennemies avant que celles-ci parviennent à atteindre le littoral. Par comparaison avec ce qui se passe à terre, on peut les assimiler à des armées de campagne opérant dans le voisinage des places fortes, tandis que les navires locaux ressemblent aux troupes chargées de la défense extérieure de ces places. Leur commandement est donc tout naturellement distinct de celui de ces navires, comme celui d'une armée de campagne est distinct de celui des places fortes de la frontière. Elles pourront d'ailleurs être amenées à opérer sur le littoral même, quand elles n'auront pas réussi à joindre l'escadre ennemie au large, et qu'elles viendront la prendre à revers ; elles joueront alors le rôle d'une armée de secours. Par analogie avec les prescriptions du règlement sur le service des armées en campagne [1], du moment qu'elles pénétreront ainsi dans les eaux territoriales d'un secteur, et pour tout le temps pendant lequel elles y opéreront, les navires de la défense locale devront passer sous les ordres du commandant de ces flottilles, c'est-à-dire, indirectement, sous les ordres du préfet maritime duquel dépend ce commandant.

Ainsi conçue, la fonction du préfet maritime prend une amplitude qui lui fait défaut dans les circonstances actuelles, où il n'est qu'un commandant de secteur d'une classe supérieure, et ne sert guère qu'à ralentir l'envoi de secours terrestres sur un point attaqué. Cette fonction peut se résumer comme il suit. Le préfet maritime sera commandant supérieur de son secteur ; il centralisera le service des renseignements ; il disposera de la réserve générale navale des secteurs ; il commandera enfin une force navale indépendante, importante à la fois par son effectif et par son rayon d'action, et chargée de veiller, par ses croisières et ses excursions, à la sécurité extérieure du littoral.

Je dis avec intention « du littoral », sans spécifier le littoral de l'arrondissement. A ce point de vue surtout, le rôle du préfet doit être envisagé d'une manière plus large que n'autorise à le faire le règlement actuel. Supposons, en effet, qu'une escadre ennemie ait été signalée défilant à l'ouest d'Ouessant, et qu'elle vienne croiser à une centaine de milles au large de Belle-Ile ; elle menace également de là le littoral des trois arrondissements de Brest, Lorient et

---

1. Art. 273. — Les gouverneurs de places ou de forts isolés situés dans la zone d'opérations d'une armée ou d'un corps d'armée agissant isolément sont sous les ordres du commandant de cette armée.

Rochefort[1]. Il appartiendra donc au préfet maritime de Brest, averti le premier de la présence de cette flotte, de renseigner ses collègues de Lorient et de Rochefort ; et sous la haute direction du plus ancien d'entre eux, les flottilles mobiles des trois arrondissements auront à combiner leurs mouvements contre l'objectif commun. Mais il est bien clair que si les intentions de l'ennemi se précisent, et qu'il entreprenne, par exemple, une opération contre Saint-Nazaire, on ne saurait admettre que les flottilles détachées par les arrondissements de Brest et de Rochefort s'en retournent tout tranquillement chez elles, sous prétexte que c'est au voisin à se débrouiller ; elles se trouveront engagées, en présence de l'ennemi, et devront poursuivre jusqu'au bout l'opération commencée.

En résumé, le préfet maritime sera donc le « point de soudure » entre les deux départements, en ce qui concerne le matériel flottant et le personnel naviguant. Vis-à-vis du ministre de la marine, il sera responsable du ravitaillement des escadres de combat, ainsi que des opérations exécutées au large par ses flottilles indépendantes. Vis-à-vis du ministre de la guerre, il sera responsable de la défense de la place et des secours de toute nature fournis à son secteur c'est-à-dire de la *défense rapprochée* de ce secteur, ainsi que des secours flottants et des renseignements fournis aux autres secteurs de son arrondissement.

---

1. Je suppose, pour fixer les idées, que les préfectures actuelles soient maintenues.

CHAPITRE IX

ORGANISATION DE L'ALGÉRIE-TUNISIE ET DE LA CORSE

L'Algérie-Tunisie. — La Corse, et la question de son gouverneur.

Actuellement, la Corse et l'Algérie-Tunisie forment, comme on sait, chacune un secteur. Seulement, le décret ne mentionne, à leur propos, aucun commandant, mais simplement un gouverneur, ayant sous son autorité un commandant de la marine ; d'où il résulte que le gouverneur est son propre commandant de secteur.

Cette disposition, admissible à la rigueur pour la Corse, est tout à fait inacceptable en Algérie-Tunisie, où le gouverneur peut avoir à tenir tête, avec des forces restreintes, à une insurrection formidable, sur un territoire plus grand que celui de la France. Là, il est indispensable de soulager le gouverneur, en constituant spécialement, comme dans la métropole, la défense du littoral.

J'ai montré, d'ailleurs, que ce littoral si étendu doit nécessairement être divisé en un certain nombre de secteurs ; il en faudra au moins quatre, correspondant aux quatre grandes divisions du territoire, et ayant pour chefs-lieux Oran, Alger, Bône et Bizerte. Une station navale sera établie à Oran pour surveiller l'entrée de la Méditerranée. Enfin, un grand commandement maritime, semblable à nos préfectures de France, doit être créé à Bizerte. En conséquence, l'organisation de ces côtes ne différera plus en rien de celle des côtes de France.

Les mêmes principes en régiront donc la défense : tout ce qui a été dit au sujet des secteurs, comme au sujet de leurs relations avec les préfectures et le territoire, s'applique à l'Algérie-Tunisie, avec cette seule particularité que le commandant du 19ᵉ corps d'armée sera investi du commandement supérieur, jouant à la fois, dans la défense, le rôle d'un généralissime et d'un ministre.

Les commandants de secteurs de l'Algérie relèveront donc des commandants des divisions respectives ; celui de Bizerte remplira les fonctions d'adjoint au préfet maritime, gouverneur de Bizerte, lequel relèvera du commandant du 19ᵉ corps d'armée ; ce dernier aura une lettre de service lui conférant une « mission spéciale », c'est-à-dire un commandement d'armée[1]. Il est inutile d'insister sur cette organisation, qui ne présente aucune difficulté.

*
**

L'île de Corse mérite une étude approfondie, en raison de son importance stratégique, de sa situation et des convoitises qu'elle excite. Disons de suite qu'une fois bien organisée, elle peut facilement se suffire à elle-même : étant donné le nombre de ses habitants, on peut admettre qu'il s'y trouve une trentaine de mille hommes soumis au recrutement ou à l'inscription maritime, et, dans cette population si guerrière, on ne sera pas embarrassé de lever quantité

---

1. En supposant que Bizerte soit une préfecture maritime de 1ʳᵉ classe ; sinon, il suffit d'un simple commandant de corps d'armée.

de volontaires en dehors des limites d'âge fixées par la loi de recrutement.

L'île présente deux points de débarquement indiqués, le golfe de Saint-Florent, qui est classique, mais qui, dans les conditions probables d'une guerre future, ne mène à rien qu'à une lutte difficile dans la montagne, et la position Bonifacio-Santa-Manza, dont la perte serait un échec grave pour nous. D'autres points peuvent être menacés, pour diviser et fatiguer la défense, par exemple l'île Rousse, Calvi, Ajaccio, Propriano, Porto-Vecchio.

Pour tout cela, nous avons actuellement quatre torpilleurs de première classe et trois de deuxième! Que l'on atteigne ou non au chiffre de 46 torpilleurs demandé par l'*Essai de stratégie navale*[1], un renforcement considérable s'impose de ce côté, indépendamment de la station navale et de l'atelier de réparations qui doivent être créés à Porto-Vecchio dans l'intérêt de notre offensive.

En ce qui concerne les fortifications de la côte, il y a, d'après le discours du ministre de la guerre, trois batteries achevées et armées à Ajaccio, quatre à Bastia-Saint-Florent; quatre également à Bonifacio, où l'on en construira une de plus en 1894 et une en 1895. Je ne sais si quatre batteries sont bien suffisantes pour Bastia et le golfe de Saint-Florent; en tout cas, un renforcement de ce côté n'est pas urgent. Mais il n'est pas admissible qu'on remette au budget de 1895 l'achèvement de Bonifacio; ce travail doit être exécuté le plus rapidement possible, en annulant des crédits

---

1. Dans ses récents articles de la *Nouvelle Revue,* le commandant Z... a réduit sa demande pour la Corse à 30 torpilleurs, avec 6 éclaireurs et 2 croiseurs; il semble bien que ces nombres représentent un minimum.

votés pour quelque autre ouvrage moins important. Enfin, des fonds doivent être votés pour entreprendre, sans retard, le port de Porto-Vecchio et les quelques batteries nécessaires pour le couvrir.

Tout cela fait, il est impossible que l'on se tire d'affaire avec une seule batterie d'artillerie à pied ; maintenant déjà, le nombre des canonniers, et surtout des officiers, doit être tout à fait insuffisant. Il faudra au moins deux batteries à pied ; une à Bastia, Saint-Florent et Ajaccio, l'autre à Bonifacio et Porto-Vecchio.

Mais, malgré tout, nous devons admettre, en raison du prix qu'aurait pour l'ennemi la possession de Bonifacio, qu'un débarquement ait réussi sur ce point, par exemple à la faveur d'une diversion exécutée à Saint-Florent ou ailleurs, et nous devons nous organiser en conséquence.

Dans cette hypothèse, tandis que nos forces navales, parties de Toulon et de Bizerte, chercheront à couper la ligne de communication ennemie, nous aurons à livrer dans l'île une guerre que bien des circonstances faciliteront ; la difficulté du pays, les qualités militaires et le patriotisme d'une population attaquée chez elle, doivent nous permettre d'abord d'empêcher les deux corps ennemis de se donner la main, puis de les user et de les rejeter à la mer.

Pour préparer cette lutte, il semble que nous devions organiser spécialement la garnison de l'île. On y a mis, comme dans une subdivision quelconque, un régiment d'infanterie, formant un régiment de réserve et un régiment territorial. A ce lourd régiment qu'on est bien obligé de fractionner et dont les bataillons n'auront jamais à combattre côte à côte, je voudrais voir substituer au moins cinq bataillons alpins à 6 compagnies, tenant garnison,

toujours être forcées, mais dans la conviction qui doit s'imposer à l'ennemi qu'en débarquant dans l'île il courrait à un désastre. Et alors, il n'est plus permis de discuter la nécessité de nommer gouverneur un général, choisi comme je viens de le dire.

Néanmoins, la campagne pour la remise de la Corse aux mains de la marine est vigoureusement menée. Naturellement, ce détail ne figure pas dans la proposition Lockroy, qui, planant dans les régions supérieures de l'absolu, donne à la marine non seulement la Corse, mais tout le littoral — sauf, ne l'oublions pas, celui des colonies. L'*Essai de stratégie navale*, chaud partisan de ces idées, cite la Corse comme exemple, et en quels termes ! « En Corse, position essentiellement maritime, le commandement en chef est exercé par un officier général de l'armée de terre ! Cette sinistre plaisanterie n'a que trop duré. » La balle est saisie au bond par « un marin corse », qui, devant le peu de succès que trouve la proposition Lockroy, réclame au moins la défense de l'île, dans le journal *La Marine française*, du 8 octobre 1893; le 22 du même mois, l'amiral Réveillère écrit dans ce journal une lettre ouverte à l'amiral Vallon, député, pour lui signaler le vœu du marin corse, et en formuler un analogue au sujet du Cotentin; le 19 novembre, l'amiral Vallon approuve chaleureusement ces deux idées, au nom de la « jeune marine »; peu après, la proposition est déposée à la Chambre, et divers grands journaux s'y rallient[1].

---

1. Entre autres, le *Temps*, dont le rédacteur naval pousse le goût de la symétrie jusqu'à demander que les bataillons d'artillerie de côte soient passés aux troupes de la marine. Il n'indique pas quelles raisons il y a d'augmenter ainsi de 3 500 hommes, c'est-à-dire de doubler, notre artillerie coloniale.

En ce qui concerne le Cotentin, il faut renoncer à comprendre. Quant à la Corse, j'imagine que son cas doit se rattacher au défunt principe suivant lequel toute possession d'outre-mer était nécessairement gouvernée par un amiral. Les colonies fournissaient ainsi une série de postes fort enviables, et les cadres de notre flotte ont été constitués en conséquence. A la longue, les colonies ont quitté la marine, mais les amiraux sont restés, juste deux fois plus nombreux, en raison de l'effectif des équipages, que les généraux de l'armée; et en même temps, par une coïncidence bien malencontreuse, la flotte se transformait dans le sens de la réduction du nombre des grands commandements[1]. Aussi cherche-t-on maintenant à constituer, pour les amiraux, des colonies en France.

« La marine peut être envisagée à deux points de vue : ou comme instrument de la défense nationale, ou comme vache à lait. Voilà pourquoi il existe deux camps dans la marine : l'un, où l'on se propose de monter les meilleurs navires avec les meilleurs combattants, l'autre où l'on a en vue de disposer du plus grand nombre de places et de satisfaire le plus grand nombre d'appétits. » — Cette triste constatation est de l'amiral Réveillère[2], sans la haute autorité duquel je ne me serais pas permis de porter un juge-

---

1. Pour 15 vice-amiraux, il y a deux commandements à la mer, durant deux années chacun; pour que tous les vice-amiraux aient chance d'exercer un commandement, il faudrait donc qu'ils restassent, en moyenne, 15 ans chacun dans ce grade ! En temps de guerre il n'y aurait pas beaucoup plus de commandements de vice-amiraux à la mer. Aussi laisse-t-on les préfets à leurs postes, alors qu'on pourrait faire comme la guerre, qui place des généraux du cadre de réserve à la tête des régions de corps d'armée.

2. Lettre à M. le député Cabart-Danneville, publiée dans le n° 207 de la *Marine française*, et reproduite dans l'*Essai de stratégie navale*.

ment semblable. Seulement, c'est au corps du commissariat que l'amiral applique sa sortie véhémente. Est-on bien sûr que le « grand corps » soit à l'abri d'un reproche analogue, quand il rêve de quitter sa fonction naturelle pour assumer un service qui, organisé en grand — et l'on sait qu'on voit grand, à la rue Royale — lui vaudrait un bon millier de nouveaux postes à terre[1] ?

---

1. Les postes à terre sont l'effroi de tous les auteurs qui s'occupent des choses de la marine. Sur 1,735 officiers, 205, d'après M. Weyl, occupent dans les cinq ports « des emplois sédentaires, vraies sinécures ». Il y a, en outre, 93 lieutenants de vaisseau détachés dans les écoles; sur 720 officiers de ce grade, 203 sont détachés dans les services à terre et dans les écoles, « et l'on se plaint du manque d'officiers pour armer et entretenir les torpilleurs ! » — Et, ajouterai-je, on veut leur donner des bataillons et des batteries à commander !

Dans l'ouvrage du plus haut intérêt que l'amiral Réveillère vient de publier sur la *Conquête de l'Océan* (Paris, Berger-Levrault et Cie, 1894), on lit encore ce jugement sévère :

« On a dit, *non sans vérité* : « La marine française entretient quelques « navires à flot pour avoir un prétexte de payer un nombreux personnel à « terre. »

N'est-ce pas une étrange contradiction que de voir, quinze pages plus loin, le même auteur poser en axiome que la défense des côtes est une des attributions naturelles du ministère de la marine ?

CHAPITRE X

LA GARNISON DES SECTEURS

L'armée coloniale. — Infanterie et artillerie de côte. — Torpilleurs de la défense mobile, locaux et indépendants.

Tout, dit-on, finit par arriver. Il est donc permis d'espérer que nous verrons créer, un jour ou l'autre, cette armée coloniale qu'on nous promet depuis si longtemps ; et, en raison du rôle qui lui incombera naturellement dans la défense des côtes, il vaut la peine de s'arrêter un instant sur sa constitution.

En ce qui concerne son recrutement, le service obligatoire est condamné, et il n'y a là rien que de fort légitime. Défendre la patrie contre un ennemi qui en veut à son existence même, c'est là un devoir auquel personne ne doit pouvoir se soustraire. Mais les expéditions coloniales ne présentent aucunement ce caractère obligatoire et sacré : ce sont des opérations avantageuses, ou jugées telles, que la nation entreprend quand il lui convient, mais pour lesquelles il est abusif d'enrôler des citoyens par force. Le seul sacrifice que l'on puisse légitimement exiger, c'est, sous forme d'impôts, une contribution permettant de payer et d'entretenir convenablement les hommes qui se consacrent à ce service de leur plein gré.

La question du recrutement une fois bien réglée dans

cet ordre d'idées, l'armée coloniale devra être formée au moyen de l'infanterie et de l'artillerie de marine actuelles, des régiments étrangers et des diverses troupes indigènes existantes. Destinés à combattre à terre, et n'ayant avec la marine d'autres relations que celles de passagers avec une compagnie de navigation quelconque, tous ces éléments doivent être rattachés au ministère de la guerre, en un tout autonome, bien distinct de l'armée continentale. *Sous aucun prétexte*, il n'y aurait lieu de faire du ministère des colonies un troisième département militaire : c'est déjà trop d'en avoir deux, au lieu d'un ministère unique de la défense nationale. Les forces de l'armée coloniale et de la flotte nécessaires à la garde des colonies seront donc prêtées au ministre des colonies par ses deux collègues, et mises par lui à la disposition des gouverneurs ; ceux-ci resteront responsables de la garde et de la défense de leurs territoires, dans les conditions prescrites par les décrets du 27 janvier 1886 et du 3 février 1890. Le reste des troupes, c'est-à-dire, en temps normal, leur plus grande partie, continuera de tenir garnison en France et en Algérie, pour assurer l'instruction des engagés et des cadres ainsi que la relève aux colonies, et pour former éventuellement des corps expéditionnaires.

Avant de se voir placé de nouveau à la tête des colonies, M. Delcassé développait récemment dans le *Matin* un projet tendant à supprimer toute attache entre les garnisons des colonies et la métropole. Il proposait de ne faire entrer dans l'armée coloniale que des habitants des colonies, d'anciens soldats de l'armée et des indigènes, et de lui donner comme réserve les deux régiments étrangers, ce qui est parfait ; mais, en même temps, il voulait en recruter les cadres dans l'armée, exclusivement au moyen d'engagements contractés pour des durées déterminées. Ainsi, plus de relève, plus d'instruction à donner à des recrues en France, et, par conséquent, plus aucune portion de l'armée coloniale tenant garnison dans la métropole : les vides seraient comblés, à mesure de leur formation, par des engagements volontaires d'hommes déjà instruits ou de cadres tout formés.

Cette solution, comme toutes celles qui sont trop simples, a le tort de n'être pas une solution : elle ne ferait que déplacer le mal auquel on veut porter remède. Je n'insiste pas sur les considérations d'homogénéité et d'esprit de corps, si importantes en matière d'organisation militaire, et qui semblent avoir échappé à l'honorable député ; il suffira de faire ressortir la situation qui serait faite aux cadres de l'armée continentale.

On peut être, en effet, un excellent officier ou sous-officier, prêt à faire son devoir, et plus que son devoir, en cas de guerre continentale, et n'avoir aucune vocation pour les expéditions et surtout pour les garnisons coloniales, c'est-à-dire pour des longs séjours dans des régions dont si peu d'Européens peuvent braver le climat. Or, dans le système de M. Delcassé, tout avancement et toute récompense iraient naturellement aux coloniaux, lors même que leurs campagnes se borneraient à d'agréables séjours dans des colonies de choix, comme par exemple à la Martinique ; l'officier qui n'aurait pas demandé à passer par l'armée coloniale, et qui aurait servi, dans des conditions souvent fort pénibles, dans l'Est ou sur les Alpes, leur serait immanquablement sacrifié. A ce jeu, on ruinerait les cadres de l'armée nationale, et l'on aurait vite fait de tarir leur recrutement.

Donc, rattachement à la guerre, mais rattachement avec autonomie complète, il n'y a pas à sortir de là.

Cela posé, les troupes qu'il est le plus naturel d'affecter les premières à la défense des côtes, ce sont les unités de l'armée coloniale qui se trouveront en France, ou du moins une partie d'entre elles. A défaut d'autres raisons, ce choix serait déjà indiqué par leurs garnisons, l'armée coloniale devant naturellement occuper des villes du littoral, pour éviter de continuels et inutiles transports par voie ferrée.

Notons en passant qu'il est urgent de modifier l'assiette de ces garnisons, dans le sens d'une plus grande décentralisation. Depuis longtemps on a proposé de le faire, pour améliorer la situation matérielle de ces troupes, dont la plupart sont entassées dans des casernements peu salubres, alors qu'elles auraient droit à un traitement favorisé pour compenser leurs fatigues d'outre-mer. Leur récent dédoublement n'a porté aucun remède à cette situation : où il y avait naguère un régiment, il s'en trouve simplement deux aujourd'hui, et ils sont plus à l'étroit qu'avant, puisqu'il a fallu trouver des locaux pour un second état-major.

Je dis décentralisation, mais non éparpillement : le gros des troupes coloniales doit être concentré aux points où il est le plus facile de les embarquer pour les colonies. Sinon, autant vaudrait les mettre dans l'intérieur du territoire, ce qui permettrait au moins de les grouper dans les mains de leurs généraux. On les placera donc dans les ports de guerre et dans les principaux ports de commerce, tels que le Havre, Nantes, Bordeaux et Marseille ; les garnisons des petits ports seront fournies par la guerre. Ou encore, si l'on voulait passer sur la dépense de quelques transports par voie ferrée, une combinaison peut-être meilleure consisterait à donner à nos troupes coloniales les garnisons du golfe de Gascogne et de la Méditerranée (France et Afrique), où elles trouveraient un climat de transition avant d'affronter celui des colonies ; c'est ainsi que les troupes expédiées d'Angleterre aux Indes commencent en général par séjourner à Gibraltar ou à Malte.

* *

Quoi qu'il en soit de ce point de détail, chaque secteur, on ne saurait trop le répéter, devra posséder dès le temps de paix tous les éléments de sa défense, c'est-à-dire, pour ne parler que des troupes, toute son artillerie de côte et au moins le noyau de son infanterie.

A cet effet, l'armée coloniale fournira ceux de ses bataillons qui n'entrent pas dans la constitution du 20ᵉ corps d'armée, ses formations de réserve d'infanterie, et toutes ses batteries à pied ; la guerre donnera le reste de l'artillerie, un certain nombre de cadres complémentaires, et, au besoin, quelques bataillons dans les secteurs qui n'auront pas de garnisons coloniales permanentes.

Il est difficile de sortir des généralités, en ce qui concerne l'infanterie. Le rôle de cette arme est relativement effacé, dans la défense des côtes, et souvent nul. Tout ce qu'on peut dire, c'est que les villes de quelque importance ont, même après la mobilisation, une garnison qui les met à l'abri d'un coup de main exécuté par mer ; et nous avons vu que, si un débarquement venait à réussir en un point quelconque, les chemins de fer y feront toujours affluer des forces suffisantes pour rejeter à la mer le corps débarqué, avant qu'il ait pu recevoir des renforts capables de le rendre dangereux. L'effectif minimum à consacrer à la défense des côtes ne saurait donc être déterminé, même approximativement, dans une étude comme celle-ci :

les éléments de cette évaluation n'existent qu'au ministère de la guerre; en tout cas, les *formations de réserve* en constitueront une fraction appréciable[1].

L'artillerie de côte est, au contraire, comparable aux éléments flottants de la défense. Comme eux, elle est appelée à combattre inopinément — peut-être même sans déclaration de guerre et sans mobilisation. Il ne saurait être question, pour elle, de formations de réserve, que dans une mesure fort restreinte. Elle doit pouvoir suffire aux premières circonstances de guerre avec ses effectifs du temps de paix ; ces effectifs doivent donc lui permettre d'assurer instantanément le service des ouvrages les plus importants, et elle doit occuper ces ouvrages en permanence : elle est, dans toute la force du terme, une *troupe de couverture*.

Comme d'autre part il importe, dans l'intérêt de l'instruction et du commandement, qu'un chef unique ait la direction du service dans une région stratégiquement déterminée, l'artillerie devra constituer, dans chaque secteur,

---

1. L'*Essai de stratégie navale* évalue à 50 000 hommes la force nécessaire pour défendre nos côtes de France, Corse et Algérie. Il admet pour cela qu'il suffit de pouvoir rassembler, en un point quelconque, 2 000 défenseurs en moins de trois heures. Les trains de chemin de fer marchant à raison de 30 kilomètres par heure, il suffirait dès lors d'avoir au moins, tous les 60 kilomètres, un bataillon de 1 000 hommes et un train.

A cela, il faut évidemment ajouter la défense mobile en mer, les batteries de côte et les services accessoires. Il faut aussi tenir compte de ce que les Corses en état de porter les armes, qui sont au nombre d'une trentaine de mille, resteront dans l'île, et de ce que certaines villes auront forcément des garnisons de quelque importance. Tous ces détails sont omis par l'*Essai de stratégie navale,* qui oublie en outre qu'il a demandé spécialement 22 000 hommes pour le Cotentin et 12 000 pour la Corse. Il peut donc sembler raisonnable de tripler le chiffre ci-dessus, et d'accorder environ 150 000 hommes à la défense du littoral ; mais je n'insiste pas sur cette évaluation, dépourvue de toute base positive.

une unité indépendante, dont l'effectif sera celui que les circonstances locales rendront nécessaire.

Or, voici quelle est la répartition actuelle de notre artillerie de côte :

GARNISONS.	NOMBRE DE BATTERIES	
	DE LA GUERRE.	DE LA MARINE.
Dunkerque.	1 du 1er bataillon (A)	»
Calais.	1 —	»
Le Havre	1 —	»
Cherbourg.	1 du 15e bataillon	1* du 2e régiment
Saint-Servan	3* —	»
Brest	1 —	4 —
Lorient	»	3* du 1er régiment
Port-Louis.	1 —	»
La Rochelle	1 du 14e bataillon	»
Rochefort	»	2 —
Bayonne.	2* —	»
Perpignan	1 —	»
Marseille.	2 —	»
Toulon	3 du 13e bataillon	3
Nice.	3* —	»
Ajaccio	1 du 11e bataillon (B)	»
Algérie-Tunisie. . .	4 des 12e et 13e régiments (c)	»
TOTAUX. . .	26 batteries	13 batteries

OBSERVATIONS. — (A) L'état-major et les autres batteries du bataillon sont à Lille. — (B) Bataillon de Lyon. — (c) Régiments de Vincennes. — (*) L'astérisque indique le siège de l'état-major du régiment ou bataillon.

Il est certain que ce tableau donne l'impression d'une fâcheuse mosaïque, pour ne pas dire d'un désordre complet. Les raisons, exposées plus haut, qui ont conduit à panacher les garnisons des cinq ports militaires sont spécieuses, mais ne sont rien de plus. D'autre part, lorsqu'on organisa l'artillerie à pied, on a sacrifié à la manie de l'uniformité qui sévit dans la plupart de nos institutions, et l'on a tenu à ce que tous les bataillons fussent à 6 batteries. Or, il n'y a aucune raison pour grouper ainsi les batteries six par six, et il y a toutes sortes de raisons pour faire autrement.

Le résultat de la méthode qu'on a suivie est que, par exemple, le chef d'escadron qui réside à Bayonne commande, et que son major administre, des batteries stationnées à la Rochelle, Perpignan et Marseille, ce qui n'est pas défendable ; et je ne parle pas de la fiction administrative qui rattache toutes nos batteries d'Afrique à la brigade de Vincennes. En outre, l'emplacement des troupes a été réglé d'après les ressources existantes en fait de casernement, et non sur les nécessités de la défense ; il arrive alors que des secteurs importants sont sans aucune artillerie, et ne pourront pas être pourvus à temps, au moment du besoin, tandis qu'on se demande ce que trois batteries à pied peuvent bien faire à Saint-Servan, et deux à Bayonne. Si l'on devait continuer à laisser des séries entières d'ouvrages côtiers sans artillerie, mieux vaudrait les déclasser pour faire l'économie de leur entretien et de leur matériel.

Une fois que chaque secteur aura reçu l'artillerie dont il a besoin, la seule organisation logique consiste à donner à cette artillerie un commandant unique, quel que soit son effectif ; l'unité ainsi formée pourra être appelée *bataillon*, si elle comprend par exemple trois batteries à pied ou davantage, *demi-bataillon* si elle se compose de deux batteries, ou enfin être une batterie, ou même une demi-batterie, s'administrant isolément.

On obtiendrait ainsi une répartition analogue à la suivante (je suppose qu'on ait divisé la Corse et l'Afrique respectivement en 3 et 4 secteurs) :

TABLEAU.

SECTEURS.	NOMBRE de batteries.	
Dunkerque	2	(demi-bataillon)
Abbeville	1	(A)
Le Havre	1	
Cherbourg	3	(bataillon)
Saint-Malo	1	
Saint-Brieuc	1/2	
Brest	5	(bataillon)
Lorient	3	(bataillon)
Saint-Nazaire . . .	1/2	
Les Sables	1	
Rochefort	3	(bataillon)
Royan	1/2	
Bayonne	1	
Perpignan	1	
Cette	1/2	
Marseille	1	
Toulon	4	(bataillon)
Antibes	1	
Nice	3	(bataillon)
Corse	2	(demi-bataillon) (B)
Algérie-Tunisie . .	4	(batteries indépendantes)
Total . . .	37	batteries et 4 demi-batteries.

(A) Si l'on crée les deux secteurs de Boulogne et Dieppe en place de celui d'Abbeville, cette batterie aura deux sections dans celui des deux qui comprendra la baie de Somme, et une dans l'autre. — (B) Une batterie au secteur de Bastia, détachant une section à celui d'Ajaccio; une batterie au secteur de Bonifacio.

Je ne prétends nullement donner cette répartition pour définitive. Elle a été établie, en effet, en supposant que l'on conserve exactement la force actuelle de notre artillerie de côte, soit 39 batteries, alors que cette arme aurait plutôt besoin d'un renforcement sensible : c'est certainement peu, par exemple, que d'avoir une batterie seulement dans des places aussi considérables que Dunkerque et Calais, et trois pour Cherbourg et le Cotentin. Même en supposant qu'on s'en tienne à l'effectif actuel, on pourrait peut-être ne donner qu'une demi-batterie à des secteurs comme ceux de Saint-Malo et Cette, pour renforcer d'autant ceux de Dunkerque et Cherbourg : ce point ne peut être fixé qu'après une étude attentive des ouvrages existants.

Néanmoins, telle qu'elle est, il me semble difficile de contester que cette organisation soit, à tous égards, plus rationnelle que celle qui est en vigueur. On l'améliorerait en créant quelques batteries de plus, quand le budget permettrait d'engager des dépenses nouvelles, ou quand on pourrait réaliser des économies par ailleurs.

***

Ce qui est plus grave, c'est la pénurie de nos défenses mobiles en mer ; car il ne suffit pas ici de dépenser des millions, mais il faudra un temps considérable pour obtenir un résultat satisfaisant. J'ai déjà fait allusion à cette situation, sur laquelle il nous faut revenir maintenant, pour mesurer toute l'étendue du péril.

Il est malheureusement difficile de préciser les besoins de ces défenses mobiles, car on est en présence d'une arme nouvelle, susceptible encore de bien des perfectionnements, et dont chacun sent vaguement l'importance future, mais dont aucune grande guerre n'a encore mis en évidence les conditions d'emploi : la stratégie des torpilleurs est encore à créer, et, faute d'expérience, on est réduit à la traiter au sentiment.

Je ne puis prendre pour point de départ, sur ce point spécial, que les théories émises par des auteurs qui en ont fait une étude particulière et estimée. Malheureusement, on va voir qu'il ne suffit pas de compulser leurs écrits pour acquérir à ce sujet des idées tout à fait précises.

La question des torpilleurs est traitée avec d'importants développements dans l'*Essai de stratégie navale.*

Une première évaluation porte à 496 le nombre de ces navires qu'il serait nécessaire d'avoir. Ils seraient répartis comme il suit :

Trois groupes de 20, à Nice, Ajaccio et Port-Vendres.	60
A Toulon	60
Six groupes de 6, à Cette, Port-de-Bouc, La Ciotat, Cassis, les Salins-d'Hyères, Saint-Tropez	36
Pour la Corse, 20 à Bonifacio-Porto-Vecchio, 6 à Bastia, 20 à Ajaccio.	46
En Algérie-Tunisie, par groupes de 3 à 6	54
Quatre groupes de 40, à Rochefort, Brest, Cherbourg et Dunkerque.	160
A Calais, Boulogne, Dieppe, le Havre, Ouistreham, Saint-Malo, la rivière du Trieux, Morlaix, Lorient, Nantes, Bordeaux[1]	80
Total.	496

On remarquera qu'un groupe de 20 torpilleurs semble être porté deux fois en compte, à Ajaccio, en sorte qu'en le supprimant une fois, le total se réduirait à 476 ; mais il n'y a peut-être là qu'une obscurité de rédaction, le premier semblant être affecté à l'action extérieure et le second à la défense immédiate de la Corse.

L'ouvrage présente d'ailleurs une cause d'incertitude autrement importante. Les nombres qu'on vient de lire sont en effet ceux des pages 232 et suivantes. Or, à la page 359,

---

1. Je suppose que l'auteur veut dire Royan, car on ne voit pas bien à quoi des torpilleurs serviraient à Bordeaux.

se trouve une récapitulation, dans laquelle il n'est plus question que de 375 torpilleurs, et cela, à deux reprises, en sorte qu'il est impossible de rejeter cette grosse discordance sur une faute d'impression. Il est vrai qu'à ces 375 torpilleurs (de 125 tonneaux) viennent s'ajouter 125 « canonnières-torpilleurs » de 360 tonneaux, ce qui ferait un total de 500 petits navires, assez voisins du nombre précédent. Mais il est peu vraisemblable que les 496 torpilleurs du début soient obtenus en additionnant ensemble des torpilleurs et des canonnières d'un tonnage triple et portant 70 hommes d'équipage au lieu de 20. Au reste, on peut se demander ce que sont ces « canonnières-torpilleurs » ; leur tonnage est précisément égal à celui de la canonnière dont le croquis est donné en tête de l'ouvrage, sous le titre de « bateau-canon ou aviso-mortier », et qui est également désigné, dans le corps du livre, sous le nom d'éclaireur ; mais l'armement de ce dernier bateau se compose d'un mortier de 27 centimètres (idée bien discutable) avec trois canons à tir rapide de 65 millimètres, et ne comprend aucun tube lance-torpilles : il semble donc difficile de croire qu'on ait compris sous le titre général de torpilleurs, ces navires qui n'emploient pas la torpille.

Mêmes divergences pour le nombre des croiseurs et des éclaireurs nécessaires. La page 243 donne un tableau, que je m'abstiendrai de reproduire ici, répartissant entre nos divers ports 66 « croiseurs ou éclaireurs ». La récapitulation de la page 359 demande (sans compter 12 grands croiseurs protégés qui seront évidemment affectés à des objectifs spéciaux) 66 croiseurs de 2 500 tonnes et 36 éclaireurs de 1 000 tonnes. Tout cela est bien obscur.

Il est naturel d'attribuer ces contradictions à ce fait que l'*Essai de stratégie navale* est une œuvre collective, et de chercher la lumière dans les articles qu'un de ses auteurs, le commandant Z..., a publiés depuis dans la *Nouvelle Revue* (numéro du 15 avril 1894).

Cette dernière étude aboutit à un tableau plus détaillé, que je reproduis ci-après en le complétant par une récapitulation correspondant aux secteurs actuels du littoral.

PORT.	CROISEURS.	ÉCLAIREURS.	TORPILLEURS.	SECTEUR.	CROISEURS.	ÉCLAIREURS.	TORPILLEURS.
Dunkerque	"	2	12	Dunkerque. . .	"	4	24
Calais.	"	2	12				
Boulogne	"	2	12	Abbeville . . .	"	4	18
Baie de Somme et Dieppe.	"	2	6				
Le Havre	"	2	12	Le Havre . . .	"	2	12
Ouistreham	"	1	6	Caen	"	1	6
Cherbourg.	"	4	20	Cherbourg. . .	"	4	20
Saint-Malo.	"	1	6	Saint-Malo. . .	"	1	6
Baie du Trieuc. . . .	"	1	6	Saint-Brieuc . .	"	1	6
Morlaix	"	1	6	Brest.	12	1	12
Brest.	12	"	6				
Lorient.	"	1	12	Lorient	"	1	12
Saint-Nazaire.	"	2	12	Saint-Nazaire. .	"	2	12
La Rochelle	"	1	6	Rochefort . . .	2	3	18
Rochefort	2	2	12				
Royan.	"	1	6	Royan.	"	1	6
»	"	"	"	Bayonne. . . .	"	"	"
Port-Vendres.	2	1	10	Perpignan . . .	2	1	10
Cette	"	1	6	Cette	"	1	6
Port-de-Bouc.	"	1	8				
Marseille	"	2	12	Marseille. . . .			
La Ciotat	"	2	12		"	7	44
Bandol				Toulon			
Toulon	"	2	12				
Saint-Tropez.	"	1	6	Antibes	"	2	12
Antibes	"	1	6				
Nice-Villefranche . . .	"	3	18	Nice	"	3	18
Corse.	2	6	30	Corse.	2	6	30
Oran	6	4	24				
Alger.	"	2	12	Algérie-Tunisie.	12	13	76
Bône-Philippeville. . .	"	2	12				
Bizerte	6	3	16				
Tunis.	"	2	12				
TOTAUX. . .	30	58	348		30	58	348

Mais il semble vraiment que cette question des défenses mobiles porte malheur à ceux qui la traitent. Le nombre de 348 torpilleurs, qui vient d'être donné, est le total auquel on arrive quand on prend la peine de vérifier l'évaluation du tableau. Mais le total inscrit par le commandant Z... est de 396 torpilleurs ; et, ici encore, le correcteur d'imprimerie est innocent, car c'est bien sur le nombre de 396 que table l'auteur dans le courant de son étude.

Au reste, que l'on admette la nécessité de posséder 496, 396, 375 ou 348 torpilleurs, une chose est certaine : il faut *beaucoup de ces navires*, et il les faut *suffisamment puissants* pour tenir la mer sans faire aussitôt avarie sur avarie. Or, nous en avons peu, et ils sont d'une extrême fragilité.

Voici en effet, suivant le budget de 1894, la répartition de nos torpilleurs, qui constituent à eux seuls le service de la défense mobile (je ne tiens pas compte de 6 torpilleurs-vedettes qui sont à Toulon, et n'apportent pas grande force à la défense mobile, non plus que de 4 torpilleurs de 2ᵉ classe stationnés en Cochinchine).

TABLEAU.

PORT.	TORPILLEURS						TOTAL.
	ARMÉS			EN RÉSERVE			
	de 1re cl.	de 2e cl.	de 3e cl.	de 1re cl.	de 2e cl.	de 3e cl.	
Dunkerque.	2	2	"	2	"	"	6
Cherbourg	4	4	"	13	16	"	37
Brest	2	4	2	3	5	8	24
Lorient	"	3	2	"	3	7	15
Rochefort	1	1	3	"	6	5	16
Toulon.	3	4	2	8	17	8	42
Corse.	4	4	"	"	"	"	8
Alger	3	3	"	"	4	"	10
Bône	3	2	"	1	3	"	9
Bizerte.	"	1	"	"	"	"	1
TOTAUX. . .	22	28	9	27	54	28	168

Au mois de février dernier, cette répartition a été quelque peu modifiée dans le 5ᵉ arrondissement : on a affecté 8 torpilleurs armés aux côtes du Languedoc et de la Provence, 7 à la Corse, 9 à l'Algérie-Tunisie, et 4 autres ont servi à former une réserve armée à Toulon, c'est-à-dire qu'au lieu de 29 torpilleurs armés en Méditerranée, nous n'en avons plus aujourd'hui que 28; cela est simplement dérisoire.

En somme, notre défense mobile dispose de 168 torpilleurs, dont 59 armés et 109 en réserve. Ce serait encore peu, si ces navires répondaient réellement à l'objet qui leur est proposé; mais ce nombre si réduit est lui-même un véritable trompe-l'œil.

En premier lieu, on peut poser en fait que les torpilleurs en réserve sont presque tous indisponibles; ceux d'entre eux qui sont en état d'appareiller ont d'ailleurs besoin, pour se mobiliser, d'un délai qui peut se mesurer tantôt par heures, mais tantôt aussi par jours; en résumé, il en est peu sur lesquels on puisse compter en cas d'agression inopinée. Quant à ceux qui sont armés, il s'en trouve toujours quelques-uns qu'une avarie retient au port pour un temps plus ou moins long; cela est inévitable, étant donnée l'extrême fragilité de tous leurs organes et de leur coque elle-même. Tout compte fait, sur 50 torpilleurs du port de Toulon affectés à la défense mobile de nos côtes de France et de Corse, il y en avait 5 d'immédiatement disponibles le jour où le commandant de cette défense mobile a déposé devant la commission d'enquête extraparlementaire[1] !

Mais en outre, ce serait une grave erreur que de considérer nos 167 torpilleurs comme un acompte existant dès maintenant sur les propositions de la « jeune école » de la marine. Ce sont, comme on sait, de fort petits navires, dont le tonnage varie entre 30 et 80 tonneaux; leurs dimensions exiguës ne leur permettent de sortir que par une mer exceptionnellement favorable, et leur faible approvisionnement de charbon ne leur donne qu'un rayon d'action très limité. Ce que la jeune école voudrait au contraire posséder par centaines, sous le nom de torpilleurs, ce sont des navires de 125 tonneaux, seuls capables de jouer le rôle actif qu'on leur réserve, sans donner lieu aux déboires de toute sorte que nous procure notre matériel actuel; ce type est, pour employer les termes de notre nomenclature officielle, *le plus puissant* de nos *torpilleurs de haute mer*; et il eût été bon de conserver cette appellation dans les discussions, pour éviter tout malentendu.

---

1. La déposition du commandant Vidal a été résumée par le *Temps* du 1er mai, d'après la *Marine de France,* et publiée en entier par la *Lanterne* du 11 mai.

Or, pour ces torpilleurs de haute mer, nous sommes encore bien plus loin de compte : nous en possédons 31, dont 14 en escadre et 17 en réserve 2ᵉ catégorie (y compris 6 qui étaient encore en essais au commencement de l'année).

On ne peut malheureusement pas compter sur une amélioration bien prochaine de cette situation si précaire. Tout le renfort prévu par le budget de 1894 consiste en effet dans les quelques navires suivants :

2 torpilleurs de haute mer en construction (*Forban* et *Lansquenet*) ;

1 torpilleur de haute mer à mettre en chantier (désignation provisoire N¹²) ;

19 torpilleurs de 1ʳᵉ classe en construction ;

5 — — à mettre en chantier ;

4 — de 2ᵉ classe —

Une remarque s'impose à propos de ce dernier nombre. Lors même que l'on trouverait exagérée la condamnation que le commandant Z... porte en bloc contre tous les torpilleurs de nos défenses mobiles, on peut s'étonner avec lui que l'on construise encore des torpilleurs de 2ᵉ classe ; ce n'est point par amour de la variété que l'on a imaginé d'en faire de différentes classes, mais bien parce que les plus petits ont montré leur insuffisance par des sinistres qui sont encore présents à la mémoire de tous. Il est donc prudent de ne considérer les torpilleurs de 2ᵉ et de 3ᵉ classe que comme un appoint, capable de rendre certains services dans des circonstances favorables, et de ne compter sérieusement, pour la défense des côtes, que sur les torpilleurs de haute mer et sur ceux de 1ʳᵉ classe.

Ces derniers même ne doivent être admis que sous bénéfice d'inventaire dans l'organisation définitive de nos défenses mobiles ; ils semblent en effet trop inférieurs aux torpilleurs de haute mer, pour qu'on puisse s'attacher, comme à un argument décisif, à l'économie de 200 000 fr par unité, qu'ils représentent[1] : à prix égal, il est probable que tout marin préférera un groupe de 4 torpilleurs de haute mer à un groupe de 6 torpilleurs de 1re classe. On fera donc bien d'étudier à fond la question du remplacement éventuel des torpilleurs de 1re classe, à mesure de leur usure, par des torpilleurs de haute mer, et, en attendant, de ne plus en construire autant qu'on l'a fait cette année.

Pour le moment, tout l'effort de nos constructions doit donc se porter sur la construction de torpilleurs de haute mer. A mesure de leur mise en service, ces navires seront consacrés à former les flottilles indépendantes réservées aux préfets maritimes, puis à renforcer les flottilles locales des secteurs, enfin, éventuellement, à se substituer, dans ces dernières flottilles, aux torpilleurs de 1re classe.

Il nous reste à voir comment on pourrait utiliser le matériel actuellement existant, question bien complexe sur laquelle je ne prétends pas donner autre chose que des indications générales.

Les torpilleurs de haute mer sont tout indiqués pour constituer les flottilles indépendantes. Il serait à désirer que l'on pût disposer pour cet objet de tous ceux qui existent ; mais la question est de savoir si nos trois escadres princi-

---

1. L'*Essai de stratégie navale* évalue à 500 000 fr le prix d'un torpilleur de 125 tonneaux. Mais ce chiffre paraît peu fondé : parmi ceux de ces navires qui sont portés au budget de 1894, il n'en est aucun qui n'ait dépassé le prix de 600 000 fr. Quant aux torpilleurs de 1re et de 2e classe, ils se tiennent respectivement aux environs de 400 000 et de 300 000 fr.

pales pourront être démunies des 14 qu'elles possèdent actuellement.

Tout au moins, on devra armer sans retard les 17 torpilleurs de haute mer qui sont en réserve, et les répartir, en quelques flottilles, entre les points stratégiques les plus importants. En tenant compte des trois actuellement en construction, on pourrait en placer six groupes, de trois torpilleurs chacun, à Dunkerque, Brest, Port-Vendres, Villefranche, Bonifacio (en attendant Porto-Vecchio) et Bizerte. Les deux derniers pourraient être gardés en réserve à Toulon, ou, plutôt encore, seraient stationnés à Oran.

Quant aux petits torpilleurs, ils seraient affectés aux défenses locales, c'est-à-dire mis sous les ordres des commandants de secteur. Il y aurait lieu d'étudier pour eux l'ingénieux groupement préconisé par M. E. Rychon dans la *Marine française*[1]. On formerait des groupes comprenant un torpilleur de 1re classe, commandé par un lieutenant de vaisseau, chef du groupe, et deux torpilleurs de 2e ou de 3e classe, commandés par des enseignes ; le torpilleur de 1re classe aurait son équipage complet ; les autres recevraient l'effectif correspondant à la position de réserve, plus le complément nécessaire pour armer à volonté l'un des deux.

Il nous reste à examiner combien de ces groupes pourraient être formés, et où il conviendrait de les placer.

On peut tabler sur 73 torpilleurs de 1re classe, en comprenant dans ce nombre les 24 en construction ou à commencer en 1894, et sur 123 de 2e et de 3e classe, y compris 4 en construction. C'est de quoi former 61 groupes, après quoi il restera un excédent de 12 torpilleurs de 1re classe et 1 de 3e classe.

---

1. Numéros des 23 et 30 avril 1893.

Quant à la répartition de ces forces, je supposerai, comme à propos de l'artillerie, que les 19 secteurs de France soient maintenus, mais que la Corse soit divisée en trois secteurs (Bastia, Ajaccio et Bonifacio), et la côte africaine en quatre secteurs (Oran, Alger, Bône et Bizerte); au total, 26 secteurs.

Chacun de ces secteurs recevrait d'abord deux groupes. Un troisième groupe serait ensuite affecté à ceux de Dunkerque, le Havre, Brest, Rochefort, Perpignan, Marseille, Toulon, Nice et Bizerte.

Quant aux 12 torpilleurs de 1re classe restants, on pourrait les utiliser de bien des manières différentes. On peut, par exemple, les considérer comme des amorces de groupes à créer ultérieurement, et les affecter encore, à ce titre, aux principaux secteurs. Cette solution est la moins séduisante, car nous avons vu que l'on ne devra plus, de longtemps, construire de petits torpilleurs, en sorte que ces navires resteraient indéfiniment isolés, et qu'on n'aboutirait ainsi qu'à éparpiller une force appréciable. Mieux vaudrait donc en former quatre groupes, qui viendraient renforcer encore certains secteur., ou plutôt qui resteraient indépendants, c'est-à-dire à la disposition des préfets maritimes; on les placerait, par exemple, au Havre, à Cherbourg, Marseille et Toulon[1].

Bien entendu, cette répartition n'a d'autre prétention que de former un exemple, destiné à fixer les idées et à rappeler les principes énoncés au courant de cette étude sur l'emploi des éléments flottants dans la défense mobile. Elle est résumée dans le tableau ci-après:

---

1. Je n'insiste pas sur le torpilleur de 3e classe qui nous resterait encore; combien de ces navires, d'ailleurs, n'y aurait-il pas lieu de réformer sur le total général de 216!

PORT.	TORPILLEURS				TOTAL.
	INDÉPENDANTS		DE LA DÉFENSE LOCALE		
	de haute mer.	de 1re cl.	de 1re cl.	de 2e et 3e cl.	
Dunkerque.	3	"	3	6	12
Boulogne	"	"	2	4	6
Le Havre	"	3	3	6	12
Cherbourg.	"	3	2	4	9
Saint-Malo.	"	"	2	4	6
Baie du Trieux.	"	"	2	4	6
Brest.	3	"	3	6	12
Lorient.	"	"	2	4	6
Saint-Nazaire.	"	"	2	4	6
Les Sables-d'Olonne. . .	"	"	2	4	6
Aix ou la Pallice	"	"	3	6	9
Royan.	"	"	2	4	6
Bayonne (Saint-Jean-de-Luz)	"	"	2	4	6
Port-Vendres.	3	"	3	6	12
Cette.	"	"	2	4	6
Marseille	"	3	3	6	12
Toulon	"	3	3	6	12
Saint-Tropez.	"	"	2	4	6
Villefranche	3	"	3	6	12
Bastia.	"	"	2	4	6
Ajaccio	"	"	2	4	6
Porto-Vecchio (Bonifacio).	3	"	2	4	9
Oran.	2	"	2	4	8
Alger.	"	"	2	4	6
Bône.	"	"	2	4	6
Bizerte	3	"	3	6	12
TOTAUX. . .	20	12	61	122	215

En ce qui concerne l'organisation du commandement, nous avons vu que les groupes de trois torpilleurs locaux comporteraient un lieutenant de vaisseau, commandant, et deux enseignes sur les 2ᵉ et 3ᵉ torpilleurs. Les stations de deux groupes seraient commandées par le plus ancien lieutenant de vaisseau ; les stations de trois groupes, par un officier supérieur. Les torpilleurs indépendants seraient tous commandés par des lieutenants de vaisseau ; les groupes de torpilleurs de haute mer, par un officier supérieur, ceux de torpilleurs de 1re classe, par le plus ancien lieutenant de vaisseau (ou, à la rigueur, par un officier supérieur). Le cadre total serait donc actuellement de 11 officiers supérieurs, 61 lieutenants de vaisseau et 122 enseignes, plus 26 commandants de secteur ou adjoints, détachés au service de la défense des côtes, c'est-à-dire à la guerre, et 7 (ou 11) officiers supérieurs avec 32 lieutenants de vaisseau demeurant sous les ordres des préfets maritimes.

On remarquera, sur le tableau ci-dessus, l'absence d'un assez grand nombre de localités qui sont mentionnées par les auteurs cités plus haut : Calais, la baie de Somme, Dieppe, Ouistreham, Morlaix, Port-de-Bouc, la Ciotat, Bandol, Antibes, Tunis.

Ce n'est point, certes, que je prêche l'abandon de ces points. Mais il y a une limite à la dispersion des flottilles. C'est à grand'peine que les ressources actuelles permettent de donner à chaque secteur un embryon de défense mobile; à vouloir aller plus loin, on compromettrait l'instruction des équipages et l'entretien du matériel. Les secteurs sont en général assez peu étendus pour que les petits groupes que j'ai indiqués puissent les étudier comme il convient, en temps de paix, et se porter rapidement sur les points menacés, en temps de guerre. Il est bien entendu, d'ailleurs, que la décentralisation devra être poussée plus loin, dès qu'on en aura le moyen, en commençant par les secteurs les plus menacés, comme celui de Marseille, ou les plus étendus, comme celui de Brest.

D'autre part, j'ai indiqué, comme devant recevoir des groupes de la défense mobile, les Sables-d'Olonne et Bayonne ou Saint-Jean-de-Luz, omises par les mêmes auteurs. Pour la première de ces villes, elle est le chef-lieu d'un secteur dont dépend en outre l'importante position de l'île d'Yeu, et qu'il est impossible de négliger, du moment qu'on admet le principe de la décentralisation de la défense des secteurs.

Quant au secteur de Bayonne, son oubli montre encore le danger auquel on s'expose quand on considère la question de la défense des côtes comme du ressort exclusif de la marine. Assurément, l'entrée de l'Adour, Biarritz et Saint-Jean-de-Luz sont des localités de nulle importance au point de vue des grandes opérations maritimes, et l'on conçoit qu'elles soient négligées par des auteurs qui n'ont en vue que ces opérations. Mais la campagne de 1814 a montré que la ligne de la Bidassoa est une porte de la France ; l'intérêt supérieur de la défense nationale exige qu'elle ne puisse pas être tournée ; le fort de Socoa et une défense mobile du mouillage de Saint-Jean-de-Luz, qui suffisent à la couvrir en arrière, ont donc une réelle importance.

En résumé, la répartition qui vient d'être proposée donne à chaque commandant de secteur deux ou trois groupes de petits torpilleurs. En outre, les préfets maritimes ou commandants de stations navales disposeraient des réserves suivantes (flottilles indépendantes) : Cherbourg, 9 torpilleurs ; Brest, 3 ; Toulon, 12 ; Porto-Vecchio, 3 ; Bizerte, 5. — Il y aurait 21 torpilleurs en Corse, 32 sur la côte d'Afrique.

Il est inutile d'insister davantage sur la pénurie que révèle l'examen de ces chiffres. La dotation des secteurs est gravement insuffisante, et les flottilles indépendantes ne peuvent être considérées que comme les amorces des flottilles futures. C'est pourtant là tout ce que nos ressources actuelles permettent de faire dans le sens d'une organisation rationnelle. D'importantes constructions de torpilleurs doivent être entreprises sans retard, pour développer cette organisation dans les proportions indispensables à notre sécurité.

CHAPITRE XI

L'INSCRIPTION MARITIME

———

Les inscrits maritimes non utilisés. — L'incorporation des inscrits maritimes. — La Caisse des invalides de la marine. — Les commissaires de l'inscription maritime et le recrutement.

Ce n'est pas seulement trop d'argent que nous coûtent la marine et la défense des côtes ; c'est aussi beaucoup trop d'hommes.

La folie du nombre, qui s'est emparée de toutes les puissances, est très certainement aussi déplorable au point de vue purement militaire qu'en raison de l'épuisement général qu'elle prépare. Nous marchons vers un régime qui, sans présenter les avantages économiques de celui des milices, en aura les défauts militaires : vers le régime des grandes cohues incapables de soutenir le choc d'une petite troupe aguerrie et disciplinée. L'introduction en Allemagne du service de deux ans est un nouveau pas dans cette voie.

Quoi qu'il en soit, cette folie est générale, et il nous est impossible, pour le moment, de songer à nous y soustraire. Dans ces conditions, est-il admissible que nous consacrions à la marine et à la garde de nos côtes plus de 300 000 hommes ? Se rend-on bien compte que nous éloignons ainsi du théâtre principal des opérations une force aussi considérable, sinon davantage, que celle qui en est détournée par l'intervention de l'Italie ; que nous agissons donc comme si un troisième adversaire redoutable était venu se joindre aux deux qui se préparent à nous envahir ?

Tel est pourtant le tort que font à la défense nationale les craintes exagérées que nous avons pour nos côtes.

En effet, le ministre de la guerre a dit à la Chambre qu'au moment de la mobilisation, le total des garnisons des places du littoral se monterait à 200 000 hommes, non compris les troupes de la défense mobile : « Je crois, ajoutait-il, qu'il y a là de quoi vous rassurer ; je vous dirai même que, d'après mon opinion personnelle, c'est trop. » Pour ma part, je ne me permettrai de reprocher au général Mercier que d'avoir été trop réservé dans son appréciation, et de n'avoir pas dit que c'est *beaucoup* trop. Ce serait trop déjà que de placer 200 000 hommes le long de notre littoral : il suffit, pour s'en convaincre, de réfléchir aux moyens d'action dont disposerait une attaque venue par mer. Mais à ce nombre viennent s'ajouter une centaine de mille hommes de l'inscription maritime, plus les forces de la défense mobile à terre, qui peuvent varier selon les circonstances ; ce sont donc, au total, beaucoup plus de 300 000 hommes immobilisés devant un danger exagéré, sinon imaginaire. C'est au moins le double de ce qu'il faudrait.

S'il ne s'agissait que de la réduction apportée à l'effectif total appelé sous les armes, le mal ne serait pas grand : 300 000 hommes en plus ou en moins, sur 4 millions, ne feront pas grand'chose à l'affaire. Aussi bien, ces 4 millions ne seront-ils pas tous en ligne, et l'on pourrait considérer les garnisons des côtes comme des réserves organisées, disponibles au besoin.

Mais la dernière loi militaire allemande a eu un tout

autre objet que d'accroître simplement le nombre des combattants ; elle tend bien plutôt à *rajeunir* l'armée de campagne, à tirer le parti le plus complet des ressources du recrutement, de manière à obtenir le même résultat que précédemment, en levant un moins grand nombre de classes. De cette manière, une guerre épuisera beaucoup moins le pays, puisqu'elle pourra se faire en ne mobilisant que les hommes des classes les plus jeunes, ceux dont l'absence lésera le moins d'intérêts.

Quel que doive être l'effectif appelé à combattre, ce point de vue est le vrai. Il faut lever et instruire chaque année la classe de recrutement jusqu'au dernier homme valide ; il est inadmissible qu'on fasse marcher un père de famille de quarante-cinq ans tant qu'on laisse dans ses foyers un jeune homme de vingt ans en état de porter les armes.

Et d'ailleurs, que signifient les lois qu'on a votées dans ces derniers temps, pour être appliquées « quand les ressources du recrutement le permettront » ? A l'heure actuelle, ces ressources sont encore escomptées pour la formation, arrêtée en principe, de plusieurs régiments de cavalerie, des 5e et 6e compagnies de divers bataillons de chasseurs, des 17e et 18e bataillons d'artillerie à pied. En lisant cette disposition, véritable déclaration d'impuissance, en voyant le ministre de la guerre prescrire, cette année, l'incorporation d'individus infirmes ou débiles, on est porté à croire que nous sommes à bout de ressources. Erreur : l'inscription maritime soustrait au recrutement, au bas mot, une cinquantaine de mille hommes qui, ne pouvant trouver place dans les équipages de la flotte, restent tranquillement chez eux. Beaucoup d'entre eux ne naviguent même pas ; les uns gardent un parc à huîtres, d'autres fabriquent des filets ou se livrent à toute autre occupation aussi sédentaire ;

mais tous ont également droit à une pension de retraite, pour les services qu'ils auraient pu rendre à l'État, s'ils avaient été incorporés! C'est là un véritable scandale, qui devra cesser dans le délai le plus bref.

Le nombre de ces hommes est très diversement évalué. M. Lockroy le porte à 75 000, d'autres à 50 000 seulement. Peut-être cette dernière estimation est-elle plus exacte, sinon d'une manière absolue, du moins pratiquement. Car M. Lockroy ne s'est attaché qu'au nombre des inscrits, tel qu'on peut le relever sur les tableaux de recensement. Or il s'agit là, qu'on me passe le mot, d'une population essentiellement flottante, et il est clair que l'on ne peut faire fond, à la mobilisation, sur les inscrits qui naviguent et se trouvent, par exemple, à Terre-Neuve ou en Islande.

Mais la question n'est pas là. Il importe peu de savoir si c'est 75 000 ou 50 000 hommes que l'inscription maritime dérobe à la défense nationale. Il ne s'agit ici que d'établir en principe que ces hommes doivent être soumis au droit commun, et recevoir une instruction militaire comme tous les autres Français. Au bout de quelques appels de réservistes, le recrutement saura exactement, par expérience, à quel déchet il faut s'attendre, suivant la saison où se ferait une mobilisation; d'ici là, il faudrait opérer approximativement, en prévoyant, pour les corps destinés à recevoir de ces réservistes, un déchet, et par conséquent un effectif sur les contrôles, plus considérable que pour les corps complétés par des réservistes de l'intérieur.

*
* *

Le 12 février dernier, le ministre de la marine a pris un décret relatif à l'utilisation d'une partie de ces hommes, et, par une singulière coïncidence, adversaires et partisans des bureaux de la rue Royale ont également cru pouvoir triompher de cette mesure. Les uns y ont vu le premier fruit de l'interpellation Lockroy ; suivant les autres, elle était à l'étude bien avant cet incident parlementaire, dont elle aurait par conséquent démontré l'inutilité dans ce cas particulier. Ce point d'histoire n'est pas très intéressant à élucider, car, en fait, la réforme en question est insignifiante et porte à peine sur la dixième partie des hommes disponibles. Il est évident, en outre, qu'il n'est pas possible de tirer un parti sérieux de ces ressources, tant qu'on n'aura pas permis d'instruire les inscrits, en les soumettant à la loi du recrutement.

Le décret du 12 février 1894 a formé huit compagnies spéciales du dépôt des équipages de la flotte, commandées chacune par un lieutenant de vaisseau de réserve, et destinées à fournir des auxiliaires aux forts et batteries de côte de la marine, savoir : deux compagnies à Cherbourg, fortes de 1 628 hommes ; deux à Brest, 2 425 hommes ; une à Lorient, 323 hommes ; une à Rochefort, 176 hommes ; enfin deux à Toulon, 719 hommes. Au total 5 271 hommes.

Ces compagnies sont formées au moyen d'inscrits maritimes de la catégorie F, âgés de trente à trente-trois ans. Toutefois, les officiers mariniers de cette catégorie sont laissés à part, ainsi que les quartiers-maîtres et brevetés de certaines spécialités, qui sont réservés, les torpilleurs, pour le service des défenses sous-marines, les mécaniciens et chauffeurs, pour le service général, les timoniers, pour le service de veille et de reconnaissance dans les ouvrages.

Ce qu'il y a de plus clair dans cette réforme, c'est que, 5 271 inscrits maritimes étant désormais affectés au service d'auxiliaires de l'artillerie dans les ouvrages côtiers, la guerre rentre en possession d'un nombre égal de réservistes, qu'elle devait jusqu'ici consacrer à cet objet[1]. D'autre part, la marine se décide à tirer parti de spécialistes précieux, qu'il est inexplicable qu'on ait jusqu'ici laissés sans emploi ; à ceux qui viennent d'être énumérés s'ajoutent même encore des canonniers, car le décret spécifie que les gradés et anciens canonniers brevetés ne devront être employés dans les forts qu'à des postes en rapport avec leur grade et leur instruction.

Mais tout cela n'est pas de l'organisation ; ce n'est qu'un palliatif insuffisant. Il ne suffit pas de former quelques compagnies d'auxiliaires, comprenant une faible fraction des hommes disponibles ; il faut enrôler et surtout *instruire* tout le monde. Tant qu'il ne s'agit que des auxiliaires de l'artillerie, on peut se tirer d'affaire avec des soldats improvisés ; ils en sauront toujours assez pour transporter des munitions et s'appliquer à des leviers. Mais pourquoi borner son ambition à former des auxiliaires ignorants ? Si on s'est donné la peine de les instruire en leur faisant faire un service actif, ils n'en accompliront que mieux cette tâche, et pourront être employés autrement, au besoin ; sans

---

1. « En temps de guerre, a dit M. Deschanel à la Chambre, la garnison de Toulon n'a pas assez d'artilleurs pour armer ses batteries, puisque, dans les simulacres d'attaque, on y envoie de simples soldats (*sic*). » — Et voilà avec quels arguments on interpelle un ministre et on inquiète le pays ! On ne peut pourtant pas convoquer les réservistes à chaque exercice de la garnison. Et il ne suffit même pas, pour servir les pièces, de compléter les batteries par des réservistes ; quand on porte à la tribune des détails aussi spéciaux, il n'est pas permis d'omettre que, dans tous les pays, le service des bouches à feu de place et de côte est assuré par un petit nombre de canonniers instruits, secondés par des auxiliaires de toute provenance, c'est-à-dire par ce que M. Deschanel appelle « de simples soldats », pris parmi les hommes qui, pour une raison ou une autre, n'ont reçu qu'une instruction rudimentaire, et seraient difficiles à utiliser ailleurs.

compter que, même dans ces fonctions modestes, la discipline est une qualité importante, qui ne s'improvise pas. Et d'ailleurs, il faut aussi des bataillons d'infanterie de côte.

Enfin, à quoi serviront les lieutenants de vaisseau de réserve commandant ces compagnies, puisque leurs hommes seront répartis comme auxiliaires dans les batteries ?

Si l'on veut utiliser convenablement cette population vigoureuse, et faire disparaître en même temps une inégalité qui contraste avec l'esprit général de toutes nos institutions, il n'y a pas deux méthodes à suivre : il faut faire rentrer dans le droit commun du service à terre les inscrits maritimes qui ne sont pas pris par le service à la mer.

Avant tout, on commencera par reviser la définition des catégories d'hommes soumis à l'inscription maritime, en se guidant sur les besoins des marines modernes. A cet effet, on pourra utilement s'inspirer de ce qui a été fait en Allemagne, par la loi militaire de 1893, qui réserve pour la marine les marins de profession, les pêcheurs de haute mer ou côtiers, les charpentiers et voiliers ayant navigué, et enfin les mécaniciens, aides-mécaniciens, chauffeurs, maîtres-coqs et maîtres d'hôtel des bateaux de mer *ou fluviaux*.

Les hommes que l'on aura ainsi jugé bon de réserver pour l'inscription maritime seront portés sur les contrôles du recrutement, dans les mêmes conditions que tous les autres citoyens français. Mais leur service militaire s'accomplira d'une manière spéciale.

Ils ne pourront, comme cela a lieu en Allemagne, contracter d'engagement volontaire que dans la marine.

En dehors de ces engagements volontaires, et d'une faible proportion d'engagements d'hommes non soumis à l'ins-

cription maritime, les équipages de la flotte se recruteront
de la manière suivante. En premier lieu, on prendra les
inscrits maritimes qui ne seront pas encore liés au service
au moment de l'incorporation de leur classe, et qui décla-
reront vouloir servir dans la flotte. Si leur nombre est trop
considérable, on tirera au sort parmi eux. S'il est trop
faible, on pourra accepter une proportion un peu plus considérable d'engagements volontaires d'hommes non soumis
à l'inscription, après quoi les équipages seront complétés
par voie de tirage au sort entre les inscrits maritimes n'ayant
pas déclaré vouloir servir à bord [1].

Les inscrits maritimes en excédent seront incorporés dans
l'armée, pour y accomplir le temps de service exigé par la
loi. Toutefois, en raison des besoins imprévus qui peuvent
se présenter dans la flotte et des variations qui peuvent
affecter le nombre des engagements volontaires, il y aurait
peut-être lieu d'étudier la constitution d'une *réserve de remplacement* dans le genre de celle qui existe en Allemagne.
A cet effet, les inscrits maritimes en excédent seraient laissés
pendant un an à la disposition de l'autorité maritime, qui
pourrait éventuellement les appeler dans l'ordre de leurs
numéros de tirage ; ils ne seraient incorporés dans l'armée
qu'au bout de cette année ; bien entendu, qu'ils soient appelés à servir dans la flotte ou dans l'armée, ils suivraient
le sort de leur classe de recrutement, c'est-à-dire que le
temps pendant lequel on les aurait ainsi laissés dans leurs

1. Il n'y aura, bien entendu, qu'un seul tirage au sort, pour les inscrits
maritimes comme pour les autres hommes du recrutement ; ce tirage une
fois fait, les inscrits seront divisés en deux catégories, selon qu'ils auront
demandé, ou non, à servir dans la flotte ; et on les prendra dans l'une ou
l'autre catégorie, selon le cas, suivant l'ordre de leurs numéros ; cet ordre
sera également celui de leur inscription dans la réserve de remplacement
dont il va être question.

foyers, à la disposition du ministre, leur serait décompté sur les trois ans de service actif qu'ils doivent. Les inscrits embarqués au moment du tirage au sort seraient ajournés à l'année suivante ; mais cet ajournement ne serait pas réitéré : à la seconde absence, ils seraient portés d'office en tête du contrôle des hommes destinés aux équipages de la flotte.

En raison des services particuliers que peuvent rendre les inscrits maritimes, ils seraient exclusivement incorporés dans des corps de troupe de leur secteur affectés à la défense des côtes, et, autant que possible, dans l'unité la plus voisine de leur domicile : il est clair qu'en les dépaysant on enlèverait une grande partie de sa valeur aux corps de garde-frontières, essentiellement locaux, qu'ils doivent constituer, et que leur spécialisation permet d'assimiler à nos troupes alpines.

Les corps qui recevront des inscrits maritimes, soit comme jeunes soldats, soit comme réservistes et territoriaux, seront donc, d'après ce que l'on a vu dans le chapitre précédent, l'infanterie et l'artillerie à pied coloniales et un certain nombre d'unités de celles de la guerre.

En ce qui concerne les troupes coloniales, il est bien entendu que les inscrits n'y seront pas incorporés pour aller servir aux colonies ; ils y recevront seulement leur instruction militaire et leur seront affectés ensuite comme réservistes, pour fournir le complément d'hommes nécessaire aux unités qui, à la mobilisation, restent sur le littoral. Quant aux troupes de la guerre, ils compléteront les bataillons d'artillerie à pied affectés à la défense des côtes, et permettront de former en outre, au moyen du cadre complémentaire des régiments d'infanterie, quelques bataillons d'infanterie de réserve destinés au même objet.

* *
*

La situation que les lois actuelles font aux inscrits maritimes est un mélange de priviléges et de charges également arbitraires, dont on se fait difficilement une idée quand on ne l'a pas vu de près. Les priviléges s'expliquaient alors que, le service militaire obligatoire n'existant pas, les inscrits étaient les seuls Français soumis à l'impôt du sang ; ils n'ont plus de raison d'être, aujourd'hui que ces hommes sont au contraire les seuls Français échappant au recrutement.

Mais l'obligation de servir — éventuellement — dans la marine de guerre est loin d'être la seule charge imposée aux inscrits maritimes. En réalité, ces populations sont soumises à un incroyable luxe de réglementations, abondamment développées dans une douzaine de lois et de décrets, qui font intervenir l'État, représenté par les commissaires de l'inscription maritime, dans tous les actes de leur vie journalière, dans tous leurs contrats. Malgré l'exemption du service militaire dont bénéficient la plupart d'entre eux, les charges et les vexations de toute nature l'emportent de beaucoup, pour eux, sur les avantages, et l'on peut être assuré que le retour au droit commun leur serait une véritable délivrance. Misérables et résignés, ils n'en sentiraient peut-être pas les bienfaits dès le premier jour ; mais ils ne tarderaient pas à s'habituer à marcher sans lisières, et à comprendre combien la férule de l'administration est plus lourde que n'est avantageuse sa protection.

Ce n'est pas ici le lieu de traiter la question si confuse, et surtout juridique, des droits et devoirs des inscrits maritimes. Plus d'un de leurs priviléges, supprimé en droit, leur resterait d'ailleurs en fait : il n'est, par exemple, guère

d'individus qui puissent être tentés de leur faire concur-
rence pour la récolte des goémons en pleine mer. Il y a
toutefois un de leurs droits dont il est nécessaire de dire un
mot, parce que c'est le premier que l'on objectera contre
la possibilité du retour au droit commun ; c'est celui qu'a
tout inscrit maritime à percevoir une « demi-solde » jusqu'à
l'âge de cinquante ans, et plus tard une pension.

Le budget de la Caisse des invalides de la marine se
solde, à l'exercice 1894, en recettes et en dépenses, par
15 528 318 fr. Les frais d'administration, de trésorerie, de
matériel et divers ne dépassent pas 3.3 p. 100 de cette
somme, dont 15 004 044 fr sont effectivement distribués en
demi-soldes, pensions qui en dérivent, secours, gratifications
de réforme, etc.

D'autre part, près de la moitié des recettes de la Caisse
doit être considérée comme la propriété de la population
maritime, qui ne saurait en être spoliée : 7 007 835 fr proviennent en effet de retenues sur les salaires des marins du
commerce, des arrérages des inscriptions de rentes appartenant à la caisse des retraites, du revenu des legs et dona-
tions faits à cette caisse, et d'autres sources analogues. Le
surplus, soit 8 520 483 fr, est constitué par une subvention
du département de la marine, ou, autrement dit, est à la
charge du budget.

Cette dernière partie des recettes ne correspond évidemment à une obligation de l'État que dans la mesure où la
première partie est insuffisante à faire face aux droits réels
de la population maritime. Il y aura donc lieu de procéder
à une révision minutieuse des hommes ayant des titres à
ces demi-soldes, pensions et secours, en respectant, bien
entendu, les situations actuellement acquises ; et il suffit
de ne pas être représentant élu d'un département maritime

pour convenir que la subvention à la Caisse des invalides de la marine pourra être notablement réduite, du jour où cette caisse n'aura plus à s'occuper que des marins et de leurs invalides.

*
* *

Le retour des inscrits maritimes au droit commun entraîne une réforme qui soulèvera bien des résistances, mais qui doit être indiquée ici : la suppression du commissariat de l'inscription maritime.

J'y faisais allusion à propos de la prétention qu'on a émise d'affecter à la défense des côtes des officiers de marine fatigués; c'est par là que se rattache à la présente étude cette question, qui n'est qu'un fragment de la réforme des services administratifs de la marine[1].

Il n'existe pas, je crois, une seule armée où le service si important du recrutement et de la mobilisation ne soit pas considéré comme un poste des plus honorables pour des

---

1. Les services administratifs de la marine sont pour le profane un véritable sujet d'étonnement. On sait que ceux de notre armée de terre, destinés à administrer douze fois plus d'hommes et 140 000 chevaux, passent pour être incomparablement plus nombreux que ceux d'aucune autre grande armée ; or, ils comprennent 38 contrôleurs, 318 fonctionnaires de l'intendance et 1 378 officiers d'administration, au total 1 734 fonctionnaires (je laisse de côté les gardes d'artillerie et adjoints du génie, dont une partie sont des comptables, et auxquels correspondent les gardes d'artillerie de marine). — La marine entretient 26 inspecteurs et 352 commissaires, plus 1 720 agents et commis des corps secondaires du personnel administratif; parmi ceux-ci, le budget de 1894 en compte 492 touchant des soldes d'officier qui vont jusqu'à dépasser celle de chef de bataillon ; total, en ne tenant compte que des employés assimilés ou assimilables à des officiers, 870 administrateurs de tout ordre.

La flotte allemande est administrée par 72 payeurs en temps de paix, 154 à la mobilisation.

officiers retraités, ou fatigués par le service actif. Dans notre marine, on y pourvoit au moyen d'un corps spécial, dont, bien entendu, le cadre est calculé avec une incroyable prodigalité. Alors que l'on se contente, par exemple, du nombre dérisoire de 117 ingénieurs pour construire, entretenir et réparer tout le matériel flottant et surveiller l'industrie privée, — en sorte qu'il arrive de voir un sous-ingénieur de 3e classe chargé, dès sa sortie de l'école, de diriger quelques centaines d'ouvriers éparpillés dans tous les coins et recoins d'un cuirassé, — on prépose 96 commissaires à l'inscription maritime, soit environ un pour 1 000 inscrits; c'est proportionnellement plus de dix fois plus de personnel que n'en occupe le service du recrutement, où 318 officiers suffisent pour trois millions et demi d'hommes qui figurent sur les contrôles et qui, au contraire des inscrits, sont soumis à de nombreux appels[1].

Je n'ignore pas que les commissaires de l'inscription maritime ont quantité d'attributions qui n'ont rien à voir avec leur rôle militaire d'officiers de recrutement. Mais là est précisément un des vices fondamentaux de notre marine, qui, à force d'assumer toutes sortes de fonctions parasites, risque de perdre de vue son rôle véritable, qui est, après tout, de combattre sur mer. Comme dans les autres pays, la surveillance des ports de commerce, des pêcheries, du domaine maritime, etc., doit être partagée entre les minis-

---

1. Je ne parle ici que du *cadre permanent* affecté au recrutement et soldé à ce titre (officier en retraite ou hors cadre). Il comprend 1 officier supérieur et 1 capitaine pour les 145 bureaux de France et les 3 d'Algérie, plus 5 officiers supérieurs et 15 capitaines pour 8 bureaux à Paris et 3 à Lyon. Il n'y a pas à tenir compte des officiers qui peuvent être temporairement détachés au recrutement, puisqu'ils rejoignent leurs corps à la mobilisation.

tères auxquels ces attributions reviennent naturellement :
commerce, agriculture, finances, travaux publics, intérieur,
justice. En quoi l'ostréiculture ou la récolte des goémons
regardent-elles la marine nationale ? Les haras ou la cul-
ture du blé sont-ils sous la surveillance de l'armée ?

Rien n'est plus simple que de répartir les inscrits maritimes entre les bureaux de recrutement. Les hommes des
diverses spécialités, provenant de l'intérieur, sont trop peu
nombreux pour causer un supplément d'écritures appréciable. Quant à ceux des côtes, il en reviendra, en moyenne,
2 000 ou 2 500 à chacun des bureaux de recrutement des
subdivisions situées sur le littoral, qui sont au nombre de
39 (35 en France, 1 en Corse, 3 en Algérie). Il suffirait
d'ajouter au cadre actuel de chacun de ces bureaux un officier de marine retraité ou hors cadre, qui serait spécialement chargé de ces hommes : ce serait encore l'officier le
moins occupé du bureau.

Par mesure transitoire, on donnerait ces emplois à autant
des commissaires actuels de l'inscription maritime, jusqu'à
ce que le cadre du commissariat se soit suffisamment réduit
par extinction. On choisirait pour cela les commissaires des
39 quartiers les moins considérables. Les 57 commissaires
restant assureraient provisoirement, dans l'ensemble des
quartiers actuels, les autres services ressortissant actuellement au commissariat, jusqu'à ce qu'on ait réalisé graduellement et à tête reposée le passage de ces divers services aux ministères civils naturellement compétents. Au
fur et à mesure des extinctions produites dans le cadre,
ces commissaires passeraient au service du recrutement, ou
recevraient l'administration de nouveaux quartiers en sus
de leurs quartiers actuels.

CONCLUSION

Les conclusions de cette étude peuvent avantageusement
être présentées sous la forme, précise et en quelque sorte
concrète, d'articles de lois et de décrets.

Il convient toutefois de remarquer auparavant que les
domaines de ces deux ordres de réglementation sont, en
ces matières, aussi mal délimités que possible. Chose
étrange, sous un gouvernement parlementaire et à propos
d'un service doté d'un aussi gros budget, la marine vit à
peu près exclusivement sous le régime des décrets. Ses
divers personnels, notamment, en sont encore à attendre
une loi des cadres, et il dépend du ministre de créer, modifier ou supprimer des catégories entières d'officiers, et
de placer ainsi les Chambres en face de faits accomplis, au
moment où elles votent la loi des finances.

On ne devra donc pas prendre à la lettre la distinction
établie dans ce qui suit entre lois et décrets : beaucoup de
dispositions que le pouvoir exécutif est libre de prendre
suivant les errements actuels, devraient logiquement figu-
rer dans une série de lois organiques.

Il est d'ailleurs difficile d'imaginer une réorganisation
rationnelle des services auxquels prend part la marine, qui
ne soit précédée du vote de semblables lois, sur lesquelles

elle puisse s'appuyer solidement. Actuellement, en effet, toute réforme qui écarte les questions d'intérêt personnel, pour ne s'occuper que du bien de la défense nationale, provoque immanquablement une bien misérable, mais triomphante objection de fait : c'est l'impuissance du ministre à la réaliser. Un ministre qui manifesterait seulement l'intention d'entreprendre la révolution nécessaire, soulèverait des animosités qui l'emporteraient comme un fétu. Lors même qu'on lui aurait permis de commencer son œuvre, il saurait d'avance qu'une réaction prochaine ne laisserait rien subsister de ce qu'il aurait eu le temps de faire, en sorte que le résultat obtenu serait un désarroi général. Il ne manque pas d'exemples récents d'avortements de ce genre.

C'est pourquoi la loi devra venir en aide au ministre réformateur, en apportant à son œuvre une garantie de durée, au moins relative, que la signature présidentielle ne suffit pas à conférer.

*
* *

Parmi les lois les plus urgentes, il faut citer celle qui — « considérant la nécessité d'utiliser toutes les ressources du pays en vue de la défense nationale, et d'assurer notamment l'exécution des lois qui établissent la responsabilité du ministre de la guerre en ce qui concerne la défense des frontières de terre et de mer » — soumettrait les inscrits maritimes au droit commun du service obligatoire.

Elle commencerait par définir à nouveau les catégories d'hommes soumis à l'inscription maritime, d'après les besoins des marines modernes, suivant les principes qui ont été indiqués au chapitre XI.

Puis viendraient, en substance, les dispositions suivantes.

Les inscrits maritimes tirent au sort en même temps que les autres hommes de leur classe. Ils sont inscrits sur deux contrôles spéciaux du bureau de recrutement dans la circonscription duquel ils sont domiciliés, suivant qu'au moment du tirage ils auront déclaré désirer servir dans la flotte (catégorie A) ou à terre (catégorie B) ; sur chacun de ces contrôles, ils sont classés entre eux dans l'ordre de leurs numéros de tirage au sort. Ceux qui sont embarqués au moment du tirage sont ajournés ; s'ils sont encore embarqués l'année suivante, on les inscrit d'office en tête de la catégorie A, pour accomplir trois ans de service dans la flotte.

Les équipages de la flotte se recrutent :

1° Au moyen des engagements volontaires contractés par des inscrits maritimes et par des hommes non soumis à l'inscription maritime (le ministre de la marine détermine chaque année les nombres d'engagements qui pourront être acceptés, en raison des nécessités du recrutement des diverses spécialités ; les inscrits maritimes ne peuvent contracter d'engagements volontaires que dans la flotte, tant que le nombre d'engagements réservés à cette catégorie d'hommes n'a pas été atteint);

2° Par l'incorporation, dans l'ordre des numéros de tirage, des inscrits maritimes de la classe appelée sous les drapeaux (catégorie A);

3° En cas d'insuffisance des deux sources ci-dessus, par l'incorporation d'hommes de la catégorie B, pris dans l'ordre de leurs numéros de tirage;

4° Au besoin, par l'incorporation des inscrits de la *réserve de remplacement* définie ci-après [1].

---

1. Cet alinéa (4°) et la partie de l'alinéa suivant comprise entre crochets peuvent être supprimés, si l'on juge inutile d'instituer la réserve de remplacement.

Les inscrits maritimes non incorporés dans les équipages ou services divers de la flotte [restent pendant un an à la disposition de l'autorité maritime, pour former une réserve de remplacement (ou catégorie C) destinée à parer aux besoins imprévus de la flotte. Au bout d'un an, ceux d'entre eux qui n'ont pas été incorporés dans la marine] le sont dans l'armée de terre (troupes métropolitaines ou coloniales), où ils sont soumis aux mêmes obligations que les autres hommes de leur classe de recrutement.

Les inscrits maritimes incorporés dans l'armée de terre accomplissent leur service actif dans un des corps de troupe affectés à la défense du secteur où ils sont domiciliés, et, autant que possible, dans l'unité la plus voisine de leur domicile. Ils sont maintenus dans la même unité comme réservistes; comme territoriaux, ils peuvent être encore maintenus, ou former des unités spéciales affectées à la défense du secteur. Ceux d'entre eux qui sont versés dans l'infanterie ou l'artillerie coloniale ne sont pas destinés au service colonial; ils y reçoivent seulement leur instruction militaire, et sont affectés aux unités actives ou de réserve de l'armée coloniale, destinées à la défense des côtes.

*
* *

En outre de cette loi organique, qui n'est à proprement parler qu'un complément de la loi de recrutement, les Chambres auront encore à s'occuper d'un assez grand nombre de points relatifs à la défense des côtes. Je citerai notamment les suivants, qui ont été étudiés ou effleurés au courant de ce travail.

1° Une loi des cadres de la marine, établie en tenant compte du service de la flotte et du personnel détaché à la défense des côtes et au recrutement.

2° Une révision de la loi des cadres de l'armée, créant les groupes alpins indispensables à la défense de la Corse, renforçant l'artillerie à pied affectée à la défense du littoral et instituant un meilleur groupement de ses batteries.

3° L'organisation du recrutement des inscrits maritimes, comportant les dispositions ci-après.

A chacun des bureaux de recrutement dont les noms suivent [1]... est affecté, en outre du cadre actuel, un officier de marine hors cadre ou retraité, chargé de toutes les opérations concernant les inscrits maritimes de la subdivision.

Le cadre des commissaires de l'inscription maritime est supprimé. Par mesure transitoire, le service des inscrits maritimes est assuré, dans chacun des bureaux énumérés plus haut, par un de ces commissaires; les services autres que celui du recrutement, qui relèvent actuellement des commissaires de l'inscription maritime, sont assurés provisoirement, jusqu'à ce qu'ils aient été répartis entre les divers départements civils, par le reste du personnel actuel du commissariat de l'inscription maritime; à mesure de la réduction ainsi opérée dans leurs attributions, ainsi que des extinctions qui se produiront dans le cadre, ces commissaires passeront au service du recrutement, ou seront chargés d'un ou de plusieurs quartiers en sus de leurs quartiers actuels.

4° Une loi des cadres de l'armée coloniale. Cette armée,

---

1. Les 35 bureaux de recrutement des subdivisions situées sur le littoral et ceux d'Ajaccio, Oran, Alger et Constantine.

autonome et distincte de l'armée de terre, sera rattachée au ministère de la guerre. Le nombre d'unités nécessaire à la garde des colonies sera prêté au ministère des colonies. Les unités stationnées en France resteront à la disposition du ministre de la guerre, pour être employées, celles de première ligne dans le cadre général de l'armée ou à la défense des côtes, celles de réserve à la défense des côtes. Les batteries à pied notamment seront formées en bataillons, demi-bataillons et compagnies pour ce dernier objet.

5° Une loi réglant les suppressions, transformations et créations de grands commandements maritimes exposées au chapitre III.

6° Une révision minutieuse de la loi du 27 mai 1889, portant classement et déclassement d'un certain nombre d'ouvrages fortifiés.

7° Un programme rationnel de constructions navales.

Tout cela constitue un travail législatif énorme, et il n'est que trop certain que les Chambres n'en viendront jamais à bout, si l'on s'obstine dans les errements suivis jusqu'ici, dont les exemples les plus mémorables sont les lois sur l'armée coloniale et sur les cadres de la marine, et la loi de recrutement de 1889 : les deux premières, toujours ballottées sans succès entre le Sénat et la Chambre, — la dernière, discutée pendant des années, adoptée enfin en tenant compte de considérations politiques plutôt que des nécessités militaires, et si mal venue enfin, qu'après avoir exigé pour son application la rédaction d'un volumineux règlement d'administration publique, elle n'a pas subi, en cinq ans, moins de sept ou huit modifications, sans compter celles qui sont à l'étude ou en projet !

Il ne sera possible d'aboutir que si l'on renonce à juxta-

poser en un véritable manteau d'Arlequin des propositions
disparates, improvisées à la suite de quelques conversa-
tions, et peut-être d'un voyage dans un arsenal, par des
députés bien intentionnés, mais incompétents et prisonniers
de leurs électeurs et de quelques renseignements recueillis
à la diable. La seule méthode qui puisse mener au but con-
sistera au contraire à étudier une réforme d'ensemble,
dont les diverses parties soient coordonnées par une idée
générale directrice. Pour cela, il faut que les deux ministres
compétents s'entendent pour présenter des projets, étudiés
en commun, à une grande commission mixte formée de
membres du Parlement et des deux armées ; le résultat des
travaux de cette commission, soumis ensuite aux délibéra-
tions des Chambres, formerait une sorte de synthèse des
réformes indispensables, se rapprochant de celle qui pourrait
être établie — plus rapidement — par les soins d'un ministre de la défense nationale.

J'ai dit « plus rapidement », car, de toute façon, ce travail — préparation par les deux ministres, discussion par la
commission, délibération des deux Chambres — sera bien
long. Il faudra donc, quelle que soit la supériorité de la
méthode synthétique que je viens d'exposer, courir au plus
pressé, en détachant de l'ensemble, pour les voter sans retard, les points suivants :

Installation d'une préfecture maritime à Bizerte et d'une
station navale à Porto-Vecchio (en supprimant le commandement analogue de Lorient, et réduisant ceux de Cherbourg et de Rochefort), et exécution sur ces points de tous
les travaux nécessaires, ports, ateliers de réparations et
fortifications ;

Construction d'un grand nombre de torpilleurs et de
petits croiseurs, le ministre de la marine conservant, en

attendant la loi des cadres, la faculté de créer les emplois nécessaires de lieutenants de vaisseau ;

Formation des groupes alpins de Corse.

*
* *

Il nous reste à examiner ce qui peut être fait par voie de décret, c'est-à-dire à très bref délai.

En première ligne, doit venir l'organisation du commandement, qui n'est, comme nous l'avons vu, qu'ébauchée, et bien médiocrement ébauchée à l'heure actuelle.

Voici donc un *Projet de règlement, destiné à remplacer celui du 17 février 1894.*

Il est important de remarquer que, dans sa rédaction, j'ai supposé réalisées diverses réformes, telles que la révision et la réorganisation des grands commandements maritimes. Des notes indiquent les modifications nécessaires pour le rendre applicable dans les circonstances actuelles.

Règlement sur l'organisation défensive du littoral.

Art. 1er. — Le littoral de la France, de la Corse et de l'Algérie-Tunisie est divisé en secteurs, conformément aux indications du tableau de l'article 12 du présent décret.

A la tête de chacun de ces secteurs est placé un officier général ou supérieur de l'armée de terre ou de l'armée de mer.

Art. 2. — Les commandants de secteur appartenant à l'armée de terre ont pour adjoint un officier général ou supérieur de l'armée de mer.

Réciproquement, les commandants de secteur appartenant à l'armée de mer ont pour adjoint un officier général ou supérieur de l'armée de terre.

En principe, l'adjoint est désigné pour succéder au commandant, quand ce dernier vient à quitter ses fonctions pour un motif quelconque.

Art. 3. — Les commandants de secteur et leurs adjoints sont nommés par le ministre de la guerre, directement s'ils appartiennent à l'armée de terre, ou sur la proposition du ministre de la marine s'ils appartiennent à l'armée de mer. Leurs lettres de service sont contresignées par le ministre de la marine.

Art. 4. — Les ministres de la guerre et de la marine arrêtent d'un commun accord la composition et la répartition des moyens de défense dépendant de leurs deux départements, qui sont spécialement affectés à chaque secteur : troupes, éléments flottants, défenses fixes à terre, défenses sous-marines, sémaphores, matériel de toute nature.

Aucune modification à cette composition ou à cette répartition ne peut être faite, en temps de paix, que par une entente entre les deux départements.

En temps de guerre, les pouvoirs du ministre de la guerre ne sont soumis, à cet égard, à aucune restriction.

Art. 5. — Dès le temps de paix :

Les divers éléments affectés à la défense du secteur sont stationnés dans le secteur, et, autant que possible, à l'intérieur ou à proximité des places, ouvrages ou positions qu'ils sont appelés à défendre ;

Le commandant du secteur, son adjoint et le commandant de l'artillerie du secteur résident au chef-lieu du secteur ;

Le commandant de la flottille affectée au secteur réside au lieu de stationnement principal de la flottille [1].

Art. 6. — Les commandants de secteur sont investis du commandement territorial dans toute l'étendue de leur secteur. Ils sont commandants supérieurs de la défense des places et ouvrages qui s'y trouvent. Ils peuvent, sous leur responsabilité, y déclarer l'état de siège dans les cas prévus à l'article 189 du décret du 4 octobre 1891 sur le service dans les places de guerre et villes ouvertes [2].

Ils ont sous leur autorité :

1° Dès le temps de paix, tous les moyens de défense énumérés à l'article 4 ;

2° A la mobilisation ou à la déclaration de l'état de siège, les brigades côtières et les unités actives des douanes ; le ministre de la guerre arrête, d'accord avec le ministre des finances, les exercices auxquels ces derniers éléments devront participer en temps de paix, sous les ordres du commandant du secteur.

Toutes ces troupes sont considérées comme opérant devant l'ennemi à partir du premier jour de la mobilisation ou à partir de la déclaration de l'état de siège.

Art. 7. — Les commandants de secteur sont subordonnés au commandement territorial. L'autorité dont chacun

---

1. C'est-à-dire, en général, au chef-lieu du secteur. Mais il peut y avoir à cela des exceptions ; par exemple, la flottille du secteur de Bayonne pourra être stationnée à Saint-Jean-de-Luz ; celle du secteur de Perpignan, à Port-Vendres ; celle du secteur de Brest sera fractionnée.

2. C'est-à-dire dans le cas d'investissement, d'attaque de vive force ou par surprise, de sédition intérieure de nature à compromettre la sécurité de la place, enfin si des rassemblements armés se sont formés dans un rayon de 10 kilomètres sans autorisation.

d'eux relève directement est spécifiée au tableau de l'article 12.

Par exception à cette règle générale :

Le commandant du secteur d'Antibes est directement subordonné au commandant de l'armée des Alpes ;

Les commandants des secteurs de Dunkerque, Bayonne, Perpignan, Nice et des ports de guerre, chefs-lieux d'arrondissement maritime, remplissent les fonctions d'adjoints aux gouverneurs de ces places [1].

Art. 8. — Le vice-amiral ou contre-amiral [2], préfet maritime, est gouverneur de la place de guerre siège de son commandement.

Il exerce ces fonctions sous l'autorité du ministre de la guerre, qui lui délivre à cet effet une lettre de service spéciale après qu'il a été nommé par le ministre de la marine.

En cette qualité de gouverneur, il a pour adjoint le commandant du secteur, qui exerce sous son autorité les fonctions définies à l'article 6.

Il dirige et centralise le service des sémaphores situés dans son arrondissement, en ce qui concerne les informations relatives aux opérations navales.

Enfin, il exerce, sous l'autorité du ministre de la marine, le commandement supérieur des flottilles de haute mer, ou flottilles indépendantes, stationnées sur le littora. de son arrondissement, et dont la composition est arrêtée par le ministre de la marine.

---

1. L'article 219 du règlement sur le service dans les places : « Les vice-amiraux commandant en chef, préfets maritimes, sont les gouverneurs désignés des places de guerre qui sont ports militaires », est modifié par la suppression des mots *vice-amiraux commandant en chef* et *désignés*.

2. Les mots « ou contre-amiral » sont à supprimer si l'on maintient l'organisation actuelle des grands commandements maritimes.

Les ordres donnés par les préfets maritimes aux sémaphores sont, autant que possible, transmis par l'intermédiaire du commandant du secteur ; dans le cas contraire,
ils lui sont toujours communiqués.

Les commandants de secteur reçoivent, de même, communication des ordres donnés aux flottilles indépendantes
stationnées sur le littoral de leur secteur ; à moins d'impossibilité absolue, ils sont prévenus télégraphiquement de
l'arrivée de toute force navale étrangère au secteur.

Les préfets maritimes donnent connaissance aux commandants de secteur de leur arrondissement, ou aux préfets maritimes voisins, de tout renseignement pouvant les
intéresser, provenant des sémaphores de l'arrondissement,
recueilli par des navires au large, ou communiqué par un
préfet voisin. Pour éviter toute perte de temps, les commandants de secteur communiquent aussi, directement, à
leurs voisins, tout renseignement pouvant les intéresser.

Art. 9. — Les préfets maritimes peuvent s'entendre entre
eux pour faire exécuter des opérations combinées par leurs
flottilles indépendantes. En haute mer, ces opérations sont
dirigées par le commandant de flottille le plus ancien dans
le grade le plus élevé, suivant les instructions qui lui ont
été données par le plus ancien des préfets maritimes.

Si une flottille indépendante est amenée, par la suite de
ces opérations, dans les eaux territoriales d'un arrondissement autre que le sien, elle passe aux ordres du préfet
maritime de cet arrondissement, pour tout le temps qu'elle
opère dans ces eaux, sans que ce préfet maritime puisse
l'y retenir contrairement aux instructions que le commandant avait reçues du préfet maritime duquel il relève nor-
malement.

Si les navires de la défense locale d'un secteur sont amenés à opérer de concert avec une flottille indépendante, ces navires passent, pendant toute la durée de ces opérations, sous les ordres du préfet maritime, représenté par le commandant de la flottille. Mais cette subordination ne s'étend qu'aux opérations ayant pour objet la défense du secteur auquel appartiennent ces navires.

Art. 10. — En cas d'attaque, si un commandant de secteur estime que les éléments placés sous ses ordres sont insuffisants pour repousser l'ennemi, il en avise le préfet maritime et l'officier général duquel il relève territorialement.

Le préfet maritime lui envoie les flottilles indépendantes dont il peut disposer, et provoque au besoin l'envoi de flottilles des arrondissements voisins, comme il est dit à l'article 9. Les préfets maritimes rendent compte de ces opérations, chacun en ce qui le concerne, au ministre de la marine.

L'officier général, commandant territorial, envoie au commandant du secteur les forces dont il peut disposer, demande éventuellement du secours à son chef hiérarchique (le commandant de la région ou le ministre de la guerre, selon le cas), et rend compte directement au ministre de la guerre, qui peut, suivant l'importance du secours et le grade du commandant de secteur, prescrire au commandant territorial de prendre personnellement la direction des opérations, ou même en charger un officier spécialement désigné à cet effet.

Le concours ainsi prêté n'a qu'un caractère temporaire, et les diverses forces de terre et de mer doivent faire retour au territoire et aux préfets maritimes respectifs, aussitôt que les causes qui ont motivé leur envoi ont disparu.

Art. 11. — Le commandant du secteur de Porto-Vecchio, ou son adjoint si le commandant appartient à l'armée de terre, remplit, sous la haute autorité du général gouverneur de la Corse, les fonctions de préfet maritime, en ce qui concerne le commandement des flottilles indépendantes de la Corse et la direction du service des sémaphores[1].

L'article 12 et dernier de ce décret donnerait, sous forme de tableau :

L'énumération des secteurs des côtes de France, Corse et Algérie-Tunisie ;

Les limites de ces secteurs, aussi bien en *profondeur* qu'en largeur, c'est-à-dire l'énumération des cantons dans lesquels chaque commandant de secteur exercera le commandement territorial ;

---

1. Cet article suppose que le littoral corse ait été divisé en plusieurs secteurs. Au cas contraire, il doit être simplement supprimé : si la Corse continue, en effet, à ne former qu'un secteur unique, il n'y a rien de particulier à dire du commandant de ce secteur, qui relèvera du gouverneur de l'île (art. 7) et exercera sous son autorité le commandement de tous les éléments affectés à la garde du littoral (art. 6).

Quant à l'Algérie-Tunisie, il n'y a rien à en dire ici. Il est, en effet, de toute nécessité de subdiviser en plusieurs secteurs ce littoral démesuré, et de créer un grand commandement maritime, sous le titre de préfecture maritime, à Bizerte. Dès lors, tous les articles qui viennent d'être exposés s'appliquent d'eux-mêmes à ce littoral, organisé suivant les mêmes principes que celui de la métropole : défense immédiate des secteurs, autonome sous l'autorité supérieure du commandement territorial, — défense extérieure et service des renseignements, centralisés par le préfet maritime.

Si toutefois on ne voulait pas employer le mot de préfet maritime avant la complète organisation du port de Bizerte, on pourrait intercaler ici un article provisoire ainsi conçu : « Un officier général de l'armée de mer exerce en Algérie-Tunisie, sous la haute autorité du gouverneur, les fonctions de préfet maritime, en ce qui concerne le commandement des flottilles indépendantes stationnées sur le littoral africain et la direction du service des sémaphores. »

L'énumération des places fortes et ouvrages de toute nature classés dans chaque secteur, et devant recevoir une garnison permanente ;

L'énumération des ports d'attache des flottilles, tant indépendantes qu'affectées à la défense locale des secteurs ;

Enfin l'autorité supérieure de qui relève chaque commandant de secteur.

L'indication de la profondeur des secteurs, aussi bien que celle des places, ouvrages et ports d'attache, exigent une étude de détail qui ne saurait trouver place ici. Je me bornerai donc à extraire du tableau qui doit former l'article 12, les données ci-après, relatives à l'énumération des secteurs, à leur délimitation le long du littoral et à la subordination de leurs commandants.

TABLEAU.

SECTEUR.	LIMITES.	COMMANDANT SUPÉRIEUR TERRITORIAL (duquel relève le commandant du secteur).	COMMANDANT des flottilles sous-marines et des sémaphores.
Dunkerque.	Frontière belge / Cap Gris-Nez.	Le gouverneur de Dunkerque.	
Boulogne.	Cap Gris-Nez / Pointe de Saint-Quentin.	Le commandant de la division d'Arras (a).	
Dieppe.	Pointe de Saint-Quentin / Embouchure du Durdent.	Le commandant du 3e corps (a).	Le préfet maritime de Cherbourg.
Le Havre.	Embouchure du Durdent / Pointe de la Percée.	Idem.	
Cherbourg.	Pointe de la Percée / Havre de Saint-Germain.	Le préfet maritime (b).	
Saint-Malo.	Havre de Saint-Germain / Cap Fréhel.	Le commandant de la division de Saint-Servan.	
Saint-Brieuc.	Cap Fréhel / Embouchure du Douron.	Le commandant du 10e corps.	Le préfet maritime de Brest (e).
Brest.	Embouchure du Douron / Pointe de Penmarch.	Le préfet maritime (c).	
Lorient.	Pointe de Penmarch / Pointe du Croisic.	Le commandant de la division de Vannes (d).	
Saint-Nazaire.	Pointe du Croisic / Pointe de Monts.	Le commandant du 11e corps.	
Les Sables-d'Olonne.	Pointe de Monts / Pointe du Grouin-du-Cou.	Idem.	Le préfet maritime d'Aix ou La Pallice.
Aix-La Pallice.	Pointe du Grouin-du-Cou / Pointe d'Arvert.	Le préfet maritime (f).	
Royan.	Pointe d'Arvert / Sud du bassin d'Arcachon.	Le commandant du 18e corps.	
Bayonne.	Sud du bassin d'Arcachon / Frontière espagnole.	Le gouverneur de Bayonne.	
Perpignan.	Frontière espagnole.	Le gouverneur de Perpignan.	Le préfet maritime de Barre (g).
Cette.	Embouchure de l'Aude.	Le commandant du 15e corps.	

SECTEUR.	LIMITES.	COMMANDANT SUPÉRIEUR TERRITORIAL.	COMMANDANT.
Barre-Marseille.	Grau du Roi / Sèche d'Alon.	Le commandant du 15e corps.	Le préfet maritime de Toulon.
Toulon.	Sèche d'Alon / Cap Nègre.	Le préfet maritime (c).	
Antibes.	Cap Nègre / Embouchure du Var.	Le commandant de l'armée des Alpes.	
Nice.	Embouchure du Var / Frontière italienne.	Le gouverneur de Nice.	
Bastia.	Solenzara / Pointe de Mignole.	Le gouverneur de la Corse.	Le commandant de la station navale de Porto-Vecchio.
Ajaccio.	Pointe de Mignole / Cap de Muro.	Idem.	
Bonifacio-Porto-Vecchio.	Cap de Muro / Solenzara.	Idem.	
Oran.	Frontière marocaine / Limite des provinces.	Le commandant de la division d'Oran.	Le préfet maritime de Bizerte.
Alger.	Limite des provinces / Limite des provinces.	Le commandant de la division d'Alger.	
Bone.	Limite des provinces / Frontière tunisienne.	Le commandant de la division de Constantine.	
Bizerte.	Frontière tunisienne / Frontière tripolitaine.	Le préfet maritime (h).	

(a) Si l'on ne subdivise pas le secteur d'Abbeville, son commandant relèvera du commandant du 3e corps d'armée. — (b) De 2e cl., relevant du commandant du 10e corps. — (c) De 1re cl., relevant directement du ministre de la guerre. — (d) En supposant la préfecture maritime de Lorient supprimée; au cas contraire, le commandant du secteur relèvera du préfet maritime de Lorient, qui sera de 3e classe et relèvera lui-même du commandant du 11e corps. — (e) Si on maintient un préfet maritime à Lorient, il conservera la direction de ces services dans les secteurs de Lorient et Saint-Nazaire. — (g) De 3e cl., relevant du commandant du 15e corps; et en cas de suppression de Barre, le commandant supérieur territorial relèvera ... — (S) De 2e cl., relevant du commandant du ... les services seront subordonnés à celui de Toulon. — (h) De 3e cl., relevant du commandant supérieur de en Algérie.

SECTEUR.	LIMITES.	COMMANDANT SUPÉRIEUR TERRITORIAL duquel relève le commandant du secteur.	COMMANDANT des flottilles submersibles et des aéronefs.
Dunkerque.	Frontière belge	Le gouverneur de Dunkerque.	
Boulogne.	Cap Gris-Nez	Le commandant de la division d'Arras (a).	
Dieppe.	Pointe de Saint-Quentin.	Le commandant du 3e corps (a).	Le préfet maritime de Cherbourg.
Le Havre.	Embouchure du Durdent.	Idem.	
Cherbourg.	Pointe de la Percée.	Le préfet maritime (b).	
Saint-Malo.	Havre de Saint-Germain.	Le commandant de la division de Saint-Servan.	
Saint-Brieuc.	Cap Fréhel.	Le commandant du 10e corps.	
Brest.	Embouchure du Douron.	Le préfet maritime (c).	Le préfet maritime de Brest (e).
Lorient.	Pointe de Penmarch.	Le commandant de la division de Vannes (d).	
Saint-Nazaire.	Pointe du Croisic.	Idem.	
Les Sables-d'Olonne.	Pointe de Mouts.	Le préfet maritime (f).	Le préfet maritime d'Aix ou La Pallice.
Aix–La Pallice.	Pointe du Grouin-du-Cou	Le commandant du 18e corps.	
Royan.	Pointe d'Arvert.	Le commandant du 18e corps.	
Bayonne.	Sud du bassin d'Arcachon.	Le gouverneur de Bayonne.	
Perpignan.	Frontière espagnole.	Le gouverneur de Perpignan.	
Cette.	Embouchure de l'Aude.	Le commandant du 16e corps.	Le préfet maritime de Berre (g).
Berre-Marseille.	Grau du Roi	Le commandant du 15e corps.	
Toulon.	Roche d'Avon	Le préfet maritime (c).	Le préfet maritime de Toulon.
Antibes.	Cap Nègre	Le commandant de l'armée des Alpes.	
Nice.	Embouchure du Var / Frontière italienne	Le gouverneur de Nice.	
Bastia.	Solenzara.	Le gouverneur de la Corse.	
Ajaccio.	Pointe de Mignole	Idem.	Le commandant de la station navale de Porto-Vecchio.
Bonifacio-Porto-Vecchio.	Cap de Muro / Solenzara	Idem.	
Oran.	Frontière marocaine	Le commandant de la division d'Oran.	
Alger.	Limite des provinces	Le commandant de la division d'Alger.	Le préfet maritime de Bizerte.
Bone.	Limite des provinces	Le commandant de la division de Constantine.	
Bizerte.	Frontière tunisienne / Frontière tripolitaine	Le préfet maritime (h).	

(a) Si l'on ne subdivise pas le secteur d'Abbeville, son commandant relèvera du commandant du 2e corps d'armée. — (b) De 2e cl., relevant du commandant du 10e corps. — (c) De 1re cl., relevant directement du ministre de la guerre. — (d) En supposant la préfecture maritime de Lorient supprimée; au cas contraire, le commandant du secteur relèvera du préfet maritime de Lorient, qui sera de 2e classe et relèvera lui-même de commandant du 11e corps. — (e) Si on maintient un préfet maritime à Lorient, il conservera la direction de ces services dans les secteurs de Lorient et Saint-Nazaire. — (f) De 2e cl., relevant du commandant du 18e corps. — (g) De 2e cl., relevant du commandant du 15e corps; et on ne crée pas cette préfecture, les services seront maintenus à celle de Toulon. — (h) De 2e cl., relevant du commandant supérieur en Algérie.

*
* *

L'article 4 du décret proposé ci-dessus dispose que la
composition et la répartition des moyens de défense affectés
aux secteurs sont arrêtées d'un commun accord par les ministres de la guerre et de la marine. Ces détails d'effectifs
ne doivent pas être spécifiés dans le décret; il importe en
effet que les ministres conservent toute latitude pour améliorer progressivement les moyens de la défense, à mesure
que les ressources le permettent; et pour cela, ils doivent
pouvoir agir par de simples décisions ministérielles, sans
toucher au décret organique, lequel est réservé aux détails
présentant un caractère plus permanent.

On a vu que l'intervention du Parlement est nécessaire
à l'organisation définitive des éléments de la défense, pour
autoriser la construction de nombreuses unités flottantes,
reviser la loi des cadres de l'armée, voter celle qui fait défaut à la marine, et organiser l'armée coloniale.

Mais la construction d'un grand nombre de navires, si
petits qu'ils soient, prendra des années, même en tenant
compte de ceux que l'on pourra commander ou acheter à
l'étranger; et quant aux lois des cadres, on sait quelle pa-
tience s'impose à ceux qui les attendent. Il faut donc que le
pouvoir exécutif avise au plus pressé avec les moyens dont
il dispose actuellement.

J'ai donné plus haut (chapitre X) toutes les indications
qu'une étude individuelle comme celle-ci peut fournir sur
la répartition des forces indispensables à chaque secteur.
Je ne reviendrai donc pas sur ce point, me bornant à ajouter quelques observations générales à ce qui a été dit à
cette occasion.

La grosse difficulté réside dans l'extrême pénurie de nos défenses mobiles sous-marines. Nous avons fort peu de torpilleurs de haute mer et beaucoup de petits torpilleurs sans grande valeur ; et encore, nous manquons d'officiers pour armer ces petits torpilleurs.

En ce qui concerne les torpilleurs de haute mer, il faut armer immédiatement et grouper en flottilles indépendantes tout ce que nous possédons en réserve ; avec ceux qui doivent être achevés incessamment, on a vu que cela ne nous en donne qu'une trentaine. Une question qui se pose à cet égard, mais que je ne saurais trancher, est de savoir s'il ne conviendrait pas d'affecter également aux flottilles indépendantes les 14 torpilleurs de haute mer qui sont actuellement en escadre ; peut-être pourrait-on au moins en remplacer quelques-uns par le croiseur-torpilleur *Condor* et les avisos-torpilleurs *Dragonne* et *Flèche*, actuellement en réserve.

Quant aux petits torpilleurs, on armera et on répartira entre les secteurs tous ceux qu'on trouvera en état de servir. Le ministre de la marine profitera de la liberté que lui laisse encore l'absence d'une loi des cadres de la marine, pour créer les emplois d'officiers nécessaires. Il est à remarquer d'ailleurs qu'il ne faudra pas pour cela autant de lieutenants de vaisseau qu'on le dit communément. On a vu, en effet, que 203 de ces officiers, c'est-à-dire plus de 28 p. 100 du cadre, sont détachés dans des postes sédentaires ou dans des écoles ; et il ne sera pas difficile de trouver sur ce nombre bien des commandants de torpilleurs. Et, d'autre part, il semble très convenable d'essayer au moins l'organisation consistant à grouper ces navires à raison d'un torpilleur de 1re classe, commandé par un lieutenant de vaisseau chef de groupe, et deux torpilleurs de 2e ou de 3e classe, commandés par des enseignes; il n'y a en effet aucune raison pour refuser à un enseigne, ancien dans son grade, le commandement en sous-ordre d'un petit torpilleur portant un équipage d'une douzaine d'hommes.

L'embarras est heureusement bien moindre pour les troupes. Car, ici, les éléments existent, et il ne leur manque que d'être mieux organisés. En attendant les lois organiques indispensables, les ministres de la guerre et de la marine peuvent donc s'entendre pour créer des groupements imposés par les circonstances, de même qu'il a été formé des brigades et des divisions spéciales sur la frontière de l'Est, au moyen d'éléments pris de divers côtés, et sans s'attacher à la lettre de la loi des cadres.

Pour l'infanterie, il ne se présente de difficulté d'aucune sorte. Les villes importantes ont leur garnison toute constituée. En dehors de ces places, la véritable unité qui convient à la défense des côtes est le bataillon, stationné en un point convenablement choisi sur une voie ferrée; il n'y a donc qu'à désigner pour cet objet un certain nombre de bataillons actifs, de réserve ou territoriaux (les premiers, en très petit nombre), pris tout à fait indifféremment dans l'armée de terre ou dans l'infanterie de marine, selon les ressources.

Le personnel nécessaire du génie, du service de santé et des services administratifs pourra de même être réparti entre les secteurs sans qu'il soit besoin de s'y arrêter ici.

Quant à l'artillerie, on a vu que des unités constituées de force variable (bataillons, demi-bataillons, batteries et demi-batteries) doivent être créées, pour répondre chacune aux besoins d'un secteur déterminé. Mais il n'est besoin pour cela d'aucune loi. Il suffit d'exécuter les changements de garnison nécessaires pour placer dans chaque secteur ce dont il a besoin, et de donner des commandants à celles des unités ainsi formées qui compteront plus d'une batterie. C'est ainsi que les groupes des divisions de cavalerie indépendante sont formés de batteries à cheval de régiments différents, et que l'artillerie des divisions récemment créées dans l'Est a été constituée au moyen d'éléments empruntés aux régiments de l'intérieur. Il est bien entendu, d'ailleurs, que je ne donne cette combinaison que comme un expédient permettant d'attendre une organisation définitive.

J'ai signalé, comme pouvant être détachée du reste du travail législatif et votée rapidement, la formation des groupes alpins de la Corse. Mais il ne faudrait pas même attendre cette loi pour envoyer dans l'île un renfort composé au moins de deux bataillons d'infanterie, une batterie de montagne et une batterie à pied ; de cette façon, les éléments de la défense seraient au moins sur place, et il ne resterait aux Chambres qu'à en améliorer le groupement et à porter les bataillons à 6 compagnies.

Il importerait aussi de donner sans retard à la Corse les quelques ateliers (notamment la pyrotechnie) qui lui sont nécessaires pour rendre sa défense indépendante des communications avec le continent.

Enfin, il faut songer au plus tôt, et sans attendre une loi, à l'utilisation des inscrits maritimes non incorporés dans les équipages de la flotte. Cela encore est parfaitement possible.

Ces hommes sont à la disposition du ministre de la marine ; d'autre part, ce ministre dispose, à l'heure actuelle, de troupes nombreuses stationnées en France. Le ministre est donc libre de décider que ces inscrits maritimes seront incorporés dans les régiments d'infanterie de marine et dans les batteries à pied de l'artillerie de marine, pour y recevoir l'instruction militaire (sans pouvoir être envoyés aux colonies) et pour être ultérieurement affectés aux formations de réserve de ces corps. Toutefois, cette mesure ne serait complètement efficace que si l'on éparpillait outre mesure les troupes de la marine, car il y a, comme on l'a vu, tout intérêt à consacrer les inscrits à la défense des secteurs qu'ils habitent. Mais rien n'empêche le ministre de la marine, après avoir incorporé ces hommes, pour ordre, dans ses troupes, de les prêter au ministre de la guerre, pour être détachés dans des corps de l'armée de terre : j'ai rappelé plus haut que divers personnels de la guerre sont actuellement ainsi prêtés à la marine.

Il y a là évidemment une fiction administrative dont on peut dire qu'elle respecte la loi, puisqu'elle la tourne. Mais ne vaut-il pas mieux tirer le meilleur parti possible de toutes les ressources, pour le bien de la patrie, que d'adopter des mesures sans valeur pratique, comme le décret du 12 février 1894, ou même de ne rien faire du tout, en attendant une loi trop longue à venir ?

APPENDICE

(COMPLÉMENTS ET DOCUMENTS)

NOTE A

DÉTAILS COMPLÉMENTAIRES

Encore l'interpellation Lockroy. — Colosses et moucherons. — Le cas du *Magenta*. — Les manœuvres navales et les essais de vitesse. — Essais et avaries. — Un concours de bateaux sous-marins. — La *Rance* et les approvisionnements de la marine.

J'ai dit, au début de cette étude, combien d'erreurs et d'exagérations ont vu le jour à propos de l'interpellation Lockroy. Il ne saurait être question ici de les relever une à une : une telle entreprise exigerait une compétence universelle qui n'est pas de ce monde.

Néanmoins, cette discussion appelle encore quelques observations utiles. Il a été apporté à la tribune un tel nombre d'assertions de toute nature, recueillies un peu partout et sans contrôle suffisant, qu'il eût été impossible, à moins d'éterniser le débat et de se perdre dans les détails, de faire, en séance, le départ entre celles qui étaient fondées et celles qui méritaient une réfutation. Il fallait donc, en répondant, s'en tenir aux idées générales ; cette circonstance est certainement une des raisons qui poussent en pareil cas les ministres à préférer les « airs de bravoure » aux explications circonstanciées.

Mais là se trouve aussi le danger de ces sortes de débats, danger dont les partis d'opposition — quels qu'ils soient d'ailleurs au moment considéré — ne sont nullement ignorants. Un fait sensationnel, mais erroné ou mal compris, a été avancé en plein Parlement, pêle-mêle avec des critiques plus fondées ; le ministre, ou un député quelconque au courant de la question, a omis ou n'a pas jugé nécessaire de rétablir la vérité sur ce point : aussitôt, il se trouve quelque journal pour recueillir un argument que le défaut de contradiction semble confirmer, et le public est, une fois de plus, la dupe d'une légende.

Je crois donc utile de revenir ici sur quelques détails dont l'exposé ne trouvait pas sa place dans le courant de cette étude, plus spécialement consacrée à la défense du littoral. On peut être assuré que je n'ai en cela que le souci de la vérité, et que je ne vise aucunement aux succès faciles auxquels M. Deschanel faisait allusion en écrivant : « Il est bien entendu que nous n'aborderons aucune question technique : ce n'est point notre affaire ; et par conséquent, les vieilles plaisanteries habituelles sur les *marins en chambre*, sur les *marins de salon*, n'ont que faire ici. » Mais, sans donner ainsi à la discussion une allure pédante et désagréable, il est permis de regretter que cet avertissement, comme les assurances de même nature qui ont été prodiguées à la Chambre, n'ait eu que le caractère d'une précaution oratoire.

* * *

J'ai fait d'assez nombreuses allusions aux idées qui rencontrent actuellement une faveur de plus en plus grande dans la marine, et qui tendent à une transformation radicale de notre stratégie navale, et, par suite, de notre matériel. Cette question se rattache directement à celle de la défense des côtes, puisque celle-ci n'est que la dernière phase d'une guerre navale malheureuse, ou, ce qui revient au même, que l'on peut être amené à défendre le littoral parce que les moyens dont on dispose n'ont pas permis de tenir la mer. En outre, le conflit entre les deux stratégies s'est greffé sur l'interpellation Lockroy, sous forme de critiques violentes portées contre notre matériel naval, notamment contre le *Magenta*; et le mélange de questions aussi spéciales et aussi complexes a fini par produire un grand désordre dans les idées de beaucoup de gens. Il est donc utile de nous arrêter un instant sur le grand procès pendant entre les « colosses » et les « moucherons ».

On sait que la « jeune école », repoussant la guerre d'escadre et les grandes constructions encore en faveur en haut lieu, demande la mise en service de nombreux petits navires, rapides et spécialisés quant à leurs moyens d'action, destinés à la guerre de course. Suivant ses tenants, la guerre d'escadre ne peut nous mener qu'à la défaite, car, à ce jeu, nous ne pouvons lutter avec l'Angleterre, dont tous les efforts ont toujours tendu à entraîner ses adversaires dans des guerres de ce genre, où elle est sûre de les user ; et, même vis-à-vis de la triple alliance seule, nous ne pouvons prétendre à une supériorité marquée sur ce terrain. En face des théories officielles, la jeune école préconise une méthode de guerre qui, à dépense égale ou même moindre, nous mènerait au succès par la ruine du commerce et des ports de l'ennemi.

Assurément, tout n'est pas à l'abri de la critique dans ces théories : dans l'ardeur de la discussion, plusieurs d'entre elles ont été poussées à l'extrême d'une manière qui peut sembler soit inconsidérée, soit prématurée.

Ainsi, rien n'est plus digne d'attention que l'opinion des officiers et ingénieurs, qui demandent la spécialisation des navires, leur adaptation à des objets bien déterminés ; on doit avoir des bateaux à canons, des éclaireurs (qu'on pourrait appeler bateaux à vitesse), des torpilleurs, et peut-être, comme en Amérique, des béliers garde-côtes ; de même, à terre, on a des fantassins, des cavaliers, des artilleurs, et non des fantassins-cavaliers-artilleurs.

L'exagération a commencé le jour où l'amiral Aube a proposé le bateau-canon (au lieu du bateau à canons), c'est-à-dire où l'on a réduit le bateau à n'être plus que la plate-forme d'un canon : plateforme singulièrement mobile, vu ses qualités nautiques et ses petites dimensions, et bien peu propre à un tir de quelque précision. Et depuis, l'amiral Réveillère a renchéri sur l'amiral Aube, en proposant son aviso-mortier. J'ignore s'il existe un ingénieur qui se chargerait de construire un bateau de 360 tonneaux, long de 70 mètres, capable de filer 25 nœuds et de porter un mortier de 27 centimètres. J'admets que si ce navire est réalisable, il pourra convenir aux bombardements, suivant l'opinion de son promoteur. J'accorde encore qu'il pourra servir de contre-torpilleur, grâce à ses trois canons de 65 millimètres à tir rapide ; mais ici déjà, on peut remarquer qu'il ne sera qu'un assez médiocre outil pour ce rôle spécial, auquel il pourra consacrer trois pièces en chasse, et deux seulement en retraite ou en belle. Mais on connaît assez la difficulté du tir des mortiers à terre pour qu'il soit permis d'affirmer que ce bateau sera sans efficacité aucune pour l'attaque d'un gros navire ou d'un ouvrage quelconque situé sur le littoral ou sur une passe à forcer : les mortiers n'ont vraiment pas besoin qu'à toutes les causes d'incertitude de leur tir contre des buts restreints, on vienne ajouter le peu de stabilité de plate-forme d'un navire rapide de 360 tonneaux, long et effilé.

Quoi qu'il en soit de certaines exagérations, sur lesquelles on sera fixé quand on voudra par des expériences faciles à exécuter, il ne semble pas que, dans leur ensemble, les théories de la jeune école aient été sérieusement réfutées jusqu'ici.

Considérons, par exemple, dans les diverses catégories, les navires à la fois les plus coûteux et les plus puissants qui figurent aux constructions du budget de 1894 ; nous trouvons le tableau ci-après :

ESPÈCE de BÂTIMENT.	NOM du BÂTIMENT.	VITESSE.	NOMBRE DE CANONS [1]			PRIX de REVIENT.
			GROS.	MOYENS.	PETITS.	
		nœuds.				francs.
Cuirassé d'escadre.	*Masséna* .	17,5	4	8	24	27 323 682
Croiseur de 1re cl.	*Chanzy* . .	19	2	6	14	10 069 817
Croiseur de 2e cl.	*Descartes* .	19	"	14	10	8 309 000
Croiseur de 3e cl.	*Linois*. . .	20	"	6	10	5 127 050
Aviso-torpilleur. .	*Cassini* . .	21,5	"	1	13	2 788 000
Torpilleur de haute mer	*Aquilon* . .	25	"	"	2	600 000

1. J'appelle, avec M. D. B. G., *gros canons* les pièces perforantes (19c et au-dessus), *moyens canons* ceux de 16c à 10c, et *petits canons* ceux d'un calibre inférieur à 10c.

Pour le prix du *Masséna*, on pourrait avoir un grand croiseur type *Chanzy*, un petit croiseur semblable au *Linois*, trois éclaireurs type *Cassini*, et six torpilleurs de haute mer type *Aquilon* [1] : ces onze navires réunis coûteraient en effet 27 196 867 fr, soit 226 815 fr de moins que le *Masséna* seul. Ils tiendraient impunément une assez grande

---

1. Je prends, bien entendu, cette combinaison comme correspondant à une dépense équivalente, sans vouloir dire que ce soit la meilleure possible. Elle comprend encore relativement trop peu de « moucherons ». Pour le prix de deux *Masséna* (54 647 364 fr), par exemple, il serait encore mieux d'avoir 1 *Chanzy*, 4 *Linois*, 4 *Cassini* et 20 *Aquilon*, au total 29 navires coûtant 53 508 017 fr. Je m'en tiens, en outre, aux types existants, alors qu'il y aurait lieu d'expérimenter les navires intermédiaires entre le *Cassini* (914 tonneaux) et l'*Aquilon* (120 tonneaux), que demande la jeune école.

étendue de mer d'où le *Masséna* serait bien incapable de les chasser, puisqu'il file un nœud et demi de moins que le moins rapide d'entre eux ; répartis en deux divisions, composées par exemple, l'une des deux croiseurs avec un aviso et deux torpilleurs, l'autre de deux avisos et quatre torpilleurs, ils manœuvreraient à leur guise contre les paquebots et les côtes ; et, quand ils le voudraient, ajoute la jeune école, ils rejoindraient l'énorme *Masséna*, pour l'envoyer par le fond, avec leurs 94 canons (2 gros, 15 moyens et 77 petits) et leurs nombreuses torpilles convergeant de tous les points de l'horizon.

Une pareille assurance donne, on en conviendra, une force singulière aux arguments des adversaires des errements actuels. Quelle que soit la valeur réelle de ces théories, comme l'agitation en leur faveur devient de plus en plus grande parmi les gens du métier, l'expérience devra en être faite. L'amirauté devrait être la première à vouloir avoir le cœur net des critiques portées contre elle. Je crois donc que l'on ne saurait mieux faire que d'opposer, lors de nos prochaines manœuvres navales, une ou deux de nos divisions d'escadre actuelles, à des divisions composées de tout ce que l'on pourra réunir de torpilleurs de haute mer et de navires rapides et légers, dût-on, pour remplacer les croiseurs et éclaireurs qui nous manquent, armer quelques paquebots.

Mais tant que l'on continuera de construire des colosses de plus en plus ruineux, il ne faut pas perdre de vue, dans le public, que, comme l'a dit excellemment M. Thomson à la Chambre, « le grand navire de guerre doit satisfaire à des conditions multiples qui sont contradictoires ; chaque nation a résolu le problème à sa façon, en adoptant un certain balancement entre ces conditions, en sacrifiant plus ou moins l'une ou l'autre, suivant les idées de chaque amirauté ».

Demander, en effet, qu'un navire soit puissamment cuirassé partout où il y a quelque chose à protéger, c'est-à-dire à la ceinture, au pont qui recouvre ses œuvres vives, aux tourelles, aux passages des munitions, sans compter les pare-éclats ; vouloir qu'il ait une artillerie puissante, avec beaucoup de munitions ; qu'il puisse agir également par l'éperon et la torpille ; qu'il soit rapide et abondamment pourvu de charbon ; qu'il tienne bien la mer, en combinant habilement deux qualités opposées, la stabilité de route et la stabilité de plate-forme ; enfin que son tonnage et son tirant d'eau ne soient pas exorbitants, c'est vouloir trop de choses à la fois. Même en dépensant millions sur millions, il faut se résigner à faire un choix entre tant de qualités inconciliables. Et quand on s'aperçoit qu'elles n'existent pas toutes ensemble sur un même navire, c'est être bien ignorant ou bien injuste que d'incriminer le constructeur : la seule question que l'on puisse se poser, c'est si le Conseil des travaux a été bien inspiré dans le programme qu'il a imposé.

***

Le plus étonnant exemple de ces critiques irréfléchies est ce qui s'est passé à propos du *Magenta*. La presse quotidienne et le reportage s'en mêlant, il s'était fait toute une légende autour de ce navire ; bien des gens assurément ont dû se demander comment il se fait qu'on ait pu projeter et construire un monstre comme celui qu'on leur dépeignait. On peut citer d'amusants épisodes de cette campagne.

La première et la plus sensationnelle révélation qu'on nous fit, était que, par un roulis de 15 degrés, la cuirasse du *Magenta* émergeait complètement, découvrant aux coups de l'ennemi la coque du navire ; et le lecteur, de frémir.

Malheureusement, il faut en prendre son parti. Chaque fois que le *Magenta* roulera de 15 degrés, il montrera ses œuvres vives... tout comme n'importe quel autre cuirassé ; il est aisé de calculer, en effet, que, sa largeur étant supposée de 20 mètres en nombre rond, il faudrait, pour que la cuirasse n'émergeât point par un tel roulis, qu'elle descendît à 2^m,68 au-dessous de la flottaison, c'est-à-dire plus de trois fois plus bas qu'elle ne va généralement[1] ; par un roulis de 4 à 5 degrés, tous les cuirassés actuels découvrent leur coque.

Un rédacteur du *Matin*[2] est allé jusqu'à faire tenir à ce propos à M. Lockroy, retour de Toulon, un langage tout à fait extraordinaire : « Le *Magenta* est un détestable bateau. Il a l'air d'une fabrique ! Il n'y a pas à craindre qu'il se présente à l'exercice la quille en l'air, mais, quand on lui fait opérer les mouvements de giration, il penche de quinze degrés, si bien que sur un des flancs la ceinture cuirassée est tout entière hors de l'eau, et que le premier accident venu peut avoir pour lui les mêmes conséquences qu'a eues dernièrement l'accident du *Victoria*.

« Lorsqu'il est dans cette position inclinée, il est, de plus, hors d'état de se défendre. Ses canons n'ont qu'un champ de tir de douze degrés, si bien qu'ils ne peuvent pas reprendre le plan horizontal. Du

---

1. La tangente de l'angle de 15° est égale à 0,268.
2. 18 mars 1894.

côté qui est élevé, l'artillerie tire dans la lune, tandis que du côté qui incline, elle tire dans l'eau. »

Voilà qui dénote une idée toute particulière du tir à la mer : l'auteur (quel qu'il soit) de cette phrase monumentale ne suppose pas, je pense, que l'on pense pouvoir combattre longtemps avec un navire qui, pour une cause ou une autre, donnerait une bande permanente de 15 degrés. C'est donc à un roulis de 15 degrés qu'il doit songer, et il admet donc que, pendant le roulis, les pointeurs passent leur temps à élever et à abaisser alternativement la culasse de leur canon, en conformant ce mouvement à celui du navire ! Il ne serait pas charitable d'insister sur cette conception, véritable perle entre toutes celles qui parsèment ces deux alinéas.

Ce qui a valu au *Magenta* d'occuper pendant un trimestre toute la presse française, c'est simplement cette coïncidence qu'il venait précisément d'être mis en service au moment de l'interpellation. À une autre époque, des critiques tout aussi violentes, sinon exactement les mêmes, auraient été portées contre n'importe lequel de nos cuirassés.

Le *Magenta* n'est pas en effet un cuirassé manqué, ni même un cuirassé moins réussi qu'un autre. Tout ce qu'on peut lui reprocher, c'est simplement d'être un cuirassé, c'est-à-dire un navire qui est *nécessairement médiocre dans son ensemble,* en raison des conditions contradictoires qu'on lui impose.

C'est ce qui n'a été compris ni à la Chambre, ni dans la commission extraparlementaire, pendant la première partie de ses travaux. Cette commission comptait notamment parmi ses membres l'honorable amiral Vallon, qui devait tout naturellement devenir en quelque sorte son président technique. Mais l'amiral Vallon est un des partisans les plus distingués et les plus actifs de la jeune école. Il saisit l'occasion qui s'offrait à lui de défendre ses idées, et ne fut pas compris : on crut qu'il faisait tout spécialement le procès du *Magenta,* alors que ce navire n'était pour lui qu'un exemple qui lui permettait de faire le procès des cuirassés en général.

Aussi fut-on, dans le principe, vraiment féroce pour ce malheureux bâtiment. L'amiral Vallon en avait montré les défauts, comme il l'aurait fait devant des gens du métier, auxquels les qualités n'auraient pas échappé ; on ne voulut voir que ces défauts, sans chercher à en reconnaître les causes générales. En vain le commandant Valéry qui venait d'essuyer une série de gros temps sur le *Magenta,* vint-il proclamer la bonne tenue de son navire. Invité à fournir à la commission diverses pièces relatives au *Magenta*, il crut de son devoir de les accompagner d'une lettre dont voici un passage (d'après le *Temps*, du 17 avril 1894). :

« Si, par hasard, quelques membres de la commission désiraient avoir des renseignements complémentaires à l'égard de l'épreuve de la grosse artillerie avec 15° de roulis, voici des faits constatés par une expérience récente.

« Dans la nuit du 29 au 30 mars dernier, l'escadre, allant à Ajaccio, a rencontré une bourrasque pendant laquelle il a venté coup de vent. La mer était creuse et dure, bien que ce ne fût pas un temps forcé, nous avons eu de gros paquets de mer sur le pont avant, dont beaucoup de chandeliers du garde-corps ont été cassés ou faussés. Nous avons eu des embruns jusqu'à 14 mètres de hauteur. C'était, en résumé, ce qu'en marine nous appelons au moins du gros temps.

« Le *Magenta*, s'y tenait merveilleusement, tanguant sensiblement lorsqu'il prenait la mer debout, mais n'ayant donné que des roulis insignifiants avec la mer du travers. La batterie de 14 centimètres n'aurait pas pu tirer un coup de canon, les sabords devant être tenus fermés. Quant aux 34 centimètres, j'estime que leur emploi eût été aussi assuré qu'en rade de Toulon. Avec un pareil temps, toutes nos anciennes frégates cuirassées, le vieux *Magenta* en tête, eussent certainement été dans l'impossibilité de tirer un coup de canon et auraient même couru des risques sérieux de graves avaries. »

On refusa péremptoirement de mentionner cet avis, pourtant décisif: les dépositions favorables au navire, émises par des officiers qui l'avaient monté, étaient, parce que favorables, des « manœuvres des gouvernementaux ».

La cause était entendue : « C'est un détestable bateau ; il a l'air d'une fabrique ! »

À la longue, on est revenu à une appréciation plus saine. La commission extraparlementaire rejeta la partie du rapport préparé par l'amiral Vallon, qui tendait à préconiser un nouveau plan de constructions navales, estimant avec raison que son rôle n'était pas de s'engager dans des discussions de principes techniques. Elle reconnut, enfin, conformément au rapport de la commission d'essai qui s'était réunie à Toulon à l'occasion de son voyage, que la stabilité du *Magenta* et la manœuvre de ses appareils hydrauliques ne laissaient rien à désirer, même par un roulis de 16 degrés, enfin que « la vitesse moyenne de 15 nœuds 53, obtenue au tirage forcé par le personnel du bord et avec du charbon ordinaire, sans le moindre échauffement ni accident de machine, est un résultat très satisfaisant [1] ».

Que reste-t-il donc de tout ce tapage ? Rien... que l'émoi suscité dans le pays par des déclarations inconsidérées, et cela est beaucoup. Il y a des torts qu'il ne suffit pas de reconnaître après coup, mais qu'on n'a pas le droit de commettre. Les condamnations absolues, portées en quelques mots au début de l'affaire, ont eu un retentissement que ne pourra pas avoir un rapport technique, d'une lecture peu récréative. Quoi qu'on fasse, bien des gens continueront à dire, en hochant la tête d'un air entendu, que le *Magenta* est un détestable bateau, mais que la consigne est de n'en pas convenir ; et demain, il se trouvera peut-être quelque feuille à scandale pour révéler que les membres de la commission ont été soudoyés par le Gouvernement !

Il y a encore bien des enseignements à tirer de ce regrettable incident.

Le premier rapport de l'amiral Vallon sur le *Magenta* [2] constate que les plans primitifs du navire ont été modifiés sur sept points différents, entraînant un supplément de déplacement de 716 tonnes. C'est là un des plus dangereux errements de la marine française. Dix ans se sont écoulés entre l'envoi des plans primitifs du *Magenta* et son lancement, et le navire a porté la trace de tous les progrès accomplis pendant cette longue période, sur laquelle le chantier est d'ailleurs resté fermé pendant deux années, faute de crédits. Or, « améliorer » ainsi un navire en cours de construction, c'est le gâter. Au lieu de mettre en chantier une demi-douzaine de navires à la fois, et de leur allouer parcimonieusement les crédits, à raison de quelques centièmes par année, il faut ne commencer simultanément qu'un nombre de constructions tel qu'on soit assuré de ne pas les voir arrêtées faute d'argent, y mettre tous les ouvriers qu'il est possible de faire travailler ensemble, et ne pas s'écarter d'un iota des plans primitivement arrêtés. De cette manière, chaque navire représentera bien toujours une des étapes successives de la science, mais aucun d'eux ne les réunira toutes en un assemblage incohérent.

De sérieux progrès ont été faits dans ce sens depuis peu d'années,

---

1. Voir son rapport dans le *Temps* du 17 juin 1894 ; voir aussi, dans l'ouvrage de M. Weyl, le rapport de la commission d'essais du port de Toulon sur les expériences de giration.

2. Voir l'*Éclair* du 17 avril 1894.

mais il en reste beaucoup à faire, car nous sommes encore loin de
compte avec l'Angleterre. C'est d'ailleurs une question de méthode qui
ne concerne ni la Chambre ni les ingénieurs. Le rôle de ces derniers
consiste à établir des projets sur les programmes qu'on leur impose ;
à les modifier en maugréant quand, à l'arrivée de leur travail, le programme se trouve remplacé par un autre, ce qui est la règle générale ; enfin à organiser leurs chantiers selon les moyens matériels
mis à leur disposition. Quant aux Chambres, elles votent les crédits
demandés par le ministre, dans les limites qu'elles jugent compatibles
avec les ressources du pays, et nul ne peut leur reprocher d'avoir été
trop parcimonieuses de ce côté. Les véritables responsables des mé-
comptes causés par notre matériel naval, c'est rue Royale qu'il faut
les chercher [1].

On trouve encore, sur cette affaire du *Magenta*, des détails intéressants dans un article de M. E. Weyl [2], que je crois utile de reproduire ici :

« Le rapport de l'amiral Vallon sur le *Magenta* est suivi d'un tableau
de comparaison entre ce bâtiment et divers cuirassés de nationalité
étrangère. L'amiral a fait choix des navires suivants : *Brandenburg*
(allemand), *Anson* et *Centurion* (anglais), *Iowa* (américain), *Sardegna*
et *Andrea-Doria* (italiens), *Rurik* (russe). Il est d'abord à remarquer
que le *Brandenburg* est ce navire allemand dont les machines ont été
désemparées, il y a quelques mois, à la suite d'un accident qui a fait
42 victimes. Il a, d'après des Aide-Mémoire, filé 17 nœuds ; mais ce

---

1 « C'est toujours le génie maritime, aux yeux de la marine comme de
l'opinion publique, qui est responsable des erreurs commises dans le matériel naval. On oublie qu'il n'est *pas représenté* dans le Conseil supérieur
de la marine et que, au sein du Conseil des travaux, il ne dispose que de
trois voix sur *quatorze*. — Néanmoins, quand on voit apparaître dans la
flotte un bâtiment de conception bizarre et sans valeur, c'est dans la marine
un *tolle* général contre les ingénieurs incapables qui l'ont imaginé. Si, pendant le cours d'une construction, on change quatre fois d'idée sur la disposition de l'artillerie, si on modifie deux fois le type des canons, si on fait
remanier les emménagements pour augmenter de moitié la composition de
l'équipage, si, par suite, le bâtiment est resté deux ans de plus en chantier
et a coûté quelques millions de trop, les responsables sont vite désignés :
ce sont ceux qui, contre leur gré, n'ont fait qu'exécuter des ordres venus
d'en haut. » (*La Situation du génie maritime en 1894.* Paris, imprimerie
Chaix, 1894.)

2. *Journal des Débats* du mardi soir 18 juin 1894.

chiffre est sujet à caution, le *Naval Annual* de lord Brassey donnant
16 nœuds 5 avec 9640 chevaux, soit 140 chevaux de plus que la
puissance prévue.

« A remarquer aussi que le *Iowa* et le *Rurik* n'ont pas encore été
essayés. Le *Iowa* est sur chantiers et le *Rurik* effectue ses premières
sorties. Quant à l'*Anson*, le tableau contient les observations suivantes : « Même déplacement que le *Magenta*. — A peu près mêmes
« dimensions, 734 chevaux en plus. — Vitesse supérieure de 1 nœud 2 ;
« approvisionnement double ; cuirasse un peu plus épaisse. — Pont
« plus léger, 206 tonnes en moins. »

« A cela on peut ajouter que, comme conception, il est à peu près
contemporain du *Magenta ;* le terrain de comparaison est donc convenable.

« L'*Anson* appartient à un groupe de cuirassés semblables qui se
distinguent par le peu d'élévation de leur œuvre-morte aux extrémités ; ce sont des navires à avants bas, type abandonné maintenant
dans la marine anglaise. Ces bâtiments ont filé un peu plus de
16 nœuds 5 aux essais ; mais, en admettant même que cette vitesse
ait été faite réellement, il ne s'ensuit pas qu'en service courant l'*Anson*
conserverait la moindre supériorité sur le *Magenta* qui a donné quelques dizièmes en moins.

« En 1888, à la suite de polémiques sur l'état de la marine anglaise, le Cabinet tory a fait procéder à une enquête extraparlementaire qui a été présidée par M. Campbell-Bannerman. La commission
a mené rapidement ses travaux ; nommée le 23 mars, elle déposait
son premier *Blue Book* le 2 mai suivant ; le 6 août de la même année,
on distribuait au Parlement un deuxième rapport de 549 pages ; l'enquête avait été rondement menée ; enfin, quelques mois après, le Parlement britannique recevait communication d'un rapport parlementaire sur les manœuvres des escadres anglaises en 1888. Or, voici
ce que disait ce document à propos du *Rodney* et du *Benbow* qui
sont des navires de même type, de même tonnage et de même puissance que l'*Anson* :

« Autant qu'on peut en juger, le *Rodney* et le *Benbow* sont de bons
« bâtiments de mer ; leur vitesse n'est pas notablement affectée contre
« une faible mer ou un vent modéré ; mais leur peu de hauteur de
« franc-bord le rend impropres à un combat en escadre comme cui-
« rassés de premier rang, *parce qu'ils sont contraints de marcher à
« petite vitesse* dès qu'ils ont à lutter contre un vent debout, ou
« une houle de l'avant.

« A bord du *Benbow*, on a eu beaucoup de difficultés à mettre à

« poste les ancres de bossoir; et, sur tous ces navires, des plaintes
« sérieuses ont été faites au sujet du gaillard d'avant, dont le pont
« laisse passer l'eau, de telle sorte que, lorsqu'on embarque des pa-
« quets de mer, l'eau descend dans le poste de l'équipage situé en
« dessous et le rend inhabitable. »

« D'autre part, le rapport formulait d'autres plaintes sur ces bâtiments : tels des surplus de déplacement de 400 à 600 tonneaux d'où
résultait une surimmersion de la cuirasse de 30 à 40 centimètres ;
l'insuffisance de longueur de la ceinture cuirassée de flottaison, etc.,
etc. Enfin il est à rappeler que la *Victoria* appartenait à ce groupe et
qu'elle avait été construite sur des plans qui différaient peu de ceux
des ['cuirassés dont il vient d'être question. Ce qui précède ne dé-
montre-t-il pas, de reste, qu'il est impossible de juger des navires de
guerre, en ne se servant que des chiffres qu'on trouve dans les Aide-
mémoire ?

« Le *Magenta*, qui est un cuirassé à hautes murailles, a incontestablement sur l'*Anson* le très grand avantage de ne pas être forcé de
marcher à petite vitesse dès qu'il y a un peu de mer. Et, quand on
se reporte à la date exacte de sa mise en construction, on constate
qu'elle est antérieure à celle du groupe anglais ; seulement, grâce à
notre méthode de travail, le *Magenta* est resté près de douze ans sur
chantiers, tandis que l'*Anson* et ses congénères sont entrés en service
au bout de cinq ans. C'est ce qui fait qu'on compare le *Magenta* à des
bâtiments étrangers qui sont de conception beaucoup plus récente et
qu'on est en droit de critiquer les procédés de la marine française. »

On voit quel est le danger des comparaisons générales entre objets
aussi complexes que deux cuirassés, danger assurément bien difficile
à éviter, puisqu'un homme de la haute compétence de l'amiral Vallon
a pu y tomber.

Je ne parle pas de la méthode, difficilement justifiable, qui consiste
à envisager les qualités nautiques de navires qui n'existent pas en
réalité, comme le *Iowa* et le *Rurik*. Mais en raisonnant uniquement
d'après des Aide-mémoire, on réduit ses moyens d'appréciation au
très petit nombre d'éléments que ces ouvrages ont pu exprimer en
chiffres ; et encore ces chiffres sont-ils toujours sujets à caution,
comme le montrent les discordances que l'on ne manque pas de relever entre ces diverses publications, pour peu qu'on ait à s'en servir
pour un travail sérieux.

Mais ce que les Aide-mémoire ne fournissent en aucun cas, ce
sont des considérations comme celles-ci : le *Magenta* primitif était,

comme par exemple le *Hoche*, un navire à avant bas, à « plage ».
Les inconvénients de cette construction l'ont fait abandonner dans
toutes les marines avant l'achèvement du *Magenta*, qui a été modifié
en conséquence. Si l'élévation du franc-bord de ce bâtiment a en-
traîné une certaine diminution de vitesse, faut-il se plaindre de cette
réduction ?

Je ne crois pouvoir mieux faire, pour terminer, que de reproduire
ici un passage d'une lettre que m'écrivait, au sujet du *Magenta* et de
la question si délicate de la stabilité de route et de la stabilité de
plate-forme, un personnage dont le nom, qu'il m'est interdit de citer,
fait autorité en matière de constructions navales :

« En gros, un cuirassé doit être étudié pour ne pas rouler, afin de
tirer ses canons et de profiter de sa cuirasse. Mais, si on l'étudie de
cette façon, il arrive, étant donnée la hauteur pratique des cuirasses,
qu'à moins de précautions spéciales il peut chavirer relativement plus
facilement quand il est percé. C'est un dilemme dont il est difficile de
sortir dans les conditions actuelles. Il y a deux écoles, celle des Anglais (*Résolution*, *Victoria*, etc.), bâtiments qui roulent énormément
et qui sont en conséquence des *engins de combat de beau temps*. Il y
a la nôtre (*Hoche*, etc.), bâtiments qui s'inclinent plus facilement une
fois endommagés ou sous un déplacement de poids à bord, mais ris-
quent moins d'être en temps ordinaire la proie d'un ennemi beaucoup
plus faible : ils gardent la possibilité de se battre quand les autres
l'ont déjà perdue.

« Il y a aussi les gens qui pensent que, étant donnés le prix et les
défectuosités forcées des cuirassés actuels à moins d'atteindre des
tonnages invraisemblables, il vaut mieux construire des croiseurs.

« Il y a enfin les gens qui pensent comme moi qu'il serait bon d'accroître un peu les déplacements, et d'avoir du charbon à bord.... »

Mais, quoi qu'on fasse, il y a un point dont il faut prendre son
parti : avec son appareil moteur et peut-être une centaine de machines auxiliaires de toute nature, un grand navire moderne, cuirassé ou croiseur, voire même paquebot, aura toujours « l'air d'une
fabrique » !

* * *

Une critique que l'on manque rarement de porter contre nos navires est le manque de vitesse.

« Peut-on nier, a dit M. Lockroy à la Chambre, que vous n'ayez pas la vitesse ? La marine elle-même l'a reconnu officiellement : aux manœuvres de 1889, elle a donné à l'escadre commandée par le vice-amiral O'Neill 2 nœuds de rapidité de plus qu'à l'escadre qui représentait l'escadre française. Par conséquent, elle a reconnu officiellement ce jour-là que les escadres étrangères étaient plus vites que les nôtres de 2 ou 3 nœuds. » L'argument a fait son tour de presse, et fut repris dans la *Revue de Paris* par M. Deschanel, qui raconte comme une chose arrivée le bombardement de Toulon[1], et conclut fort justement des croisières impunies de l'amiral O'Neill que les escadres (surtout moins rapides) ne suffisent pas à la défense des côtes, et que chaque port doit être défendu isolément.

Mais où a-t-on pris que les 2 nœuds de vitesse accordés à l'assaillant fussent une reconnaissance implicite de la supériorité des escadres étrangères ? L'amiral Alquier avait 35 bâtiments pour défendre toute la côte comprise entre Cette et Hyères, et on ne pouvait lui en donner moins, les défenses mobiles locales n'étant actuellement chez nous qu'une abstraction. Cela fait, il restait 10 navires pour l'amiral O'Neill. Il tombe sous le sens que si l'on n'avait compensé l'infériorité de ce dernier par un avantage de vitesse, il était inutile de l'envoyer brûler du charbon au large : une fois signalé sur un point quelconque par les sémaphores, il était rejoint et écrasé sous le nombre.

La vérité est qu'en toute manœuvre, aussi bien en mer qu'à terre, il faut donner un avantage marqué à l'assaillant, par la raison bien simple que, dans la réalité, celui qui se décide à l'offensive ne le fait que parce qu'il est ou se croit le plus fort sur le point décisif. C'est ainsi qu'aux manœuvres d'automne, on voit un corps d'armée enlever brillamment une position qu'un « ennemi », marqué par un ou deux bataillons, défend avec une louable énergie. Nos bons troupiers répugnent d'ailleurs sans exception à recouvrir leur képi de la coiffe blanche de l' « ennemi »; et il semble qu'il y ait quelque chose de ce patriotisme naïf dans l'indignation soulevée par la façon dont on a « handicapé » l'escadre O'Neill !

À terre, au moins, on a, en règle générale, la satisfaction de battre platoniquement l' « ennemi ». Cela tient à ce que l'on y jouit d'une plus grande latitude pour déterminer les positions des deux partis, qui peuvent évoluer sur des départements entiers. Dans les manœuvres navales de 1889, incriminées à la Chambre, il s'agissait de défendre une bande longue et étroite, figurée par notre littoral, et dès

---

1. « Vers six heures du soir, l'arsenal est détruit », dit gravement M. Deschanel.

lors, le résultat final était imposé par les circonstances : il fallait beaucoup de navires à la défense, il n'en restait donc que peu à l'attaque, d'où la nécessité de donner à celle-ci l'avantage de vitesse.
— Pour pouvoir favoriser ainsi, non l' « ennemi », mais la flotte
« française », il eût fallu obtenir du roi d'Italie la permission d'aller
tirer nos coups de canon à blanc contre son littoral : il est douteux
qu'il se fût prêté à cette fantaisie.

Sans que ce détail des manœuvres de 1889 ait été expliqué à la tribune, la question des vitesses a été remise au point dans la deuxième
séance de l'interpellation. Tout d'abord, le ministre de la marine vint
montrer que, si l'on s'en tient aux résultats officiels de nos navires et
de ceux de la triple alliance, « la différence n'est pas grande, et
qu'elle serait même plutôt en notre faveur ». Mais c'est surtout dans
le discours si substantiel de M. Thomson que l'on trouve des renseignements précieux, dont la valeur est due principalement au soin
avec lequel ils étaient comparés et interprétés par l'orateur.

Si l'on se contente en effet de juxtaposer des données numériques
relatives à deux navires, qui peuvent procéder de deux conceptions
diamétralement opposées, on peut aboutir à telles conclusions que
l'on voudra. Ce fait est tellement évident, qu'il y a souvent une véritable injustice à reprocher à un constructeur tel défaut de son navire, ou même seulement l'absence de telle qualité. Il est exact, par
exemple, que le *Re Umberto* a filé, aux essais, deux nœuds et un
quart de plus que le *Magenta* ; mais chacun sait que, par contre, il
est moins protégé. Quant aux navires anglais, type *Anson*, nous avons
vu que, s'ils ont donné aux essais quelques dixièmes de nœud de
plus que le *Magenta*, cet avantage ne leur sert pas à grand'chose,
puisqu'ils sont obligés d'y renoncer, pour marcher à petite vitesse,
par un temps de houle ou par un vent de bout. Enfin, tout dernièrement, l'Allemagne a voulu « établir le record » des vitesses de cuirassés ; on sait ce qu'il lui en a coûté : quarante-deux hommes tués
par une explosion de chaudière à bord du *Brandenburg*.

Et puis, que valent ces vitesses d'essai, et qu'en reste-t-il en service courant ? M. Thomson a fait remarquer à la Chambre que les
essais ne sont pas faits partout, comme chez nous, en pleine charge.
Cette affirmation vient d'être corroborée par le dernier ouvrage de
M. Weyl, où l'on trouve l'intéressant tableau des essais de sept navires semblables, type *Royal Sovereign* ; seul, ce dernier navire a
été essayé en pleine charge, avec 8^m,38 de tirant d'eau ; la charge des
autres était notablement inférieure, le tirant d'eau s'abaissant jusqu'à

7ᵐ,37 pour la *Resolution*. J'ajouterai à cela que, d'après des renseignements dignes de foi, les Anglais ont coutume de tenir grand compte, dans leurs essais, des indications du loch, qui n'ont pourtant aucune valeur pour des mesures aussi précises.

D'aucuns affirment encore, sans que ce détail soit assuré, que certaines marines n'ont pas, comme la nôtre, l'habitude absolue de parcourir, sans exception, deux fois la même base en sens contraire ; et l'on devine qu'en pareil cas, le sens choisi pour mesurer la vitesse n'est pas celui qui va contre le vent et le courant. Quoi qu'il en soit de ce dernier point, il est clair qu'on devra toujours être très prudent en comparant des vitesses d'essai fournies par des commissions qui opèrent sur des programmes et d'après des principes différents.

A cela, il faut ajouter que les vitesses d'essai sont obtenues par un personnel de choix, surveillé par une multitude d'officiers, d'ingénieurs et de mécaniciens ; que l'on n'est pas réduit, comme cela peut arriver en service courant, à un combustible quelconque ; enfin, que l'huile coule à flots sur des machines parfaitement neuves, dont l'échauffement n'est donc guère à craindre. D'où il résulte que la vitesse d'essai d'un navire ne fournit qu'une indication vague sur ce qu'il donnera en service courant. Là, on peut être certain que l'on constatera un déficit ; la déception obtenue de la sorte variera beaucoup, suivant les cas ; elle sera souvent considérable. C'est ainsi que l'*Iris*, croiseur anglais qui, aux essais, avait eu une vitesse de 18 nœuds 75, a été battu dans la Méditerranée par notre *Sané*, qui n'avait donné que 15 nœuds aux essais.

Cet exemple, que j'emprunte au discours de M. Thomson, ne signifie pas que 15 nœuds, mesurés à la française, vaillent mieux que 18 nœuds 75 des arsenaux anglais. Il montre simplement que, tant que l'on n'aura pas institué des régates internationales pour les navires de guerre, on devra rester sobre d'appréciations sur leurs vitesses relatives.

* *

Cette question des vitesses et la catastrophe du *Brandenburg* mènent naturellement à dire un mot des avaries qui ont été si copieusement citées à la Chambre par M. Lockroy.

Un bon nombre de ces avaries sont survenues en cours d'essai. Je n'insisterai pas sur ce fait que beaucoup d'entre elles sont imputables aux énormes vitesses exigées par les programmes sans tenir peut-être un compte suffisant de la difficulté qu'il y avait à les réaliser. Mais, d'une façon générale, il est permis de s'étonner que l'on trouve si surprenants des accidents arrivés en cours d'essai. Les essais ont précisément pour objet de constater si rien ne cloche dans un navire neuf, et si l'on arrivait à construire de manière à être sûr à l'avance de n'éprouver aucun déboire, il n'y aurait pas lieu de faire d'essais.

Si certains essais ont été, de la sorte, prolongés outre mesure, il est bon de constater que les cas les plus frappants dans cet ordre d'idées tiennent à ce que, pour des considérations n'ayant rien de militaire, on a donné à construire certains navires à des chantiers privés, insuffisamment aptes à des travaux de ce genre.

Quant aux avaries en cours de service, les unes portent sur des torpilleurs ; pour ces navires, la vérité est qu'on ne sait encore comment les entretenir, les uns estimant qu'il vaut mieux les faire naviguer beaucoup, d'autres préférant qu'ils soient tenus en réserve. Pour les autres navires, la question est de savoir s'ils seront mieux conservés dans la position de réserve, c'est-à-dire par des équipages réduits, ou s'il ne vaudrait pas mieux les confier aux constructions navales dès qu'ils ne sont pas effectivement à la mer. Mais, quoi qu'on fasse, il est impossible qu'on n'ait pas d'avaries, au courant d'un voyage ou d'une campagne, dans la multitude d'organismes compliqués que l'on trouve sur un navire.

Au reste, si l'on se reporte au dernier ouvrage de M. Weyl, on y trouvera une note bien intéressante sur ce qui se passe dans une marine dont personne encore n'a imaginé de condamner le matériel. Aux manœuvres navales anglaises de 1892, 17 cuirassés, garde-côtes, croiseurs et avisos, et 11 torpilleurs, soit 28 navires, ont eu des avaries sérieuses, sur 65 navires mobilisés. Aux manœuvres de 1893, on s'est surtout plaint des croiseurs, qui faisaient avarie sur avarie, et dont la vitesse était inférieure de 30 à 40 p. 100 à leur vitesse théorique.

Nous ne dédaignons pas pour cela la flotte anglaise. Tâchons donc de faire pour le mieux chez nous, mais renonçons aux déclamations injustes, dont le seul résultat est d'enlever toute confiance à notre personnel, et de déprécier nos chantiers auprès des gouvernements étrangers qui, dans ces derniers temps, ont fait construire tant de beaux navires en France.

*
* *

« Les bateaux sous-marins, qui avaient donné de si belles espérances, paraissent maintenant abandonnés. Pourquoi ? [1] »

---

[1] *Revue de Paris* (article de M. Deschanel).

Pourquoi ? Mais précisément, pourrait-on répondre, parce qu'ils n'ont encore donné *que* des espérances. Les constructeurs de bateaux sous-marins, comme les inventeurs de ballons dirigeables, expient aujourd'hui le trop grand bruit que la presse a mené prématurément autour de leurs premiers travaux. Du jour où le ballon *La France* a marché contre une brise de 6 mètres, du jour où le *Goubet* a fait son premier plongeon, on a chanté victoire. On négligeait ce fait qu'un vent de moins de 6 mètres n'est pas fréquent, et que ce n'est pas naviguer que de se déplacer à tâtons, faute d'avoir le moyen de percer les ténèbres qui règnent entre deux eaux.

Mais encore, il convient d'observer que les prémisses de la question de M. Deschanel ne sont pas fondées. Si ces inventeurs sont négligés, ce n'est que du gros public, qui sera toujours incapable de fixer son attention sur des essais minutieux, pendant les longues années de travail qu'ils exigent. Mais est-il juste de dire que les sous-marins paraissent abandonnés, au moment où nous en avons trois en essai ou en voie d'achèvement (*Gymnote*, *Gustave-Zédé* et *Morse*), c'est-à-dire autant et plus qu'aucune autre puissance ? Prétend-on qu'il faille construire et mettre en service une flottille entière de ces navires, qui sont encore pour ainsi dire à l'état d'ébauches ? C'est alors que l'on serait en droit de crier à l'imprévoyance et au gaspillage !

Quoi qu'il en soit, la question laconique de M. Deschanel est accompagnée d'une note destinée à nous rappeler que « la *Marine de France*, qui est considérée comme le moniteur officiel de la jeune école, réclame depuis plusieurs années la mise au concours, entre officiers et ingénieurs, du problème sous-marin ».

Le même vœu, que l'honorable député n'a pas manqué de formuler à la tribune de la Chambre, se trouve également dans l'*Essai de stratégie navale*.

Est-ce que vraiment la jeune école s'imagine que nos officiers et nos ingénieurs attendent, pour inventer des bateaux sous-marins, que le ministre leur en donne l'ordre, ou tout au moins qu'il les y pousse par une mise au concours ?

* *

Voici un extrait assez suggestif du compte rendu de la séance du 30 janvier à la Chambre des députés :

« **M. le président.** — La parole est à M. Guieysse.

« **M. Paul Guieysse.** — Je crois que ce sont les faits particuliers qui peuvent le mieux éclairer la Chambre sur l'état des approvisionnements de la marine. Je porte donc à sa connaissance le texte de la dépêche suivante, que je reçois à l'instant de Lorient :

« Situation Lorient identique Toulon. — La commande de farine pour « l'armement de la *Rance* vient d'être refusée. »

« Si la farine était de mauvaise qualité, on a eu raison de la refuser.
« Mais, ce qui est grave, la dépêche ajoute :

« Le stock en magasin est nul. La *Rance*, par suite, est obligée de « différer son départ rade pour essais. » (*Exclamations sur un grand nombre de bancs.*)

« Je demande à M. le ministre de la marine de vouloir bien nous éclairer, dès qu'il le pourra, sur cette situation. (*Sur divers bancs à gauche :* L'enquête ! l'enquête !) »

Le député de la 1re circonscription de Lorient a certainement vu maintes fois la *Rance*. Il n'est donc pas nécessaire de lui rappeler ce que ses collègues étaient en droit d'ignorer, que ce navire est un petit aviso-transport de 1 600 tonneaux, qui fait en quelque sorte le service de caboteur entre les ports de guerre. Ses plus grandes traversées sont de deux jours, son équipage compte 110 hommes ; avec 110 kilogrammes de farine, son approvisionnement est donc assuré. Or, quel que soit le désordre des approvisionnements de la marine, il est difficile de croire que le port de Lorient n'ait pas eu deux sacs de farine disponibles. S'il en avait été ainsi, il faudrait d'ailleurs admettre que la famine sévissait à ce moment sur les troupes de la marine et les divisions d'équipages qui habitent l'arsenal, car enfin l'équipage de la *Rance* n'y était pas tombé des nues. Ce navire a Lorient pour port d'attache, il y était en armement, et par conséquent son équipage s'y trouvait depuis plus ou moins longtemps ; si donc on n'avait pas de farine à donner au bord pour ces hommes, on n'en avait pas davantage pour les nourrir à terre. Enfin, ce dénûment, même réel, n'eût pas été un motif de retarder un départ décidé : il n'y avait qu'à envoyer quatre hommes chercher cette petite provision en ville, chez le premier boulanger venu.

Au premier abord, on est donc tenté de se demander si l'auteur de la dépêche était un homme naïf, ou un mystificateur désireux de jouer un tour à son député, et de provoquer à bon compte des « exclamations sur un grand nombre de bancs ». — C'est du moins dans ce sens qu'a conclu un « officier de marine » en écrivant à ce propos au *Matin* du 9 février une lettre où il qualifie M. Guieysse de « pro-

fesseur de philosophie », erreur bien inexplicable chez un « officier
de marine », qui pourrait savoir que l'honorable député est un ancien
ingénieur hydrographe de la marine.

Mais la suite du débat permet de supposer, avec plus de vraisemblance, que le correspondant de M. Guieysse n'était ni un gobe-mou-
ches, ni un mauvais plaisant, mais un homme au courant de beaucoup
de dessous, qui, pour forcer l'attention de la Chambre, avait sciemment
noirci quelque peu le tableau.

La vérité, qu'il est aisé de déduire de la réponse de l'amiral Lefèvre et de la réplique de M. Guieysse, est que l'arsenal était effectivement très pauvre en farine, et qu'aussitôt le fait révélé, l'administration maritime s'efforça de le dissimuler en appliquant un procédé
dont elle est coutumière, mais dont il importerait qu'elle perdît l'habitude.

Voici en effet un extrait du compte rendu de la séance du 1er février :

« M. l'amiral Lefèvre, *ministre de la marine.* — L'honorable
M. Guieysse a lu à la tribune une dépêche de Lorient, l'avisant que le
service des approvisionnements était hors d'état de fournir à la *Rance*
la farine qui lui était nécessaire, et que sa mise en rade était retar-
dée pour ce motif. Messieurs, la *Rance* va en rade aujourd'hui, avec
ses approvisionnements complets, et il reste en magasin à Lorient
9,000 kilogrammes de farine. (*Interruptions.*)

« M. Paul Guieysse. — Je demande la parole.

« M. le ministre. — C'est ce qui résulte d'une dépêche de M. le
préfet maritime de Lorient. »

Dans la suite de la séance, le point faible des renseignements fournis au ministre ressortit très clairement des détails suivants, apportés
avec une louable discrétion par M. Guieysse :

« De l'enquête à laquelle je me suis livré, il résulterait que ce
n'est que d'hier que les approvisionnements du port ont été suffisants
pour permettre d'embarquer sur ce bâtiment la farine nécessaire.

« Ce serait la livraison de farine dont je vous ai parlé mardi, et qui
a été refusée précédemment par la commission de recette ordinaire,
qui a été reçue par une commission supérieure. Je sais que les règlements l'y autorisaient. A-t-elle eu raison de le faire ? Je l'espère.
Mais ce que je tiens à constater, c'est que c'est *hier seulement* que

le fait s'est produit, et, par conséquent, que la commission supérieure ait eu raison ou tort d'accepter cette livraison, il en résulterait néanmoins que les approvisionnements de l'arsenal de Lorient sont absolument insuffisants et hors d'état de satisfaire à une mobilisation, si elle était nécessaire dans un délai très rapproché. »

Il n'a pas été répondu à M. Guieysse, et l'inexcusable pénurie du port de Lorient reste donc bien établie. Mais en outre, on peut tirer de cet incident des conséquences curieuses sur la manière dont on renseigne le ministre et,, par contre-coup, les Chambres.

Le ministre, interpellé le mardi, a dû faire télégraphier séance tenante au préfet maritime pour obtenir des explications. La commission supérieure a été convoquée d'urgence le mercredi. Dans quelle mesure l'arrivée d'une dépêche ministérielle a-t-elle pu agir sur les membres de cette commission, on l'ignore naturellement. Le seul fait certain, c'est que le lot de farine, rebuté la veille, a été reçu, et qu'on a pu télégraphier au ministre : « *Rance* va en rade demain ; reste en magasin 9 000 kilogrammes farine. » M. Guieysse a eu la charité de ne pas insister sur cette petite malice ; je ferai comme lui.

Mais il est permis de saisir cette occasion de s'élever contre les annulations des décisions prises par les commissions de recette, qui sont de pratique courante dans la marine. Les lecteurs du *Journal officiel* peuvent en constater la fréquence dans les *Documents du ministère de la marine*, où d'ailleurs je crois qu'on ne publie qu'une partie de ces annulations. Il arrive que des motifs soient donnés à l'appui de mesures de ce genre ; mais souvent on se borne à déclarer que l'objet précédemment rebuté est reçu par la commission supérieure.

Sans doute, on conçoit qu'une commission de recette ne soit pas considérée comme infaillible, surtout quand il s'agit de denrées alimentaires, pour lesquelles une part assez grande est nécessairement laissée à l'appréciation personnelle ; ainsi, tel membre peut trouver qu'un échantillon de vin n'est pas « franc de goût », ou qu'il est un peu « plat », et son opinion peut n'être point partagée par un autre ; il peut même arriver qu'une même personne se contredise elle-même, sur un pareil sujet, à quelques jours d'intervalle. Mais il arrive également que des commissions supérieures prononcent l'acceptation de fournitures qui n'ont à satisfaire qu'à des conditions mesurables, excluant toute appréciation vague.

Dans l'un et l'autre cas, on peut admettre que des questions d'op-

portunité militent en faveur de l'acceptation d'une fourniture imparfaite sans être absolument mauvaise : par exemple, la nécessité de
compléter rapidement un approvisionnement, la rareté d'une mar-
chandise ou une hausse imminente de son prix. La commission de
recette n'a pas à entrer dans ces détails, qu'une commission supérieure peut apprécier.

Mais des motifs de ce genre doivent être expressément énoncés,
pour éviter toute équivoque, et pour ne pas déconsidérer les commissions de recette. Et surtout, une bonne administration doit être assez
prévoyante pour que ces cas soient fort rares. Il y a peu de signes
plus évidents de désordre administratif, que le mépris, érigé en système, des décisions des commissions de recette.

NOTE B

DÉCRETS DU 13 MAI 1890 ET DU 17 FÉVRIER 1894,

RELATIFS A LA DÉFENSE DU LITTORAL

Les deux décrets qui ont réglé successivement la défense de notre littoral ont été discutés plus haut, article par article.

Je crois utile de les reproduire ici dans leur ensemble, avec les rapports au Président de la République qui les précèdent, en plaçant les deux textes en regard l'un de l'autre. On pourra, de la sorte, se rendre aisément compte de la filiation du second décret, qui régit aujourd'hui la matière, et comparer ses dispositions avec celles que j'ai proposées pour les remplacer (pages 198 et suivantes).

VOIR A LA PAGE SUIVANTE

DÉCRET DE 1890

Rapport au Président de la République française, sur les attribu-
tions, en cas de mobilisation, des préfets maritimes et des com-
mandants des secteurs du littoral, en ce qui concerne la défense des
côtes.

Paris, le 13 mai 1890.

Monsieur le Président,

En cas de mobilisation, les départements de la guerre et de la marine sont appelés à concourir, chacun avec leurs moyens, à la garde
et à la défense du littoral. Il importe au plus haut point que l'unité
existe entre les divers éléments d'action, et, dans ce but, nous avons
pensé, mon collègue de la marine et moi, qu'il était nécessaire de
les grouper sous un même commandement. Les préfets maritimes,
que les nécessités de la mobilisation n'enlèvent pas à leur poste, se
trouvaient naturellement désignés. Mais comme, d'autre part, il ne
pouvait être question de dégager le ministre de la guerre de l'obligation qui lui incombe, aux termes des lois en vigueur, d'assurer la
défense des frontières de terre et de mer, il a été décidé, entre les
deux départements, que les préfets maritimes passeraient, en tout ce
qui concerne le commandement des forces terrestres, sous les ordres
directs du ministre de la guerre et recevraient de lui des lettres de
service spéciales.

En même temps et au-dessous des préfets maritimes, un certain
nombre de commandants de secteurs se partageraient l'étendue des
côtes et seraient groupés par circonscriptions maritimes. Ces commandants, empruntés indistinctement, suivant les ressources, aux
armées de terre et de mer, seraient uniformément investis par le ministre de la guerre des pouvoirs nécessaires sur les éléments de son
département, et par le ministre de la marine sur les éléments qui lui
appartiennent.

Par cette combinaison, le ministre de la guerre, tout en conservant
son action et sa responsabilité, se trouverait considérablement sou-
lagé par le concours d'officiers généraux de l'armée de mer, en activité de service, alors que le personnel de son propre département
lui fait défaut pour un semblable objet, par suite de la nécessité de
pourvoir au commandement des armées en campagne et des grandes
places de guerre.

DÉCRET DE 1894

Rapport au Président de la République française relatif aux attributions, en cas de mobilisation, des préfets maritimes et des commandants de secteurs du littoral en ce qui concerne la défense des côtes.

Paris, le 17 février 1894.

Monsieur le Président,

Une étude plus approfondie des dispositions arrêtées de concert entre les départements de la guerre et de la marine en vue d'assurer, en cas de mobilisation, la garde et la défense du littoral, a fait ressortir la nécessité d'apporter certaines modifications au règlement du 21 avril 1890, rendu exécutoire par le décret du 13 mai de la même année.

Ces modifications portent principalement sur la délimitation des secteurs côtiers et sur l'attribution du commandement de ces secteurs, d'une façon déterminée, à des officiers des deux départements intéressés.

En même temps, il a paru utile de fixer d'une façon plus précise les pouvoirs des commandants de secteurs sur les divers éléments de défense mis à leur disposition.

En conséquence, un règlement destiné à remplacer le règlement du 21 avril 1890 précité a été établi, après entente avec M. le Ministre de la marine.

Si vous en approuvez les dispositions, j'ai l'honneur de vous prier de vouloir bien revêtir de votre signature le décret ci-joint destiné à le rendre exécutoire.

Veuillez agréer, Monsieur le Président, l'hommage de mon respectueux dévouement.

Signé : A. MERCIER.

Un règlement a été depuis longtemps préparé par les états-majors généraux des deux départements. Après avoir subi des modifications de détail, ce règlement a été définitivement adopté par le conseil supérieur de la guerre, dans sa séance du 14 avril dernier, et il a été revêtu de la signature du ministre de la marine, à la date du 21 avril. C'est ce règlement que je vous propose de vouloir bien approuver et rendre exécutoire.

Veuillez agréer, Monsieur le Président, l'hommage de mon respectueux dévouement.

Le Président du Conseil, Ministre de la guerre,

Signé : C. DE FREYCINET.

Décret qui approuve un règlement ayant pour objet de déterminer, en cas de mobilisation, les attributions des préfets maritimes et des commandants des secteurs du littoral, en ce qui concerne la défense des côtes.

Paris, le 13 mai 1890.

LE PRÉSIDENT DE LA RÉPUBLIQUE FRANÇAISE,

Vu l'article 13 du titre Ier de la loi du 10 juillet 1791, sur la conservation des places de guerre et postes militaires, et l'ordonnance du 3 janvier 1843, qui établissent la responsabilité du ministre de la guerre en ce qui concerne la défense des frontières de terre et de mer ;

Considérant qu'il importe d'assurer l'unité de direction dans l'emploi des éléments de surveillance et de défense affectés par les départements de la guerre et de la marine à la protection des côtes ;

Sur le rapport des ministres de la guerre et de la marine,

DÉCRÈTE :

Art. 1er. — Est approuvé et rendu exécutoire le règlement ci-après, ayant pour objet de déterminer, en cas de mobilisation, les attributions des préfets maritimes et des commandants des secteurs du littoral, en ce qui concerne la défense des côtes.

Décret relatif aux attributions, en cas de mobilisation, des préfets maritimes et des commandants de secteurs du littoral en ce qui concerne la défense des côtes.

Paris, le 17 février 1894.

LE PRÉSIDENT DE LA RÉPUBLIQUE FRANÇAISE,

Vu l'article 13 du titre Ier de la loi du 10 juillet 1791, sur la conservation des places de guerre et postes militaires, et l'ordonnance du 3 janvier 1843, qui établissent la responsabilité du ministre de la guerre en ce qui concerne la défense des frontières de terre et de mer;

Vu le décret du 13 mai 1890, portant approbation du règlement du 21 avril 1790, relatif à la défense du littoral;

Sur le rapport du ministre de la guerre, établi après entente avec le ministre de la marine,

DÉCRÈTE :

Art. 1er. — Est approuvé et rendu exécutoire le règlement ci-après, qui remplace le règlement du 21 avril 1890, ayant pour objet de déterminer, en cas de mobilisation, les attributions des préfets maritimes et des commandants des secteurs du littoral en ce qui concerne la défense des côtes.

Art 2. — Les ministres de la guerre et de la marine sont chargés, chacun en ce qui le concerne, de l'exécution du présent décret.

Fait à Paris, le 13 mai 1890.

Signé : CARNOT.

Par le Président de République :

Le Président du Conseil,
Ministre de la guerre,
Signé : C. DE FREYCINET.

Le Sénateur,
Ministre de la marine.
Signé : E. BARBEY.

———

Règlement ayant pour objet de déterminer, en cas de mobilisation, les attributions des préfets maritimes et des commandants des secteurs du littoral, en ce qui concerne la défense des côtes.

Paris, le 21 avril 1890.

Art. 1er. — Les préfets maritimes exercent, en cas de mobilisation, *sous les ordres directs du ministre de la guerre,* le commandement de tous les éléments dépendant du département de la guerre, qui concourent à la surveillance ou à la défense immédiate du littoral et des îles de leur arrondissement.

Art. 2. — Le littoral des arrondissements maritimes est divisé en un certain nombre de secteurs, conformément aux indications du tableau ci-joint.

A la tête de chacun de ces secteurs est placé un officier général ou supérieur de l'armée de terre ou de l'armée de mer.

Ces commandants sont sous les ordres des préfets maritimes, sauf les exceptions indiquées à l'article 9 pour le secteur de Marseille, et à l'article 10 pour les secteurs de Dunkerque, Bayonne, Port-Vendres et Nice.

Art. 2. — Les ministres de la guerre et de la marine sont chargés, chacun en ce qui le concerne, de l'exécution du présent décret.

Fait à Paris, le 17 février 1894.

Signé : CARNOT.

Par le Président de la République :

Le Ministre de la guerre,   Le Ministre de la marine,
Signé : A. MERCIER.   Signé : LEFÈVRE.

Règlement ayant pour objet de déterminer, en cas de mobilisation, les attributions des préfets maritimes et des commandants de secteurs du littoral en ce qui concerne la défense des côtes [1].

Paris, le 17 février 1894.

Art. 1er. — (*Comme celui du décret de 1890, mais sans employer de lettres italiques.*)

Art. 2. — Le littoral des arrondissements maritimes est divisé en un certain nombre de secteurs, conformément aux indications du tableau figurant à l'article 17.

Un officier général ou supérieur de l'armée de terre a le commandement des secteurs de Dunkerque, Bayonne, Perpignan, Antibes et Nice.

Un officier général ou supérieur de l'armée de mer a le commandement des secteurs d'Abbeville, le Havre, Cherbourg, Saint-Malo, Saint-Brieuc, Brest, Lorient, Saint-Nazaire, les Sables-d'Olonne, Rochefort, Royan, Cette, Marseille et Toulon.

Ces commandants sont sous les ordres des préfets maritimes, sauf les exceptions indiquées à l'article 9 pour le secteur de Marseille et à l'article 10 pour les secteurs de Dunkerque, Bayonne, Perpignan et Nice.

Art. 3. — Les commandants de secteurs appartenant à l'armée de terre ont pour adjoint un officier supérieur de l'armée de mer.

---

1. Pour plus de clarté, au lieu de reproduire tout le texte de ce règlement, je me contenterai d'indiquer les différences qui le séparent de celui de 1890.

Art. 3. — Les préfets maritimes et les commandants de secteur reçoivent *des lettres de commandement*, délivrées *par le ministre de la guerre* d'une part, et *par le ministre de la marine* de l'autre, pour définir leurs pouvoirs sur les éléments qui dépendent de chacun de ces départements.

Les ministres de la guerre et de la marine se donnent réciproquement communication du libellé des lettres de commandement qu'ils ont ainsi délivrées.

Art. 4. — Sauf dans les cas indiqués à l'article 11, les commandants de secteur sont indépendants des commandants du territoire ; mais ils doivent envoyer au commandant de la région sur le territoire duquel se trouve leur secteur un double de tous les renseignements qu'ils adressent au préfet maritime.

De leur côté, les préfets maritimes avisent les commandants de région de tous les faits importants qui peuvent intéresser le littoral de leur région.

Art. 5. — Les commandants de secteur ont sous leur autorité :

1° Tous les moyens de défense dépendant du département de la marine : sémaphores, garde-côtes, torpilleurs et troupes de marine affectés au secteur ;

2° Les brigades côtières et les unités actives des douanes ;

3° Les éléments dépendant du département de la guerre spécialement affectés à la défense mobile des côtes, dès que leur mobilisation est terminée.

Les troupes de toute nature, ainsi employées, sont considérées comme opérant devant l'ennemi, et restent indépendantes du commandement territorial.

Les préfets maritimes peuvent les faire changer de secteur, sauf à en rendre compte au ministre de la guerre.

Toutefois, les autorités maritimes ne peuvent ordonner directement que des mouvements par terre ; les transports par voies ferrées qui nécessiteront des trains spéciaux devront toujours être demandés au ministre de la guerre.

Réciproquement, les commandants de secteurs appartenant à l'armée de mer ont pour adjoint un officier supérieur de l'armée de terre.

Art. 4. — (*Comme l'article 3 du décret de 1890, mais sans employer de lettres italiques et en ajoutant les mots :* dès le temps de paix, *après le mot :* reçoivent.)

Art. 5. — (*Comme l'article 4 du décret de 1890, en remplaçant* 11 *par* 12 *et en mettant :* les régions sur le territoire desquelles, *au lieu de :* la région sur le territoire de laquelle [1].)

Art. 6. — Les commandants de secteur ont sous leur autorité :

1° Les brigades côtières et les unités actives des douanes;

2° Les éléments dépendant du département de la guerre spécialement affectés à la défense [2] des côtes, dès que leur mobilisation est terminée;

3° Les troupes de la marine affectées au secteur;

4° Les moyens de défense fixes dépendant du département de la marine (sémaphores, etc.), affectés au secteur;

5° Éventuellement, les éléments flottants : garde-côtes, croiseurs et torpilleurs, dépendant du préfet maritime de l'arrondissement, lorsqu'un des points du secteur où ils sont stationnés se trouve attaqué.

Les troupes de toute nature..... (*le reste, comme à l'article 5 du décret de 1890.*)

---

1. Cette dernière correction répare une inadvertance du décret de 1890.

2. Même observation pour la suppression, ici, du mot « mobile ».

Art. 6. — Dans le secteur d'Antibes, la protection de la voie ferrée du littoral ayant une importance spéciale pour les communications de l'armée des Alpes, tous les éléments affectés à la garde de ces communications restent sous les ordres du général commandant en chef cette armée.

Art. 7. — Sauf les exceptions indiquées aux articles 8 et 9 ci-après, les gouverneurs des places et ouvrages du littoral se conforment aux instructions du commandant du secteur dans lequel ces ouvrages sont compris, pour tout ce qui concerne l'action des fronts de mer.

Par application de l'article 273 du décret du 26 octobre 1883, sur le service des armées en campagne, ces gouverneurs passent complètement sous les ordres du commandant du secteur, lorsque ce dernier vient concourir à la défense des ouvrages avec les forces mobiles de terre et de mer dont il dispose [1].

Art. 8. — Par modification de l'article 7 ci-dessus, les gouverneurs de Belle-Ile et de l'Ile de Ré et d'Oléron sont indépendants des commandants des secteurs. Ils reçoivent directement les ordres du préfet maritime de leur arrondissement.

Art. 9. — Le commandant du secteur de Marseille est sous les ordres du général commandant la 15e région de corps d'armée pour tout ce qui concerne l'action des fronts de mer de la place de Marseille.

Pour le reste du secteur et pour l'emploi des forces de mer, il rentre dans le cas prévu à l'article 2 et se trouve placé, en conséquence, sous la dépendance du préfet maritime.

Art. 10. — Les gouverneurs de Dunkerque, Bayonne, Port-Vendres et Nice sont les commandants désignés du secteur dans lequel leur place est comprise.

Les ministres de la guerre et de la marine déterminent, après entente préalable, les éléments et moyens de défense, dépendant de leurs départements respectifs, qui sont spécialement affectés à ces places et ceux qui doivent concourir à la défense mobile du littoral.

Le gouverneur dispose sous sa responsabilité des éléments et moyens de défense spécialement affectés à la place.

Quant à ceux qui doivent concourir à la défense du littoral, il en

---

1. Art. 273. — Les gouverneurs de places et de forts isolés situés dans la zone d'opérations d'une armée ou d'un corps d'armée agissant isolément sont sous les ordres du commandant de cette armée.

Art. 7. — (*Identique à l'article 6 du décret de 1890.*)

Art. 8. — (*Comme l'article 7 du décret de 1890, en mettant :* à l'article 9, *au lieu de :* aux articles 8 et 9 ci-après.)

Art. 9. — (*Identique à celui du décret de 1890, sauf l'addition, à la fin, des mots :* de Toulon.)

Art. 10. — (*Comme celui du décret de 1890, sauf le remplacement du mot* Port-Vendres *par le mot* Perpignan, *et la suppression des alinéas qui forment ici l'article 11.*)

dispose dans les limites qui lui sont indiquées par le préfet maritime.

Le préfet maritime dirige le service des sémaphores en ce qui concerne les renseignements à transmettre aux bâtiments.

Les ordres donnés par le préfet maritime aux forces de la défense mobile de mer et aux sémaphores sont, autant que possible, transmis par l'intermédiaire du gouverneur. Dans le cas contraire, ils lui sont toujours communiqués.

Le gouverneur défère aux invitations du préfet maritime pour ce qui concerne le concours ou l'appui que sa place doit prêter aux bâtiments. Il lui rend compte de tout ce qui peut intéresser la défense de cette place ou du littoral de son secteur.

Art. 11. — En cas d'attaque, si le commandant d'un secteur estime que les troupes côtières placées sous ses ordres sont insuffisantes pour repousser l'ennemi, il en avise les commandants de subdivision de région les plus voisins.

Ceux-ci lui envoient les forces dont ils peuvent disposer et en rendent compte au général commandant la région.

Le concours ainsi prêté n'a qu'un caractère temporaire et les forces doivent faire retour au territoire, aussitôt que les causes qui ont motivé leur envoi ont cessé d'exister.

Dans le cas où les forces empruntées au territoire dépasseraient l'effectif de trois bataillons, le général commandant la région prend la direction des opérations de terre et il l'exerce sous l'autorité du ministre de la guerre.

Les commandants des secteurs du littoral de sa région passent alors sous son commandement, en ce qui concerne l'emploi des troupes de terre de toute nature dont ils disposent.

Enfin, si les circonstances exigent l'entrée en ligne d'importantes unités organisées de l'armée de terre, l'autorité militaire prend la direction générale des opérations, en vertu d'un ordre spécial du ministre de la guerre.

Art. 12. — Les ministres de la guerre et de la marine s'informent réciproquement des modifications apportées dans l'affectation des éléments ou des troupes de leurs départements respectifs primitivement employées à la défense des côtes, lorsqu'ils jugent nécessaire

Art. 11. — Les préfets maritimes dirigent le service des sémaphores, en ce qui concerne les informations relatives aux opérations navales.

Les ordres donnés par les préfets maritimes aux forces de la défense mobile de mer et aux sémaphores sont, autant que possible, transmis par l'intermédiaire du commandant du secteur.

Dans le cas contraire, ils lui sont toujours communiqués.

Art. 12. — En cas d'attaque, si le commandant du secteur estime que les troupes côtières placées sous ses ordres sont insuffisantes pour repousser l'ennemi, il en avise les commandants des secteurs voisins.

Ceux-ci lui envoient les forces dont ils peuvent disposer et rendent compte au préfet maritime.

Si ces forces sont insuffisantes, le commandant du secteur avise les commandants de subdivision de région les plus voisins.

Ceux-ci lui envoient les forces dont ils peuvent disposer et en rendent compte au général commandant la région de corps d'armée.

Le concours ainsi prêté n'a qu'un caractère temporaire et les forces doivent faire retour au territoire aussitôt que les causes qui ont motivé leur envoi ont cessé d'exister.

Dans le cas où les forces empruntées au territoire dépasseraient l'effectif de trois bataillons, le général commandant la région prendrait la direction des opérations à terre et l'exercerait sous l'autorité du ministre de la guerre.

Les commandants de secteur du littoral de la région intéressée passent alors sous les ordres du commandant de cette région en ce qui concerne l'emploi des troupes de terre de toute nature dont ils disposent.

Enfin, si les circonstances exigent l'entrée en ligne d'importantes unités organisées de l'armée de terre, l'autorité militaire prend la direction générale des opérations, en vertu d'un ordre spécial du ministre de la guerre.

Art. 13. — (*Identique à l'article 12 du décret de 1890.*)

d'utiliser tout ou partie de ces éléments ou troupes pour d'autres opérations.

Art. 13. — Les préfets maritimes reçoivent communication des plans de défense élaborés par les commissions de défense des places et forts du littoral situés dans l'étendue de leur arrondissement. Ils y mentionnent leur avis.

Art. 14. — Les dispositions qui précèdent ne sont applicables ni à la Corse ni à l'Algérie.

Paris, le 21 avril 1890.

Le Président du Conseil,
Ministre de la guerre,
Signé : C. DE FREYCINET.

Le Sénateur,
Ministre de la marine,
Signé : E. BARBEY.

TABLEAU.

Art. 14. — *(Identique à l'article 13 du décret de 1890.)*

Art. 15. — Le littoral de la Corse et le littoral d'Algérie-Tunisie forment chacun un secteur indépendant, relevant respectivement, en temps de guerre, du gouverneur de la Corse et du général commandant le 19ᵉ corps d'armée.

Le commandant de la marine en Corse utilise, sous la haute autorité du gouverneur de l'île, tous les moyens de défense fixes et flottants qui se trouvent momentanément à sa disposition au titre du département de la marine et dans les conditions définies par des instructions spéciales.

La même disposition est applicable, pour le littoral de l'Algérie et de la Tunisie, au commandant de la marine en Algérie, sous la haute autorité du général commandant le 19ᵉ corps d'armée.

Art. 16. — Les commandants de secteur peuvent être convoqués à des époques indéterminées, pour visiter la zone sur laquelle s'étendra leur autorité en temps de guerre et étudier les moyens de défense qui seront mis à leur disposition.

En outre, certains exercices spéciaux peuvent être effectués, dans la limite des crédits budgétaires, après entente entre les départements de la guerre et de la marine, en vue d'étudier l'application partielle des dispositions contenues dans le présent règlement.

Art. 17. — La répartition du littoral des côtes de France en secteurs est indiquée dans le tableau ci-après :

TABLEAU.

Tableau de la division en secteurs du littoral des côtes de France. (Annexé au règlement de 1890.)

DÉNOMINATION du SECTEUR.	ÉTENDUE DU SECTEUR.	SIÈGE du commandement du secteur.
1er arrondissement maritime.		
Dunkerque	De la frontière de Belgique à la limite du 1er corps d'armée. (Embouchure de l'Authie.)	Dunkerque.
Le Havre	De l'embouchure de l'Authie à Tancarville, y compris l'embouchure de la Seine.	Le Havre.
Caen-Cherbourg	De l'embouchure de la Seine à la limite ouest du 1er arrondissement.	Caen.
2e arrondissement maritime.		
Saint-Malo	De la limite ouest du 1er arrondissement au cap Fréhel.	Saint-Malo.
Saint-Brieuc	Du cap Fréhel à l'embouchure du Douron.	Saint-Brieuc.
Brest	De l'embouchure du Douron à la limite sud de la zone d'autorité du préfet maritime.	Brest.
Quimper	De la zone du préfet maritime à la limite sud du 2e arrondissement.	Quimper.
3e arrondissement maritime.		
Lorient	De la limite nord du 3e arrondissement à la pointe du Grand-Mont.	Lorient.
Saint-Nazaire	De la pointe du Grand-Mont à la limite sud du 3e arrondissement.	Saint-Nazaire.
4e arrondissement maritime.		
Île d'Yeu-La Rochelle	De la limite nord du 4e arrondissement à la zone d'autorité du préfet maritime.	Sables-d'Olonne.
Bordeaux	De la zone d'autorité du préfet maritime au bassin d'Arcachon inclusivement.	Royan.
Bayonne	Du bassin d'Arcachon exclusivement à la frontière d'Espagne.	Bayonne.
5e arrondissement maritime.		
Perpignan	De la frontière d'Espagne à l'embouchure de l'Agly.	Port-Vendres.
Cette	De l'embouchure de l'Agly au Grand-Rhône.	Cette.
Marseille	Du Grand-Rhône à la zone d'autorité du préfet maritime.	Marseille.
Antibes	De la limite est de la zone d'autorité du préfet maritime à l'embouchure du Var	Cannes.
Nice	De l'embouchure du Var à la frontière italienne.	Nice.

(Tableau formant l'article 17 du décret de 1894.)

NUMÉROS des ARRONDISSEMENTS maritimes.	NUMÉROS des SECTEURS côtiers.	DÉNOMINATION des SECTEURS et siège du commandement.	AFFECTATION du COMMANDEMENT aux officiers des armées de terre et de mer.	DÉLIMITATION DU SECTEUR.
1er	1	Dunkerque.	T	De la frontière belge au cap Gris-Nez.
	2	Abbeville.	M	Du cap Gris-Nez à l'embouchure de la Scie inclusivement.
	3	Le Havre.	M	De l'embouchure de la Scie exclusivement à l'embouchure de la Dives.
	4	Cherbourg.	M	De l'embouchure de la Dives à celle de l'Ay inclusivement.
2e	5	Saint-Malo.	M	De l'embouchure de l'Ay exclusivement au cap Fréhel.
	6	Saint-Brieuc.	M	Du cap Fréhel à l'embouchure du Douron.
	7	Brest.	M	De l'embouchure du Douron à celle de l'Aven.
3e	8	Lorient.	M	De l'embouchure de l'Aven à la pointe du Grand-Mont.
	9	Saint-Nazaire.	M	De la pointe du Grand-Mont à la pointe de Coupelasse.
4e	10	Les Sables-d'Olonne.	M	De la pointe de Coupelasse à la pointe du Grouin-du-Cou.
	11	Rochefort.	M	De la pointe du Grouin-du-Cou à l'embouchure de la Seudre.
	12	Royan.	M	De l'embouchure de la Seudre au bassin d'Arcachon inclusivement.
	13	Bayonne.	T	Du bassin d'Arcachon exclusivement à la frontière espagnole.
5e	14	Perpignan.	T	De la frontière espagnole à l'embouchure de l'Aude.
	15	Cette.	M	De l'embouchure de l'Aude au Grau-du-Roi exclusivement.
	16	Marseille.	M	Du Grau-du-Roi inclusivement à la Sèche-d'Alon.
	17	Toulon.	M	De la Sèche-d'Alon au cap Nègre.
	18	Antibes.	T	Du cap Nègre à l'embouchure du Var.
	19	Nice.	T	De l'embouchure du Var à la frontière italienne.

Le Ministre de la Marine, Signé : LEFÈVRE.

Le Ministre de la guerre, Signé : A. MERCIER.

NOTE C

DÉCRETS DU 3 SEPTEMBRE 1893 ET DU 17 FÉVRIER 1894

RELATIFS AUX ATTRIBUTIONS DES CHEFS DE SERVICE
DANS LES PORTS MILITAIRES EN TEMPS DE GUERRE

Je reproduis ci-après le décret du 3 septembre 1893, en indiquant les deux légères modifications qu'on lui a fait subir le 19 mai dernier, l'une pour préciser un point de sa rédaction, l'autre pour le mettre en harmonie avec la nomenclature adoptée par le décret du 17 février 1894. Le texte en est suivi de quelques observations nécessaires.

Rapport au Président de la République française, suivi d'un décret relatif aux attributions des chefs de service dans les ports militaires, en temps de guerre.

3 septembre 1893.

Monsieur le Président,

Le décret du 21 octobre 1891, rendu sur la proposition de l'un de mes prédécesseurs, ne détermine pas d'une manière précise ceux des chefs de service auxquels incombe, sous l'autorité supérieure du préfet maritime, la défense maritime du port.

Il me paraît nécessaire de combler cette lacune, afin de dégager, en temps de guerre, le vice-amiral commandant en chef, préfet maritime, gouverneur désigné de la place, de toutes les questions d'ordre administratif, de toutes celles, en un mot, qui peuvent l'empêcher de se consacrer exclusivement aux opérations militaires.

Le projet de décret ci-joint dispose qu'à Cherbourg, Brest et Toulon, dès que l'ordre de mobilisation sera connu, le contre-amiral major de la marine exercera les fonctions de directeur général de l'arsenal, et le contre-amiral chef d'état-major de l'arrondissement prendra en main la défense maritime.

Dans les ports de Lorient et de Rochefort, où le titulaire du poste de chef d'état-major est du grade de capitaine de vaisseau, la défense maritime, pour des raisons d'ordre hiérarchique, sera confiée au contre-amiral major général de la marine, et les fonctions de directeur général de l'arsenal seront exercées par un contre-amiral du cadre d'activité ou de réserve désigné par le ministre.

Telle est l'économie du projet de décret que j'ai l'honneur de vous prier de revêtir de votre signature, et qui a été l'objet d'un avis favorable du comité des inspecteurs généraux de la marine.

Veuillez agréer, etc. [1].

Le Ministre de la marine,

Signé : RIEUNIER.

Décret relatif aux attributions des chefs de service dans les ports militaires, en temps de guerre.

LE PRÉSIDENT DE LA RÉPUBLIQUE FRANÇAISE,

Vu le décret du 21 octobre 1891, portant modifications dans les attributions de certains chefs de service dans les ports militaires ;

Sur le rapport du ministre de la marine ;

Le comité des inspecteurs généraux de la marine entendu,

DÉCRÈTE :

Art. 1er. — Dès que l'ordre de mobilisation est connu dans les ports chefs-lieux des arrondissements maritimes, le major général de la marine à Cherbourg, à Brest et à Toulon prend les fonctions de directeur général de l'arsenal. A Lorient et à Rochefort, ces fonctions sont confiées à un contre-amiral du cadre d'activité ou de réserve désigné par le ministre.

Art. 2. — Le directeur général est chargé, sous la haute autorité du préfet maritime, de la défense de l'arsenal proprement dit ; il di-

---

1. *Sic,* au *Bulletin officiel de la marine,* année 1893, n° 18.

rige et inspecte les travaux de toute nature qui s'effectuent dans l'arsenal.

Art. 3. — Le directeur des constructions navales, le directeur d'artillerie et le directeur des travaux hydrauliques et bâtiments civils passent entièrement sous les ordres du directeur général de l'arsenal ; il en est de même du commandant du dépôt des équipages de la flotte.

Art. 4. — Le commissaire général et le directeur du service de santé passent également sous les ordres du directeur général de l'arsenal en ce qui touche la partie de leur service ayant trait aux opérations qu'ils sont chargés d'effectuer dans l'étendue de l'arsenal [1] ; il en est de même du directeur des défenses sous-marines.

Art. 5. — A Cherbourg, à Brest et à Toulon, le chef d'état-major de l'arrondissement, à Lorient et à Rochefort le major général, prennent la direction de la défense maritime de l'arrondissement. Cette défense comprend toutes les batteries de la zone d'autorité des préfets maritimes ayant vue sur la mer ou sur la rade [2] ; elle comprend également les défenses sous-marines (fixe et mobile) de l'arrondissement, et généralement tout ce qui contribue à la défense de la rade et des passes au chef-lieu de l'arrondissement au moyen des garde-côtes ou des navires qui sont sous les ordres du préfet maritime.

Art. 6. — Le directeur des défenses sous-marines seconde le contre-amiral commandant la défense maritime dans les opérations qui ont pour but de défendre les approches de la rade du chef-lieu de l'arrondissement.

Art. 7. — A Cherbourg, à Brest et à Toulon, le sous-chef d'état-major remplace le chef d'état-major dans ses fonctions auprès du préfet maritime.

Art. 8. — Le préfet maritime peut déléguer sa signature au directeur général de l'arsenal pour des ordres qui engagent une dépense ou la responsabilité pécuniaire des chefs de service.

Art. 9. — Le conseil d'administration du port, tel qu'il est établi par le décret du 21 octobre 1891, article 25, continue à tenir ses

---

1. Le décret du 10 mai 1894 a ajouté ici les mots « et de ses dépendances ».

2. Rédaction du 19 mai 1894 : « ... prennent la direction de la défense maritime du secteur du chef-lieu de l'arrondissement maritime. Cette défense comprend toutes les batteries de la zone du secteur ayant vue sur la mer ou sur la rade sur laquelle les préfets maritimes ont autorité ; elle comprend également, etc. »

séances pendant le temps de guerre ; il ne peut être réuni que sur un ordre spécial du préfet.

A Lorient et à Rochefort, le contre-amiral directeur général de l'arsenal remplace le major général dans le conseil d'administration.

Art. 10. — Un arrêté ministériel fixera pour chaque chef-lieu d'arrondissement maritime, les limites de l'arsenal proprement dit et de ses dépendances.

Art. 11. — Le ministre de la marine est chargé de l'exécution du présent décret.

Fait à Fontainebleau, le 3 septembre 1893.

Signé : CARNOT.

Par le Président de la République :

Le Ministre de la marine,
Signé : RIEUNIER.

* *

J'ai dit (page 68) ce qu'il faut penser de la disposition de ce décret qui improvise, à la mobilisation, une direction non technique des services techniques des arsenaux. C'est l'organisation du désordre et des conflits.

Mais d'abord, une question de principe : En quoi le décret qu'on vient de lire dégage-t-il le préfet maritime « de toutes les questions qui peuvent l'empêcher de se consacrer exclusivement aux opérations militaires » ? On confie la direction générale de l'arsenal à un contre-amiral et la défense maritime à un autre. Ces deux officiers exerceront naturellement leurs fonctions sous la haute autorité du préfet maritime ; rien ne les distingue l'un de l'autre à cet égard. Si donc le préfet maritime se trouve (heureux entre tous les officiers de France !) « dégagé de toutes les questions d'ordre administratif » par l'action du directeur général de l'arsenal, il sera également dégagé des « opérations militaires », grâce au directeur de la défense maritime, et, alors, à quoi servira le préfet ? Si au contraire ce dernier exerce, comme il convient, son autorité sur le directeur de la défense maritime, il est peu vraisemblable qu'il donne carte blanche au directeur général de l'arsenal.

Au reste, ce dernier est « chargé, sous la haute autorité du préfet maritime, de la défense de l'arsenal proprement dit » ; cette défense ne serait-elle pas une « opération militaire » ? Ne serait-il pas logique de la confier au contre-amiral directeur de la défense maritime ? Alors seulement, on serait en droit de dire que les questions administratives

sont séparées des questions militaires, et que le préfet maritime est libre de donner à celles-ci la plus grande part de son attention. Mais la défense de l'arsenal, confiée à un amir.i, a principalement pour effet de masquer la mainmise sur la direction technique. Si l'on supprimait ce mélange d'attributions, l'œil le moins expert reconnaîtrait aussitôt ce qu'il y a d'absurde dans l'institution, au dernier moment, d'un directeur général de l'arsenal si peu qualifié pour diriger un arsenal.

Il est impossible de ne pas remarquer, d'autre part, l'incohérence de la définition de l'expression « défense maritime de l'arrondissement », telle qu'elle figure dans la rédaction primitive.

Cette défense comprenait les défenses sous-marines, fixe et mobile, de l'arrondissement. Or, en vertu de l'article 5 du décret du 13 mai 1890, ces « moyens de défense dépendant du département de la marine » étaient sous l'autorité des commandants de secteur. Ces derniers, entre autres les généraux, gouverneurs de places fortes, passaient-ils donc sous les ordres des contre-amiraux, directeurs de la défense maritime ? On ne le disait pas, mais cela résultait implicitement de cet article. La même critique s'applique encore aujourd'hui à propos des défenses fixes, qui dépendent du commandant de secteur (décret du 17 février 1894, art. 6).

Pourquoi, d'autre part, la défense maritime *de l'arrondissement* ne comprenait-elle que les batteries *de la zone d'autorité du préfet maritime* ayant vue sur la mer ou sur la rade ? Le préfet maritime (art. 1er du décret de 1890) exerçait le commandement de tous les éléments, aussi bien de la guerre que de la marine, concourant à la défense de son arrondissement. Du moment qu'un vice-amiral était chargé sous son autorité de la « défense maritime de l'arrondissement », on ne voit pas pour quelle raison on divisait en deux catégories les batteries de l'arrondissement ayant vue sur la mer, selon qu'elles étaient, ou non, dans la zone d'autorité (c'est-à-dire dans le secteur) du préfet : les unes et les autres, tirant en mer, devaient également être considérées comme faisant partie de la défense maritime, et on pouvait donc déléguer pour toutes ces batteries les pouvoirs du préfet au contre-amiral chargé de diriger cette défense maritime.

La nouvelle rédaction revient à dire que le contre-amiral est adjoint au préfet pour le commandement de l'artillerie et des éléments flottants du secteur. Mais encore ne voit-on pas nettement s'il s'agit de toute l'artillerie du littoral, ou d'une partie seulement. Il y a dans tout cela une phraséologie redondante, dont il est malaisé de percer les obscurités.

L'article 7 du décret mérite encore une mention spéciale. À Cherbourg, à Brest et à Toulon, le chef d'état-major, prenant à la mobilisation la direction de la défense maritime, est remplacé dans ses fonctions par le sous-chef d'état-major.

Voilà donc les trois arrondissements les plus importants, dans lesquels le chef d'état-major est remplacé, juste au moment critique où sa besogne est décuplée, par un officier du grade inférieur ; singulière organisation ! Que l'on ne conclue pas de là que je demande qu'on adjoigne à ces préfectures un contre-amiral de plus. Je croirais plutôt qu'il y suffirait, pour chefs d'état-major, de capitaines de vaisseau, comme à Lorient et à Rochefort, où l'on pourrait également faire descendre cet emploi d'un échelon.

La question des états-majors et des hauts commandements est d'ailleurs singulièrement comprise, à la marine [1]. C'est probablement pour occuper, en temps de guerre, les contre-amiraux majors généraux, qu'on vient d'imaginer cette situation, si sujette aux critiques, de directeur général de l'arsenal ; mais alors, que font-ils d'utile en temps de paix ? Même observation, on vient de le voir, pour les contre-amiraux, chefs d'état-major. Et la direction des mouvements du port ? Et les directions des défenses sous-marines, mobile et fixe ? Que d'intelligences et de bonnes volontés gaspillées, dont une meilleure organisation des services pourrait tirer un si grand parti pour la défense nationale [2] !

---

1. Sur un cadre de 15 vice-amiraux, 10 portent la plume blanche de commandant en chef, et le budget en préparation en prévoit un onzième (le commandant de l'escadre de réserve de la Méditerranée). Comme le remarque à ce propos M. Weyl, de l'exception la marine fait la règle.

2. On a vu plus haut combien d'officiers sont inutilement immobilisés à terre. Notons encore les chiffres que voici. Direction des défenses sous-marines : 1 capitaine de vaisseau et 1 capitaine de frégate ; défense mobile : 1 capitaine de frégate ; défense fixe : 1 capitaine de frégate ou lieutenant de vaisseau.

« Alors que, pour diriger les mouvements d'entrée et de sortie de l'arsenal, ceux de quelques remorqueurs et de quelques chalands, il y a un capitaine de vaisseau et trois capitaines de frégate ; alors que, pour le réglage des torpilles, tâche normale d'un bon contremaître, on trouve un capitaine de frégate et deux officiers, c'est un seul officier supérieur qui est chargé de tout le service des torpilleurs. » (Le *Yacht*, du 10 mars 1894). — Il est vrai que, pour ce que nous possédons de torpilleurs armés.....

NOTE D

UNE LETTRE DE X...-SUR-MER

La plus grande partie des chapitres I, V et VI de cette étude a paru dans la *Revue de Paris* du 1ᵉʳ mai 1894. Parmi les lettres que j'ai reçues à la suite de cette publication, il en est une bien remarquable, émanée d'un officier d'artillerie fort compétent en la matière, et dont je crois intéressant de reproduire quelques passages, assez vifs dans la forme, et pourtant choisis parmi les moins vifs. Il est bon de noter que correspondant et auteur étaient inconnus l'un à l'autre.

« ... Comme vous le donnez à entendre en termes plus corrects et plus galants, et comme on le dit crument ici dans le public maritime, le rattachement de la défense des côtes à la marine est une question de « bureaux de tabac »...

« ... Comment expliquer sans cela le passage d'un scepticisme officiel — du mépris, diraient d'autres — professé jusqu'à présent par la marine pour les batteries de côte et leur fonction, au brusque revirement d'enthousiasme que nous constatons en leur faveur? Inutiles hier, nos canons aujourd'hui doivent passer à la flotte sous peine de péril national.

« Sans faire de personnalités trop vives, il n'est pas sans doute nécessaire d'aller bien loin pour trouver les causes de l'emballement actuel de nos camarades de la marine pour les batteries de côte. Nouveaux débouchés, postes à terre agréables, chances d'embarquements ennuyeux et de la si souvent fastidieuse vie de bord évitées, forment, ils en conviennent eux-mêmes, une partie importante de leurs convictions tactiques sur la défense des côtes.

« Malgré les contradictions des attaques dirigées contre un corps où depuis Colbert tout se modifie et progresse avec une si exagérée lenteur, — la guerre paraît aujourd'hui courir de grands risques de perdre la défense des côtes. Pour le gros public, qui entend dans le même murmure confus *Cronstadt* et *batteries de côte*, la question ne fait pas de doute. Les mots d'unité de direction, grâce auxquels on pourrait tout aussi bien rattacher à la marine le ministère de la guerre

tout entier, servent de parole magique. Les désirs des marins — et
aussi, il faut le dire, peut-être une certaine ignorance de nos défenseurs naturels, à qui les hasards de la carrière n'ont pas permis de
voir de près les dessous de la question — pourraient bien faire le reste.

« C'est donc un devoir, comme vous l'avez compris, et avant que
la défense des côtes ne s'engouffre dans la marine, de montrer *à
priori* les inconvénients de l'organisation projetée...

«... Il est pourtant, semble-t-il, évident qu'un individu d'intelligence ordinaire qui passe sa vie à tirer le canon, a des chances d'être
aussi bon artilleur que celui, de même intelligence, qui apprend, — ou
plutôt, on peut le dire sans injustice, — qui cherche à apprendre les
machines, la torpille, le canon et tant d'autres objets, et qui le
cherche avec si peu de facilités d'instruction, comme ils le disent
tous, par la faute non seulement des institutions, mais des choses
même essentielles de leur métier.

« Doit-on ajouter que le tir à bord n'offre guère plus de ressemblance, le matériel restant à part, avec l'artillerie proprement dite,
que les tirs de l'infanterie? Comme témoignage secondaire, on en
trouverait la preuve dans la parité des plaisanteries et des paradoxes
des marins et des fantassins sur le réglage du tir...

«... On pourrait aussi rechercher si la soif de défendre de la marine ne trouve plus d'aliments dans la sphère actuelle de son action.
N'y a-t-il donc plus rien à faire dans les questions de défenses sous-
marines, qui constituent dans les idées des marins la grosse part de
la défense immédiate de nos ports? Quelle est exactement l'organisation des sémaphores, les services qu'on en attend avec leur personnel de guetteurs non militaires, assimilés aux ouvriers des ports?
La centralisation qui y règne et qui fait tout converger au préfet, est-
elle, en supposant même parfaits le recrutement et l'instruction des
guetteurs, bien appropriée à la défense? Quel parti la marine tire-t-
elle des batteries de côte qu'elle a dès maintenant en propre? D'où
vient qu'on n'y voit nulle trace des nombreux perfectionnements
qu'elle parle d'appliquer chez nous, mais bien une pénible remorque
derrière nos règlements? D'où provient ce sceptique abandon de ces
batteries à elles-mêmes?....

«... Nos batteries cesseront-elles de tirer au delà de 2 000 mètres,
comme la majorité des marins semble l'affirmer aujourd'hui, quand —
contrairement à ce qui fait la base des convictions des artilleurs du
monde entier, artilleurs de côte ou autres, — ils exposent leurs idées
sur la vanité du réglage et sur les facilités qu'a un cuirassé de dé-
filer devant une batterie.

« Il y aurait lieu de voir aussi si actuellement les autorités maritimes tirent tout le parti désirable de leur influence en temps de paix sur les troupes de terre de leurs garnisons, pour la meilleure préparation possible `   guerre. On peut au contraire supposer qu'un officier général de notre département organiserait plus souvent des manœuvres combinées à double action, des simulacres d'attaque et de défense, si profitables pour les deux partis.

« Enfin, il est un autre argument qui nous touche de près. L'artillerie de côte, non pas le tir de but en blanc des marins, mais celui que nous entendons comme tout le monde à l'étranger, est vraiment comme une artillerie d'avant-garde dans le développement et la marche de notre science. Au point de vue du matériel et des méthodes, c'est comme un intermédiaire entre le laboratoire d'expériences et le champ de tir pratique, et joignant les avantages des deux. Par suite des conditions particulières où l'on se trouve et de la perfection qu'on peut demander au matériel, les tirs y ont une pureté d'expérience irréalisable dans l'artillerie de campagne et celle de siège et de place ; et, en même temps, les difficultés des problèmes à résoudre permettent de traiter comme des cas particuliers simplifiés beaucoup des tirs de l'artillerie ordinaire. C'est ainsi que, sans citer les applications faites ou à faire de nos télémètres, de nos affûts, de nos procédés de tir sur but mobile, il suffit de dire que le règlement d'hier de l'artillerie de campagne vient de nous prendre notre méthode de tir des batteries secondaires.

« Ma conviction, désintéressée, — car la réduction de nos cadres serait illusoire [1], — mais ardente, est que l'artillerie de côte a sans doute, conformément aux lois de tout développement, des progrès à faire, mais que son passage à la marine ne paraît devoir être pour elle aucun gage de prospérité.

« ... Je n'ai pas parlé dans ce qui précède, de l'hypothèse du rattachement à l'artillerie de marine, que tout le monde, à la suite des marins, semble écarter, ce qui est encore bien caractéristique !... »

---

1. Il est juste de constater en effet que l'intérêt personnel ne peut jouer qu'un rôle secondaire dans les protestations des artilleurs de la guerre. Sur plus de 3 700 officiers, le rattachement à la marine leur ferait perdre environ 90 emplois ; ce n'est guère comparable au millier de postes à terre que les 1 735 officiers de marine gagneraient à être chargés de l'ensemble de la défense des côtes !

TABLE DES MATIÈRES

———

CHAPITRE X.

LA GARNISON DES SECTEURS.

CHAPITRE XI.

L'INSCRIPTION MARITIME.

CONCLUSION.

APPENDICE

(COMPLÉMENTS ET DOCUMENTS).

NOTE A.

NOTE B.

NOTE C

NOTE D

Nancy. — Impr. Berger-Levrault et Cie.

www.ingramcontent.com/pod-product-compliance
Lightning Source LLC
Chambersburg PA
CBHW071348280326
41927CB00039B/2265